Kontaktadresse nach EU-Produktsicherheitsverordnung:
produktsicherheit@droemer-knaur.de

Von Corinne Hofmann ist außerdem erschienen:
Die weiße Massai
Zurück aus Afrika
Wiedersehen in Barsaloi
Afrika, meine Passion

Über die Autorin:
Corinne Hofmann, 1960 als Tochter einer französischen Mutter und eines deutschen Vaters im Schweizer Kanton Thurgau geboren, gelang mit ihrem Lebensbericht *Die weiße Massai* über ihre Zeit in Kenia ein internationaler Bestseller, der bereits in 31 Sprachen übersetzt wurde. Mit *Zurück aus Afrika, Wiedersehen in Barsaloi* und *Afrika, meine Passion* folgten weitere Bestseller. Zuletzt erschien von ihr *Das Mädchen mit dem Giraffenhals,* in dem Corinne Hofmann über ihre Kindheit als Außenseiterin in der Schweiz erzählt.

Corinne Hofmann

Das Mädchen mit dem Giraffenhals

Besuchen Sie uns im Internet:
www.knaur.de

Vollständige Taschenbuchausgabe November 2016
Knaur Taschenbuch
© 2015 Knaur Verlag.
Ein Imprint der Verlagsgruppe
Droemer Knaur GmbH & Co. KG, München
Alle Rechte vorbehalten. Das Werk darf – auch teilweise –
nur mit Genehmigung des Verlags wiedergegeben werden.
Die Nutzung unserer Werke für Text- und Data-Mining
im Sinne von § 44b UrhG behalten wir uns explizit vor.
Alle Fotos des Bildteiles: Archiv Corinne Hofmann;
außer S. 1 Gerd K., S. 11 oben Klaus Kamphausen,
S. 12, 13 Dominique Pratti, S. 14 oben Giorgia Voneschen
Covergestaltung: ZERO Werbeagentur, München
Coverabbildung:FinePic®, München
Satz: Adobe InDesign im Verlag
Printed in Germany
ISBN 978-3-426-78770-0

4 6 7 5 3

Für meine Familie

Vorwort

»Frau Hofmann, eine Frage hätte ich noch!«
»Ja bitte?«, antworte ich.
»Waren Sie schon immer so?«
»Was meinen Sie mit *so*?«, frage ich zurück.
»Nun, ich frage mich ganz einfach, ob Sie schon als junges Mädchen so selbstsicher, so klar und, wie mir scheint, so furchtlos und optimistisch durchs Leben gegangen sind oder ob das etwas mit Afrika zu tun hat. Mit Ihren Abenteuern und den Grenzerfahrungen – mein Gott, was Sie alles auf sich genommen haben, um diese Liebe leben zu können! Dass Sie das alles überhaupt überlebt haben! Ich hätte so etwas nie gekonnt! Und deshalb ist meine Frage ganz einfach: Waren Sie schon als Kind so?«

Die Journalistin, die mich neugierig aus strahlenden Augen betrachtet, wartet gespannt auf meine Reaktion. Doch zu meiner eigenen Überraschung kann ich mich nicht sofort zu einer befriedigenden Antwort durchringen. Denn früher – das ist schon sehr lange her. Ja, es kommt mir manchmal so vor, als befände ich mich schon in einem dritten Leben. Es gab eines *vor* Afrika. Eines *in* Afrika. Und eines im *Jetzt*, in Lugano, als weit über die Schweizer Landesgrenze hinweg bekannte Autorin. Wie sich das anhört! Irgendwie hochtrabend.

Immer wenn ich die Reaktionen der Menschen erlebe, wenn sie mich erkennen oder als »Die weiße Massai« entlarven und ich dann die Frage höre: »Waaaas, die bekannte Schriftstellerin sind Sie?«, fühle ich mich peinlich berührt und wiegle alles ein wenig ab, indem ich schnell antworte: »Na ja, ich bin Autorin, keine Schriftstellerin, aber dafür ist jeder Satz gelebt und selbst geschrieben.«

Für mich ist es auch nach siebzehn Jahren und vier Büchern noch etwas seltsam, als berühmt angesehen zu werden, auch wenn ich vor Hunderten, ja manchmal über Tausenden von Menschen referieren darf und Millionen von Leserinnen und Lesern meine Bücher kennen. Ich bin ich und irgendwie tief im Innersten immer das Mädchen vom Berg geblieben. Auch dann, wenn ich mich geschmackvoll oder bisweilen exzentrisch kleide. Auch wenn ich in den vielen Talkshows auftreten durfte, wie *Boulevard Bio, 3 nach 9, Riverboat* und wie sie alle heißen, reihe ich mich nicht in die Kategorie »Berühmtheiten« ein. Mir ist es egal, wer vor mir steht oder neben mir Platz nimmt. Wir sind alles Menschen, die etwas Besonderes zu erzählen oder zum richtigen Zeitpunkt das Richtige geleistet haben, und deshalb werden wir eingeladen.

Und nun soll ich in nur ein paar Minuten einer Journalistin erklären, ob ich schon immer so war ...

»Ich muss Ihnen ganz ehrlich sagen, das lässt sich nicht so schnell beantworten«, setze ich an. »Ich war sicher ein Kind, das die Freiheit liebte und ungewöhnlich aufwuchs, vielleicht aber für andere auch wieder auf sehr gewöhnliche Weise. Auf jeden Fall war ich in vielerlei Hinsicht anders als die anderen, und das wiederum störte mich als Kind enorm. Aber um diese Andersartigkeit definieren zu können, müsste ich tief in meiner Erinnerungskiste graben und eigentlich sehr viel Intimes preisgeben. Dafür reicht uns heute die Zeit nicht, aber ich werde darüber nachdenken«, antworte ich der erstaunten Fragestellerin.

Die Journalistin lässt sich damit nicht abwimmeln, sondern hakt nach: »Aber wer war Ihr Vorbild? Von was haben Sie sich als Kind leiten lassen? War es Ihr Glaube? Und waren Ihre Eltern auch schon so kämpferisch? Bitte, nur eine kurze Antwort!«

»Ja, weiß Gott – meine Eltern waren Kämpfer, wie viele in ihrer Generation. Aber sie waren für die damalige Zeit auch ungewöhnliche Abenteurer. Davon wurde mir offensichtlich viel in die Wiege gelegt. Und trotzdem habe ich schon als Kind auf mein Bauchgefühl gehört und mich bei meinen Vorhaben von der eigenen Begeisterung leiten lassen. Wenn ich überzeugt bin, dann gehe ich den mir vorgenommenen Weg, egal was andere Menschen – Vater, Mutter, Familie, Nachbarn, ja die ganze Welt um mich herum – davon halten. Das war schon immer so und hat mich unweigerlich in so manchen Konflikt mit meiner Umgebung geführt«, antworte ich der Journalistin und entschwinde kurz darauf auf die Bühne, um mit meinem Vortrag zu beginnen.

Heute, drei Jahre später, forsche ich nach und gehe diesen Fragen auf den Grund. Nicht nur, weil mich jene Journalistin zum Nachdenken gebracht hat, sondern weil ich eine große Leserschaft habe, die mir teilweise ähnliche Fragen stellt. Allem voran immer wieder Schüler, die Arbeiten über mich und meine Bücher schreiben wollen. Da ist aber auch die große Menge an Briefen und Mails, in denen mir Menschen von ihren persönlichen Nöten und Problemen berichten – Menschen, denen ich durch meine Bücher etwas Licht, Mut und Hoffnung geben kann.

Genau für solche Menschen, aber auch für mich, tauche ich tief in meine Kindheit zurück und suche nach dem Rezept für mein heutiges Ich. Dabei wird vieles Schöne und weniger Schönes bis Schmerzvolles wieder in mir hochsteigen. Doch ich bin überzeugt, dass dieses Buch auch einigen Menschen helfen kann, die manchmal im Begriff sind zu verzweifeln und nicht mehr an sich glauben.

Auch in meiner Jugend war nicht alles *easy-going,* und ich hatte viele Kämpfe auszutragen. Ich werde über einiges berichten, was selbst meine Eltern bis heute nicht wussten.

Liebe Mutter, lieber Vater, auch wenn schmerzliche Worte geschrieben werden sollten, verzeiht mir, denn ich schreibe aus der Erinnerung und vieles aus der Sicht des jungen Mädchens Corinne. Das betrifft speziell auch dich, Vater. Heute haben wir den Weg zueinander gefunden – nach schwierigen Jahren. Ich genieße unsere Treffen, denn jetzt sehe und erkenne ich deine Stärken sowie deine Lebensweisheiten an, auch wenn wir nicht immer gleicher Meinung sind. Und dein Erbe an mich ist die Liebe zur Natur. Das wiederum ist *mein* Schlüssel zum Glück und zur Zufriedenheit. Liebe Eltern, ich weiß, ihr habt euer Bestes gegeben, für mehr war keine Zeit und keine Energie!

Drehbuch des Lebens, auch dir gebührt Dank, denn bis jetzt war mein Leben spannend und eine große Herausforderung! Alles, was passierte – Positives wie Negatives –, hat mich letztlich zu dem Menschen geformt, der ich heute bin: eine freie, selbständige, erfüllte und bisweilen starke Frau.

Nicht zuletzt aber hoffe ich, dass dieses Buch bei vielen Menschen persönliche Erinnerungen sowie das eine oder andere Schmunzeln hervorrufen wird.

Lugano, im Mai 2015

Ungeahnte Parallelen

Als ich den Plan fasste, der Frage auf den Grund zu gehen, wie ich zu der geworden bin, die ich heute bin, bin ich sehr schnell bei einer ganz anderen Frage gelandet: Wessen Blut fließt eigentlich durch meine Adern? Und was für einen Einfluss hat die Geschichte meiner Eltern auf mich gehabt? Ich habe viel mit ihnen gesprochen in den letzten Monaten, und noch während sie erzählten, wuchs meine Neugier, und mir wurde klar, dass mir wohl schon eine große Portion Abenteuer in die Wiege gelegt worden war. Deshalb erlauben Sie mir bitte, liebe Leser, dass ich Sie zuerst mit auf *diese* Spurensuche nehme.

Mein Vater stammt aus Ostdeutschland, meine Mutter aus dem Elsass. In der Hoffnung, dort eine Arbeit zu finden, reisten beide unabhängig voneinander 1955/56 in die Schweiz. Sie, die damals erst Neunzehnjährige, fand einen Job als Direktionsangestellte bei der Neuenburger Versicherung. Er als Bäcker-Konditor in einem Café ebenfalls in Neuenburg in der westlichen Schweiz.

Vater hatte schon in jungen Jahren viel gearbeitet. Nach der Bäcker-Konditor-Ausbildung und einigen kürzeren Anstellungen hatte es ihn kurz vor der Währungsreform aus dem östlichen Deutschland ins Ruhrgebiet gezogen. Der relativ guten Bezahlung wegen hatte er im harten Kohlenbergbau gearbeitet. Das bessere Salär hatte es ihm ermöglicht, seinen sportlichen Hobbys nachzugehen. Er war im Fechtclub, im Deutschen Alpenverein, und erst recht war er ein begnadeter Skifahrer. Und er besaß ein altes Motorrad. Sportlich gekleidet, oder wie in der Mitte der fünfziger Jahre üblich, mit Hut und Trenchcoat, machte er immer eine gute Figur. Es fiel ihm offensichtlich leicht, mit seiner Abenteuerlust und seiner gesprächigen Art die Menschen zu beeindrucken.

Vier Jahre baute er tausend Meter unter der Erde Kohle ab, bis ein Unfall sein Leben veränderte. Eines Tages brach eine massive Gesteinsplatte vom Stollen herunter und verfehlte nur knapp seinen Kopf. Sie schlug neben ihm an einem Eisenstempel, der zur Stützung diente, auf. Trotzdem zog er sich Verletzungen zu. Dies war für ihn ein Zeichen, nach neuen Ufern zu streben.

Ein befreundeter Kollege verhalf ihm 1955 zu der besagten Arbeitsstelle in Neuenburg in seinem angestammten Beruf als Bäcker-Konditor.

Neuenburg lag an einem malerischen See, wo sich sonntags Jung und Alt an der Promenade trafen. Auch meine Eltern zog es dorthin. Mutter kam gerade aus Colmar zurück, wo sie eine Woche lang ihre kranke Großmutter gepflegt hatte. Im Wohnheim für junge Frauen, wo sie über ein Zimmer verfügte, erfuhr sie, dass sich die anderen Mädchen am See verabredet hatten. Neugierig schlenderte sie zur Promenade und erblickte ihre Kolleginnen beim Schäkern mit ihr unbekannten jungen Männern. Sie stellte sich dazu, musste aber feststellen, dass sie keine große Beachtung fand, da untereinander gekichert und gelacht wurde. So etwas war sie nicht gewohnt. Sie, die oft das »schönste Mädchen Colmars« genannt wurde, bekam normalerweise mehr Aufmerksamkeit. Als sie schließlich ihren Freundinnen vorschlug, Kaffee trinken zu gehen, antwortete ihr einer der jungen Männer, mein späterer Vater: »Geh doch alleine, Mädchen, wenn du schon gehen willst ...«

Das war also definitiv keine Liebe auf den ersten Blick. Mutter fand diesen jungen Bäcker eingebildet und etwas arrogant.

Die Gruppe traf sich trotzdem immer öfter, und man verbrachte die Freizeit gemeinsam. Mal Schwimmen, mal Wandern oder gar Billardspielen waren angesagt.

Eines Tages schlug der junge Bäcker seinen Freunden vor, ein Abenteuer-Wochenende in der Natur zu verbringen. Der Plan stieß auf große Begeisterung, und kurz darauf wurde er in die Tat umgesetzt.

Die gemischte Gruppe marschierte stundenlang durch das schöne Juragebirge, und Mutter mit ihren langen Beinen eilte bald voraus, während der Rest der Mädchen langsam ermüdete. So imponierte sie dem Bäcker doch noch, und mit der Zeit hatte er nur noch Augen für sie. Beim anschließenden Campieren am offenen Lagerfeuer rückten sie näher zusammen, und plötzlich wurde aus Mutters Antipathie mehr als Sympathie.

Es bedurfte aber noch einiger Touren zu zweit, bis die beiden offiziell ein Paar wurden. Mutter gefiel, dass der sieben Jahre ältere, hübsche und sportliche Mann ihr, der neunzehnjährigen, unerfahrenen Frau, Abenteuer-Touren in der Natur bieten konnte.

Einige Monate später zogen die beiden bereits zusammen, denn damals durfte weder sie noch er Besuch auf dem Zimmer empfangen. Mutters Vater, also mein Großvater »Papapa«, wie ich ihn später nannte und den ich über alles liebte, war mit ihrer Wahl aber alles andere als einverstanden. Ausgerechnet einen Deutschen, gut zehn Jahre nach dem Krieg! Das war für ihn zuerst unvorstellbar. Zudem Vater auch noch »nur« ein Bäcker-Konditor war. Großvater stellte sich für seine einzige Tochter etwas Besseres vor und drohte der noch Minderjährigen, die Unterschrift fürs Wohnheim zu entziehen, damit sie nach Colmar zurückkommen musste.

Daraufhin »flüchteten« beide nach Genf und nisteten sich in einem heruntergekommenen ehemaligen Hotel ein. Beide fanden erneut Arbeit, sie bei der Genfer Versicherung, er erneut in einer Bäckerei.

Mein Vater schwärmte immer wieder von seinem Traum, mit einem Motorrad bis ans Schwarze Meer zu fahren. Eigentlich war es bereits ausgemachte Sache, diesen Traum mit seinem Kumpel und ehemaligen Arbeitskollegen Gerd in die Tat umzusetzen. Aber nun sollte auch meine Mutter mit. Nachdem sie nur zwei Monate in Genf gearbeitet hatten, wollten sie nun diese Reise zu dritt antreten. Meine Eltern kannten sich damals erst seit einem halben Jahr. Mutters Vater durfte von dem Plan nichts erfahren, er hätte die Reise bestimmt mit allen Mitteln verhindert.

Mit dem angesparten Geld der jungen Frau wurde eine gebrauchte Lambretta, eine Art Roller, gekauft. Sie war klein, und somit musste an Gepäck gespart werden. Ein klitzekleines Zweierzelt und ein wasserfester Seesack mit je ein paar Wechselkleidern und zwei Schlafsäcken waren alles, was die beiden mitnehmen konnten. Nach dem Kauf der Lambretta blieben meiner Mutter noch 400 Franken, und mein Vater hatte den letzten Monatslohn von 800 Franken als Reisegeld dabei. Damit wurde im Mai 1957 die lange Reise Richtung Schwarzes Meer angetreten. Mutters Vater, der ja nicht einmal wusste, dass seine Tochter zwischenzeitlich in Genf gelandet war, ahnte nichts davon.

Von Genf aus, wo sie alle Zelte abbrachen, fuhren meine Eltern zunächst nach Österreich, wo in Innsbruck Vaters Kollege Gerd dazukam. Dann ging es weiter Richtung Triest, durch das ganze kommunistische Jugoslawien und, da die Grenze in Albanien geschlossen war, durch das Gebirge über Griechenland bis in die Türkei. Im Sommer erreichten sie den Bosporus in Istanbul. Auf der Reise hatten sie schon viel erlebt – alleine nur die Visabeschaffungen an den jeweiligen Grenzen – und hatten viele neue, interessante Eindrücke gesammelt. Doch hier in der türkischen Großstadt war es für meine Mutter ein Schock, als sie bemerkte, dass weit und breit keine einzige Frau zu sehen war, weder mit noch ohne Schleier. Die drei wurden angestarrt, da es nicht dem Alltagsbild entsprach, dass eine europäische Frau zusammen mit zwei Männern unterwegs war, und das auch noch auf einem Motorroller. Von nun an verfolgten gierige Blicke sie, und ein Unwohlsein beschlich sie alle. Doch das Trio brauchte einen Platz, um die Zelte fürs Nachtlager aufzubauen. Noch während sie sich an einer Kreuzung beratschlagten, setzte die plötzliche Dunkelheit des Orients ein. Da tauchte wie aus dem Nichts eine Gestalt in einem langen, weißen Kaftan auf – eine Frau! Sie sprach französisch. Damals war Französisch in vielen Ländern die Sprache der Bessergestellten.

Als klarwurde, was die drei Reisenden benötigten, deutete »die Frau in Weiß« an, ihr zu folgen, denn es sei viel zu gefährlich, ohne Bewachung in der Öffentlichkeit in einem Zelt zu übernachten. Kurz darauf stellte sich heraus, dass die mysteriöse Frau beim Gouverneur angestellt war, um seine Kinder zu unterrichten. Sie führte nun das staunende und etwas verunsicherte Trio in die Felsenfestung Rumeli Hisarı, wo sie in der Dunkelheit unter dem Schutz der Wachen des Gouverneurs ihre Zelte aufstellen durften. Diese Bewachung stand ihnen ganze drei Wochen lang zur Verfügung! Die »Frau in Weiß« kam ihnen wie ein Schutzengel vor.

Die kleine Gruppe erkundete gemeinsam Istanbul. Die beiden Männer nahmen die junge Frau in ihre Mitte, um sie so ein wenig vor den Blicken zu schützen. Sie trug zwar ein Kopftuch, das ihr junge Mädchen geschenkt hatten, sowie ihren einzigen Rock und ein T-Shirt. Doch ihre Größe und die Andersartigkeit ließen sich nicht verstecken. Und immer wieder kam es vor, dass sie im Gedränge in den Hintern gekniffen wurde oder gar direkt in die Brust. Im Jahre 1957 war die Türkei vom Massen-Tourismus noch weit entfernt. Das Straßenbild prägten Eselskarren, Mopeds, nur wenige Autos und wie erwähnt keine Frauen, nur Männer und ab und an Kinder.

Als ein Teppichhändler das Trio in sein Geschäft einlud,

wurden sie zum Teetrinken eingeladen und bestaunten die prächtigen Teppiche, welche über großen Querstangen im Geschäft hingen. Die junge Frau begutachtete den einen oder anderen wunderschön gewobenen farbigen Teppich, während die Männer weiter Tee schlürften. Und plötzlich ging alles ganz schnell. Sie wurde in ein Hinterzimmer gezerrt und konnte in letzter Sekunde dem Angreifer in die Hand beißen, um Luft zum Schreien zu bekommen. Nun stürmten die beiden Freunde ins Hinterzimmer, um meiner Mutter zu Hilfe zu eilen. Kurz darauf standen alle drei wieder auf der Straße, wo sie die Flucht ergriffen. Dies war wirklich der übelste Angriff auf der ganzen Reise, wie Mutter beteuert.

Ansonsten gab es auch viele schöne Momente, vor allem im Garten des Gouverneurs. Die »Frau in Weiß« servierte unbekannte orientalische Häppchen mit Gurken und Tomaten, und sie konnten sich ungestört unterhalten. Sie ließ ausrichten, dass der Gouverneur Interesse hätte, die junge französische Ausländerin als Französischlehrerin für seine Kinder zu engagieren. Mutter lehnte dankend ab, da sie ja nicht alleine unterwegs war.

Die »Frau in Weiß« brachte ihnen auch beim Lagerplatz immer wieder einmal Essen vorbei, da es nicht einfach war, mit einer jungen Frau irgendwo einzukehren. Zu diesem Zeitpunkt beschlich Mutter bereits allmorgendlich eine heftige Übelkeit bis hin zum Erbrechen. Kurz darauf stand fest, dass sie mit meinem älteren Bruder schwanger war.

Nach drei Wochen Istanbul entschlossen die zwei sich, die Rückreise anzutreten, und trennten sich von Gerd, der noch weiterreiste. Die lange Rückfahrt auf der Lambretta, und das noch im schwangeren Zustand, war für meine Mutter enorm anstrengend, zumal der Motorroller eines Tages auch noch streikte. Die Gangschaltung funktionierte nicht mehr und musste repariert werden. Mit Müh und Not fand sich ein anscheinend kundiger Mechaniker in einer Bretterbude, der den halben Motor auseinandernahm und wieder zusammensetzte.

Schlussendlich blieben einige Schrauben übrig, und die Gangschaltung funktionierte wieder, aber ohne den ersten Gang, was das Anfahren zu zweit erschwerte.

Das Geld ging zur Neige, und die beiden ernährten sich hauptsächlich von Zwiebeln, Gurken und Salz. Nach knapp vier Monaten auf Reisen erreichten sie praktisch mittellos Deutschland – Bad Reichenhall. Es blieb ihnen nichts anderes übrig, als auf einem bescheidenen Campingplatz unterzukommen. Es war Herbst und kalt.

Nach ihrer Ankunft gingen sie zum nächstgelegenen Kiosk und kauften mit ihrem wenigen Geld eine Zeitung mit Schweizer Stellenangeboten. Während dieser kurzen Abwesenheit wurde ihr Zelt von Unbekannten aufgeschlitzt, und die wenigen Habseligkeiten wurden durchwühlt. Viel zu stehlen gab es nicht. Aber das Zelt war nun fast unbrauchbar und durchnässt. Die Kleider begannen nach einigen Tagen bereits zu schimmeln und zu stinken. Das junge Paar war am Ende, und niemand der anwesenden Camper half.

Da hatten sie doch in den durchreisten ärmlichen Ländern, etwa bei der Überquerung der kargen, trockenen Gebirgsketten, wesentlich mehr Gastfreundschaft und Hilfe erfahren dürfen. Als ihnen unterwegs einmal das Trinkwasser ausgegangen war, hatte ihnen eine kinderreiche Familie etwas von ihrem angeboten, das sie erst aus dem tiefen Schacht ihres bescheidenen Steinhauses heraufhieven mussten. Ein weiteres Mal, hoch oben in den Bergen, waren sie auf eine, wie ihnen schien, verlassene kleine Hütte gestoßen. Als sie eingetreten waren, hatten sie neben dem Feuerplatz eine kleine, ovale Strohwiege mit einem neugeborenen Baby darin erblickt. Weit und breit waren weder Menschen noch Tiere zu sehen. Überrascht hatte Mutter das Kleine auf den Arm genommen, als sich plötzlich die Tür öffnete und eine junge Frau im Raum stand. Ruhig schaute sie ihre ungewollten Gäste an und versuchte sich mit ihnen zu verständigen, was jedoch nicht recht gelingen wollte. Stattdessen bot sie lächelnd jedem der Unbekannten eine Schale Buttermilch an.

Von dieser unvorstellbaren Gastfreundschaft waren sie hier auf dem Campingplatz in Vaters Heimatland meilenweit entfernt. Sie erlebten die pure Verzweiflung.

Nach dem Durchforsten der Zeitungsinserate und mit letzter Kraft fuhren sie weiter in die Schweiz, wo der junge Mann bald darauf Arbeit in einer Bäckerei in Frauenfeld im Kanton Thurgau fand und sie eine Haushaltsstelle bei derselben Familie. Meine Mutter musste die fünf Kinder betreuen sowie im Haushalt mithelfen. Das Ganze ohne Lohn, aber gegen Kost und Logis. Das Zimmer war sehr klein und bescheiden für zwei Personen. Doch ohne Geld waren sie darauf angewiesen, dass sie überhaupt irgendwo zu zweit untergekommen waren. Die junge Frau, immer noch nicht volljährig, trug ja bereits ein Kind unter dem Herzen, obwohl die beiden noch nicht einmal verheiratet waren. Da brauchte es im Jahre 1957 sehr viel Glück.

Die Schwangerschaft schritt voran, und sie suchten verzweifelt eine größere Wohnung. Eine ältere Dame erbarmte sich ihrer und vermietete ihnen ohne Anzahlung eine Zweizimmerwohnung. Nur mit dem Wenigen, was sie besaßen, zogen sie ein. Um das Wohnzimmer behaglicher zu gestalten, wurde der leere Reisekoffer am Boden aufgeklappt und eine bunte Decke darübergelegt, damit überhaupt etwas im Zimmer stand. Daneben bastelte der bereits damals eisenbahnbegeisterte Vater aus alten Zeitungen Eisenbahnschienen und einen Papierbahnhof dazu. Auch dies wurde für mehr Behaglichkeit im Wohnzimmer aufgebaut. Die wenigen Kleider hingen am Fensterbrett, da kein Schrank vorhanden war. Die zwei schliefen auf dem Boden in ihren Schlafsäcken. Die werdende Mutter war jetzt bereits im achten Monat schwanger. Mit dem ersten neuverdienten Geld wurden ein Secondhand-Kinderbett sowie Matratzen für die werdenden Eltern gekauft.

Zwischenzeitlich hatten die beiden die standesamtliche Hochzeit beantragt, da ihr Kind nicht unehelich zur Welt kommen sollte. Sie befürchteten ansonsten, Probleme mit den Behörden zu bekommen. Beide waren in der Schweiz Ausländer und nur »Jahresaufenthalter«. Doch die Papiere aus Frankreich ließen auf sich warten. Immer wieder erkundigte sich die werdende Mutter bei der Standesbeamtin. Als der Geburtstermin näher rückte und nur noch ein Papier fehlte, drückte die mitfühlende Beamtin ein Auge zu, und es konnte geheiratet werden. Mutter rief Vater bei der Arbeit an, und er erschien mit einem Arbeitskollegen als Trauzeugen. Die zweite Trauzeugin wurde durch die Standesbeamtin direkt auf der Straße angesprochen. Die Hochzeit verlief unspektakulär, und nach der kurzen Zeremonie eilte Vater zurück zur Arbeit.

Vier Tage später erblickte mein Bruder Marc als Ältester das Licht der Welt, und nur zwei Jahre darauf, am 4. Juni 1960, wurde ich geboren.

Erst durch das Aufschreiben dieser Geschichte wird mir persönlich mehr und mehr bewusst, welche Parallelen das Leben meiner Eltern und mein eigenes haben. Wenn mir meine Mutter heute mit 77 Jahren diese Geschichte erzählt, erinnert sie mich unweigerlich an meine eigenen Erfahrungen und vor allem an meine Schwangerschaft.

Wie habe ich noch hart gearbeitet in meinem Shop in Barsaloi/Kenia, als ich schon meine Tochter Napirai unter dem Herzen trug! Wie viele Male musste ich mich übergeben, nicht vor Schwangerschaftsübelkeit, sondern durch die mehrmalige Malariaerkrankung. Hunger und Durst kannte ich zur Genüge. Ja, und nicht zuletzt schlief auch ich mit dickem Schwangerschaftsbauch auf dem Boden. Allerdings nicht im Schlafsack, sondern auf einem Kuhfell. Sogar einer meiner Trauzeugen musste ebenfalls von der Straße geholt werden, was allerdings in Maralal, wo wir heirateten, noch um einiges komplizierter war. Viele Afrikaner besaßen damals keine Ausweispapiere, trugen sie nicht bei sich oder konnten weder lesen noch schreiben. Und auch bei meiner Hochzeit war leider niemand von meiner Familie anwesend. Was für Parallelen, die mir erst durch dieses Aufschreiben dreißig Jahre später wirklich bewusst werden!

Mein Vater, dä Schwob

1963 war ich gerade drei Jahre alt, und ich kann mich natürlich heute an diese Zeit nicht mehr erinnern. Aber meine Mutter erzählt mir nun, fünfzig Jahre später: »Ach, du warst schon ein braves Kind. Hast mir eigentlich nie Kummer gemacht, als du klein warst, im Gegensatz zu später. Einmal, als du noch ein Baby warst und ich schnell mit deinem älteren Bruder zum Zahnarzt musste, habe ich dich bei offenem Zimmerfenster in deinem Bettchen gelassen. Als ich zurückkam, hast du dieses eine Mal laut geschrien. Da wusste ich sofort, es muss etwas Ungewöhnliches vorgefallen sein! Als ich ins Zimmer kam und nachschaute, sprang doch tatsächlich eine Maus aus deinem Bettchen. Sie muss dir übers Gesicht gelaufen sein – denn angeknabbert warst du nicht. Doch sonst ... nein, geweint hast du nie. Nicht einmal, als ich dein Essen vergaß, weil ich deinen kleineren Bruder stillen musste.«

Ja, so ist das wohl, wenn man zwischen zwei Brüdern aufwachsen muss. Ich war das »Sandwich-Kind«.

Meine Mutter erinnert sich weiter: »Ich kann nicht sagen, dass du ein ausgesprochen fröhliches Kleinkind warst, aber genügsam und anspruchslos. Du konntest dich schon früh alleine beschäftigen. Zum Beispiel, wenn du samstags von der nahe gelegenen Kapelle die Kirchenglocken gehört hast, da wusstest du, jetzt findet wieder eine Hochzeit statt. Du hast deine Sandalen angezogen und bist im Röckchen die kleine, steile Straße hinuntergetippelt und hast gewartet, bis die Brautleute aus der Kirche kamen. Du wusstest, dass sie die bunten »Feuersteine«

zu den Zuschauern werfen werden. Du hast sie dann eifrig aufgesammelt und bist mit strahlendem Gesicht und vollen Rocktäschchen wieder nach Hause getippelt. Danach konntest du dich stundenlang mit diesen dunkelblauen, feuerroten, gelben oder giftgrünen viereckigen Bonbons beschäftigen, bis dein großer Bruder kam und dir welche streitig machte. Du warst schon als ganz kleines Mädchen eine Sammlerin. Später ging das weiter mit Blümchen, Beeren, Hagebutten, Schnecken oder Muscheln – sogar Briefmarken kamen für kurze Zeit dazu.«

Meine Mutter blickt mich an und erzählt weiter: »Ich kann mich noch erinnern, als du ungefähr acht Jahre alt warst. Du hast wie immer große weiße Weinbergschnecken eingesammelt und ihre Häuser mit einem Filzstift mit Namen versehen, weil du sie am nächsten Tag wiedererkennen wolltest. Einmal hattest du etwa vier oder fünf solcher Schnecken in ein großes Glas gesteckt und mit einem Papier, in dem kleine Luftlöcher waren, abgedeckt. Du hattest sie über Nacht auf dein Bücherregal gestellt, und als ich dich morgens für die Schule wecken musste, krochen diese Viecher in einer Schleimspur an den Zimmerwänden entlang. Ja, du hattest manchmal schon ungewöhnliche Spielideen«, schmunzelt Mutter.

»Später, als du schreiben konntest«, fährt sie fort, »hast du mir die bereits vorfrankierten Postkarten abgestaubt, um sie an diverse Firmen zu senden, mit der Bitte, dir Firmenlogo-Abziehbilder zuzustellen. So kamen immer mal wieder Kuverts mit verschiedenen Motiven, die du dann in der Schule getauscht hast. Einmal war ein Pneuhändler dabei, ich glaube, Firestone. Die haben dir zwei riesige Klebebilder geschickt, die du sogleich in der Schule verkauft hast. Ja, ja, geschäftstüchtig warst du schon früh!«

Mein heute vierundachtzigjähriger Vater weiß zu berichten, dass 1963 in seinem Leben eine große Wende eintrat. Er war bei einer Sonderfahrt mit einer AE6-Lokomotive Richtung Bellinzona dabei. Mein Vater, der ein großer Eisenbahnfan ist und in seiner Freizeit schon etliche Male die gesamte Gotthardstrecke abgewandert war, weiß natürlich an diesem Tag bestens Bescheid. Nicht zuletzt auch wegen des Modelleisenbahnclubtreffens, dem er ab und an beiwohnen kann. Nun fährt er als Besucher die Gotthardstrecke mit, und sein präzises Wissen fällt sogleich einem Bahningenieur auf. Der wundert sich, dass ein Deutscher diese Strecke wie seine Hosentasche kennt und zudem noch die Details zur Schweizer Bahngeschichte. Er sagt anerkennend: »Solche Leute braucht die Schweizer Bundesbahn!«

Tatsächlich wird Vater zwei Wochen später zum Gespräch eingeladen, obwohl er Deutscher ist. Zu jener Zeit gibt es keine Festanstellungen für Ausländer bei der SBB. Und Vater hat noch nicht einmal die definitive Niederlassungserlaubnis für die Schweiz. Doch er überzeugt beim Vorstellungsgespräch in Zürich und wird danach zum Gesundheits-Check zum Schweizer Militärarzt in Winterthur geschickt. Schließlich geht es später um eine Pension aus der Schweizer Staatskasse! Nach weiteren Abklärungen, ob er die Arbeitsstelle als Ausländer wechseln könne, ohne seinen Aufenthaltsstatus in der Schweiz zu verlieren, sowie Mahnungen seitens der Behörde an die SBB, man solle sich dies gut überlegen, er sei schließlich ein *Schwob* (Deutscher), bekommt er die Stelle doch.

Vater wird zwar nicht Beamter, aber als erster Ausländer, wie man ihm mitteilt, bekommt er nach einer einjährigen Probezeit seine Festanstellung bei der Schweizerischen Bundesbahn – ein Traum geht für ihn in Erfüllung.

Wir ziehen von Frauenfeld nach Weesen im Kanton St. Gallen. Der neue Chef hat unserer zu dem Zeitpunkt schon fünfköpfigen Familie eine Wohnung in einem alten Haus einer Witwe beschaffen können. Wer bei der Bahn arbeitet, musste abrufbereit sein und deshalb in der Nähe des Arbeitsplatzes wohnen.

Der Anfang bei der neuen Arbeitsstelle ist schwer. Immer

heißt es »dä Dütsch« oder »dä Schwob« und: »Was will der denn hier?!« Doch mein Vater geht beharrlich seiner Arbeit nach. Er ist nie krank und immer einsatzbereit, bei jeder Schicht und jedem Wetter. Zudem verdient er etwas mehr als bei seinem erlernten Beruf und braucht sieben Stunden die Woche weniger zu arbeiten, was ihm bald zugutekommt. Ehrgeizig, wie er ist, will er nämlich seinen Traum vom Eigenheim so schnell wie möglich verwirklichen. In seiner Freizeit berechnet und zeichnet er Pläne, und schon bald steht das Haus zumindest auf dem Papier. Weder Geld noch Land stehen ihm jedoch zur Verfügung. Nur der feste Wille und Glaube daran.

Neun Monate nach seinem ersten Arbeitstag bei der SBB, aber immer noch in der Probezeit, kauft mein Vater ein Grundstück. Wobei »Grundstück« die Sache fast nicht richtig trifft – eigentlich ist es ein unbrauchbarer Felsvorsprung, übersät mit kleinen Büschen und Dornen, abseits jeglicher Zufahrtsstraßen und ohne Wasser- und Stromanschluss. Es ist das Einzige, was mein Vater sich leisten kann. Dieser Felsen liegt auf einer Anhöhe zwischen zwei Bergbauernhöfen. Dort soll sein Haus entstehen. Seine Arbeitskollegen belächeln ihn und spotten: »Nur ein Schwob kann so etwas kaufen und meinen, er könne dort ein Haus bauen!«

Abenteuerlicher Hausbau

1965 bin ich fünf Jahre alt und darf endlich in den Kindergarten, der in einem Kloster angesiedelt ist.

Zu jener Zeit gehen in der Schweiz die Kinder mit fünf und sechs Jahren in den Kindergarten und mit sieben in die Schule. Für jüngere Kinder gibt es keine Betreuungsmöglichkeiten.

Oh, wie ich mich freue, denn zwischen meinen beiden Brüdern aufzuwachsen ist nicht immer nur schön, sondern auch echt anstrengend. Ich hoffe natürlich, im Kindergarten endlich eine Freundin zu finden. Die Klosterfrauen wirken auf mich etwas befremdlich in den langen schwarzen Schwesterntrachten und den eng anliegenden Kopfhauben. Sie gehören dem Kloster »Maria Zuflucht« an.

Ich merke schnell, die Regeln sind streng. Wir dürfen nur mit Rock und darüber gebundener Schürze erscheinen. Hosen für Mädchen sind tabu. Die Haare müssen zu Zöpfen geflochten oder zu einem Pferdeschwanz hochgebunden sein. Schuhe sind nur mit Kniestrümpfen zu tragen. Es wird gesungen, gebastelt und gebetet. An viel mehr kann ich mich nicht erinnern. Oh doch, an den Fotografen, der einmal im Jahr für das Erinnerungsfoto vorbeikommt. Da herrscht immer große Aufregung, und die Schwestern sind bedacht, uns ins beste Licht zu rücken. Jedes Kind wird einzeln an den für die Aufnahme vorgesehenen Tisch gesetzt. Wir Mädchen dürfen uns endlich für einen kurzen Moment der Schürze entledigen. Dann werden wir so auf einem Stuhl plaziert, dass der rechte Arm waagerecht auf der Tischplatte liegt, und in den linken bekommen wir endlich die riesige Puppe mit dem rosa Rüschenkleid gelegt. Sie ist fast so groß wie ein echtes Baby. Das ganze Jahr über sitzt sie auf einem Gestell weit über unseren Köpfen und schaut uns wohl zu. Doch spielen dürfen wir nicht mit ihr. Sie ist nur für die Fototermine bestimmt und muss nach getaner Arbeit wieder schön säuberlich zurück aufs Wandbrett, was uns Mädchen natürlich leidtut. Aber umso mehr freuen wir uns auf das folgende Jahr und den neuen Fototermin.

Schon nach einigen Tagen im Kindergarten habe ich eine Freundin. Bin ich glücklich, obwohl sie nicht unbedingt dem Mädchen entspricht, das ich mir freiwillig ausgesucht hätte! Aber wir haben denselben Heimweg, und so hat es sich halt ergeben. Mit ihrer sehr hellen Haut, den rötlichen Haaren und den vielen Sommersprossen sieht sie etwas anders als die meisten Mädchen aus. Doch Hauptsache, ich habe eine Freundin! Von nun an verbringen wir viel Zeit zusammen. Wir klettern auf Nussbäume oder spielen Verstecken. Auch an der großen, strömenden Linth halten wir uns öfter auf. Ich darf sogar auf ihrem Fahrrad so lange üben, bis ich alleine fahren kann. Meine weißen Strümpfe sind schon bald mit Kettenöl verschmiert. Doch ich bin stolz, dass ich es geschafft habe, ohne zusätzliche Hilfe zu fahren. Nur die weißen gehäkelten Kniestrümpfe sind nicht mehr zu retten, was meine Mutter nicht erfreut, denn ich besitze gerade mal zwei Paar davon.

Während meiner Kindergartenzeit beginnt bereits der Hausbau im sechs Kilometer entfernten Nachbarort, und unser Kinderleben verändert sich. Wenn meine Mutter auf die Baustelle geht, bin ich plötzlich für meinen vierjährigen Bruder verantwortlich. Bei schönem Wetter und wenn Vaters Schichtplan es zulässt und das Geld für Baumaterial reicht, wird der Hausbau von unseren Eltern eigenhändig in Angriff genommen. Zuerst roden sie den mit dornigen Büschen bewachsenen Felsvorsprung, und dann sprengen sie mit Hilfe des Nachbarn den Felsen ab, damit eine gerade Ebene entsteht. Der Bauer fährt gegen Entgelt mit seinem Aebitransporter, der dieses steile Gelände meistern kann, das Baumaterial vom Dorf unten auf den Bauplatz hoch. Eine richtige Straße gibt es zu diesem Zeitpunkt noch nicht. Auch das ganze Material muss von gutwilligen Bauunternehmern für uns besorgt werden, da es noch keine Baumärkte wie Obi gibt. Schwere Arbeiten lasten von nun an auf den Schultern unserer Eltern.

Bei schönem Wetter drückt mir nun meine Mutter den vierjährigen Bruder Eric an die Hand und schickt uns gemeinsam in den Kindergarten. Mein älterer Bruder Marc besucht bereits die Schule.

Wie ich es hasse, den kleinen, weinenden Bruder mitzuschleppen! Er will bei Mutter bleiben und nicht mitkommen. Ich hingegen werde von den Schwestern heftig gerügt, weil ich ihn trotz Verbot immer wieder anschleppe.

Einmal kommt die ältere Ordensschwester mit ihrem Gesicht sehr nahe zu mir, schaut mich durch ihre runden Brillengläser durchdringend an und schimpft erneut: »Corinne, wie oft muss ich es noch sagen? Du bringst jetzt deinen Bruder sofort wieder nach Hause, er ist viel zu jung und gehört nicht hierher!«

Und zu Hause höre ich von meiner Mutter: »Corinne, du nimmst deinen Bruder wieder mit! Ich muss auf die Baustelle und kann ihn da nicht brauchen. Im Kindergarten wird es wohl auf einen mehr oder weniger nicht ankommen.«

Diese ständigen Diskussionen erschweren mein Kinderleben und die Kindergartenzeit erheblich. Ich verstehe einfach nicht, warum immer ich die »Angebrüllte« sein muss, wenn es doch eigentlich um meinen Bruder geht.

Manchmal mag ich ihn gar nicht mehr so sehr und beneide hingegen meinen zwei Jahre älteren Bruder Marc, weil er schon die Schule besuchen kann.

Nach Kindergartenschluss marschieren wir Kinder meist zu

zweit, manchmal auch zu dritt auf die Baustelle rauf. Ein sechs Kilometer langer Fußmarsch – alleine! Wir laufen von Weesen am Waldweg entlang, neben dem ein kleines Bächlein fließt. Je nach Jahreszeit, können wir die süßen Walderdbeeren in den Mund stecken, oder wir saugen den roten Kleeblüten den Nektar aus. Manchmal, wenn der Magen knurrt, beißen wir auf Sauerampferblättern herum, essen Buchenkerne oder Haselnüsschen.

Noch heute denke ich bei meinen vielen Wanderungen mit einem Schmunzeln an diese Erlebnisse zurück und bin überzeugt, dass damals der erste Grundstein für mein Naturbewusstsein gelegt worden ist.

Kurz vor dem Schießstand, den wir nicht betreten dürfen, müssen wir in den alten Römerwanderweg einbiegen und durch den Wald den »Römerberg« hochlaufen. Aus den Bäumen hervortretend erblicken wir schon den Rauch der Müllhalde. Mitten auf den saftigen grünen Wiesen liegen riesige Abfallberge. Auch da dürfen wir uns nicht aufhalten. Nun ist noch ein kleines Tobel, ein Waldtal, zu bewältigen, und schon kommt die Baustelle in Sicht, und unser Ziel ist erreicht.

Mutter mischt in einer Art Trommel Zement, und Vater gießt das Fundament. Wir Kinder können uns nicht vorstellen, dass hier einmal unser Zuhause stehen soll. Mitten im Wald, ohne Straße und nur durch einen Wanderweg erreichbar. Nachdem wir unsere Zuckerbrote verspeist haben, helfen wir mit, so gut es geht. Ich hole im nahe gelegenen Bach Wasser, und mein älterer Bruder Marc reicht dem Vater Steine, damit er die Mauer bauen kann. Wir lernen früh zu arbeiten oder uns selber zu beschäftigen.

Jedes Mal, wenn wir im Laufe der drei Jahre, die der Hausbau dauert, wieder auf die Baustelle kommen, sieht es dort anders aus. Das Haus gedeiht. Ein eigentliches Baugerüst gibt es nicht. Mutter steht auf Brettern zwei Meter über dem Boden und zementiert die Parasolsteine aneinander. Vater tut an einer anderen Ecke dasselbe. Ab und an helfen noch zwei, drei Bekannte mit.

Einmal sind auch Omi und Opa aus Ostdeutschland da und helfen. Wir Kinder kennen sie nicht so gut, da sie durch die Teilung Deutschlands erst ausreisen dürfen, nachdem Opa pensioniert wurde. 1963 sind wir aber einmal mit der ganzen Familie nach Dresden gereist, haben da Omi und Opa das erste Mal kennenlernen können und sind mit ihnen in den Zoo gegangen. Ich kann mich nur an den Zoobesuch erinnern – ich nehme an, weil ich schon als kleines Kind von Tieren fasziniert war. Ich war damals erst drei Jahre alt, Marc fünf und Eric gerade mal ein Jahr.

Wenn wir abends die Baustelle verlassen, marschieren wir Kinder mit Mutter wieder den Berg herunter und fahren nun mit dem Zug nach Weesen zurück, während Vater die Spätschicht bei der Bahn antritt.

Während der drei Jahre, die der Hausbau dauert, pendeln wir Kinder etwa anderthalb Jahre bei schönem Wetter hin und her. Unzählige Male laufen wir diese Strecke von Weesen über den Römerberg auf die Baustelle. Heute ist es kaum mehr vorstellbar, dass so junge Kinder alleine eine solche Strecke zurücklegen. In der heutigen Zeit fahren die meisten Eltern ihre Sprösslinge jeden Alters durch die Gegend. Wenn ich zu den Schulzeiten durch Lugano fahre oder wo auch immer, stehen ganze Autokolonnen vor den Schulgebäuden und laden Kinder auf oder ab. Ich kann das nicht verstehen, da doch gerade der Schulweg eine wichtige Erfahrung ist und die Kinder sich mit ihren Freunden austauschen können. Man lernt sich zu behaupten, auch wenn es nicht immer einfach ist. Wir haben auf dem Schulweg Schneeballschlachten veranstaltet oder auch mal handfeste Auseinandersetzungen gehabt. Dafür aber auch Freundschaften geschlossen und die großen und kleinen Geheimnisse ausgetauscht, bevor die Schule begann. Die Kinder übernehmen Eigenverantwortung und lernen Situationen einzuschätzen. Das Selbstbewusstsein wird gestärkt, auch wenn nicht immer alles rund läuft. Und die Mütter? Wäre es nicht schöner, wenn sie nicht ihr halbes Leben mit Fahrdiensten verbringen müssten? Wo bleibt denn ihr eigenes Leben?

Die Zeit vergeht, und das Haus ist praktisch fertig, als wir Mitte 1967 einziehen. Mit dem Aebitransporter findet der Umzug statt. Als der letzte Tag in Weesen gekommen ist, muss ich mich von meiner ersten Freundin trennen. Sie bittet mich noch um ein letztes Treffen hinter dem Haus an der nahe gelegenen Linth, da sie mir ein kleines Geschenk überreichen möchte. Natürlich versprechen wir uns, uns gegenseitig zu besuchen. Wir stehen an der Wassermessstation, als sie plötzlich ein Küchenmesser hinter ihrem Rücken hervorzieht und mich damit bedroht. Aufgeregt schreit sie: »Du wirst mich nicht verlassen, du Verräterin, Verräterin!« Erschrocken schaue ich in ihr sommersprossenübersätes Gesicht, verspüre beim Anblick der plötzlich tränenüberströmten Freundin Mitleid, aber auch Angst. Schlussendlich siegt die Angst, und ich eile ohne Abschied zum Haus zurück. Ich spreche mit niemandem darüber, da alle mit dem Umzug beschäftigt sind und ich keine Aufregung verbreiten möchte. Endlich fährt der Aebitransporter los. Der Abschied fällt mir nun leichter als gedacht.

Im Laufe meines bisherigen Lebens habe auch ich Freundinnen verloren. Aus unterschiedlichen, manchmal für mich auch unerklärlichen Gründen. Gerade, wenn für einen selbst der Grund nicht ersichtlich ist, tut es verdammt weh. Denn einander Freundin zu sein heißt auch, sich gegenseitig ins tiefste Innere schauen zu lassen und sich persönliche Geheimnisse und Wünsche anzuvertrauen. Plötzlich entfernt sich eine solch vertraute Person aus deinem Leben, und du weißt nicht, warum. Sie nimmt deine ganzen Offenbarungen mit, und du weißt nicht, was damit passiert. Ist es einfach plötzliches Desinteresse? Ist es Neid auf deinen Erfolg, die Unabhängigkeit oder was auch immer? Oder hast du in einer gewissen Situation falsch reagiert? Freundschaften sollten doch ein unbeabsichtigtes Missgeschick aushalten können – oder kann man sich so täuschen lassen? Solche Gedanken beschäftigen mich lange, doch ehrliche Antworten gibt es meistens keine mehr.

Wie musste wohl meine kleine Freundin in Weesen gelitten haben, wenn sie meinen Wegzug als Verrat empfand und schon als Siebenjährige ein Messer gegen mich richtete!

Leben am Berg

Als wir nun unser Grundstück mit dem Aebitransporter erreichen, ist dieses plötzlich von einem Stacheldraht umgeben. Davor steht die Bauersfrau, deren Mann der halbe Berg gehört, und somit auch das Grundstück, das von oben unmittelbar an das unsere angrenzt. In ihren schwarzen Gummistiefeln, breitbeinig dastehend und die Arme über der Blumenschürze aggressiv in die Hüfte gestemmt, brüllt sie uns Kinder an: »Merkt euch, dieser Zaun wird nicht übertreten, sonst passiert etwas!«, dann dreht sie sich um und stampft den Berg wieder hoch. Sie hat unseren Eltern schon während des Hausbaus verboten, an ihrem Bach Wasser zu holen, und deswegen schimpft Vater ihr an diesem Tag auch hinterher. In den kommenden Tagen ersetzt er den Stacheldraht durch einen normalen Zaun. Das ist ja ein Empfang! Ich weiß nicht, was schlimmer ist – meine Freundin, die zum Abschied ein paar Stunden vorher ein Küchenmesser auf mich richtete, oder diese wütende Alte und der Stacheldraht.

An das neue Leben am Berg muss ich mich erst gewöhnen. Wir haben nun keine unmittelbaren Spielkameraden mehr. Obwohl die andere Bauernfamilie reich an Kindern ist, sehen wir diese nicht allzu häufig. Ich bin froh, dass ich wenigstens mit meinem kleinen Bruder Eric etwas unternehmen kann. Marc, der Große, ist selten da, er hat schnell Anschluss bei den Pfadfindern gefunden, worum ich ihn beneide. Ich würde auch gerne mit anderen Kindern im Wald Abenteuer erleben. Aber eine »Mädchenpfadi« gibt es damals noch nicht. Trotzdem bin ich bei jedem Wind und Wetter draußen, klettere auf den Bäumen herum oder sammle Schnecken ein und beschrifte deren Häuschen. Auch zum »verbotenen« Bach schleichen Eric und ich ab und zu und stauen das Wasser so, dass wir darin spielen können. Meistens geht es gut, doch ab und an springt die »Alte von oben«, wie wir sie nennen, aus den Büschen und vertreibt uns mit lautem Geschrei und einem dicken Stock in der Hand. Erschrocken retten wir uns jeweils über den Zaun auf unser Grundstück und verstecken uns sogleich in unserem kleinen Kinderzimmer, welches wir Kinder uns zu dritt teilen müssen.

Abends ist es besonders schön, wenn man von unserem Berg auf das Dorf hinunterschauen kann. Die Lichter in den Häusern und auch die Straßenbeleuchtungen funkeln zu uns hoch. Beim ersten Sommergewitter, das wir auf dem Berg erleben, kauern wir Kinder uns erschrocken in Mutters Nähe auf dem Wohnzimmersofa zusammen und beobachten die langgezogenen Blitze auf der gegenüberliegenden Bergkette. Es ist unglaublich spannend, wann der nächste Blitz auftaucht, den Himmel erhellt und sich in einer züngelnden Bewegung spaltet wie eine Astgabel. Wir halten den Atem an und zählen die Sekunden, bevor der ohrenbetäubende Donner hinterhergrollt. Da wir am Hang wohnen und von Bergen umgeben sind, verstärkt sich der Knall ums Vielfache. Bei dem Getöse meine ich zu spüren, wie das ganze Haus leicht erzittert. Und dann schlägt der nächste ein: Der folgende riesige, langgezogene Blitz zuckt über die Bergkette, um dann plötzlich fast senkrecht in eine Baumgruppe zu fahren. Der Donnerhall erschüttert die ganze Gegend; wir ziehen automatisch die Köpfe ein und drücken uns ins Sofa. Als wir es wagen, wieder über den Sofarand zu äugen, steht ein riesiger Baum auf der gegenüberliegenden Talseite in Flammen.

Ängstlich schauen wir Vater an, und ich frage: »Papa, kann das Gewitter auch unser neues Haus zerstören?«

»Nein, außer, der Blitz schlägt auch hier in einen großen Baum ein, und der könnte dann aufs Dach fallen«, gibt er zur Antwort. Mein kleiner Bruder kauert sich nun in Mamas Schoß, während wir fasziniert, aber auch ängstlich das Gewitter verfolgen. Nach einer halben Stunde ist der Spuk vorbei, und nur die zuckenden Flammen und die Rauchschwaden vom brennenden Baum erinnern noch daran. Wir haben keinen Fernseher, aber wir empfinden das gerade Erlebte wie einen Krimi. Es soll nicht das letzte Gewitter bleiben, das wir am Berg erleben, und jedes Mal aufs Neue ist es faszinierend.

Noch schöner ist die Feier zum ersten August, unserem Nationalfeiertag. Als sie ein paar Wochen nach unserem Umzug stattfindet, kleben wir an unseren großen Wohnzimmerfenstern und warten gespannt, bis endlich das Feuerwerk im Dorf startet. Wir haben hier oben einen Logenplatz. Da es aber noch dauert, bis es endlich anfängt, schlägt Mutter vor: »Kommt, Kinder, lasst uns Karten spielen oder ein ›Mensch, ärgere Dich nicht‹, es dauert mindestens noch zwei Stunden.« Alle sitzen wir nun um den Esstisch und spielen das Brettspiel, auch Vater, obwohl er lieber Kartenspiele mag, aber dafür ist Eric noch zu klein. Mir gefällt es, wenn wir endlich mal alle zusammen sind und spielen. Durch den langen Hausbau war vorher keine Zeit dazu. Obwohl es dann doch meistens in Tränen für dasjenige Kind endet, das verliert. Doch an diesem Abend trocknen sie schnell, denn die ersten Raketen zischen unten im Dorf in die Höhe.

Sofort rennen wir auf unsere Terrasse hinaus, um alles noch besser zu sehen. Wir hören ein langgezogenes Zischen, dann einen Knall, und hernach explodieren über dem Dorf große bunte Farbkugeln, die ineinander verlaufen, um anschließend wie langgezogene Regentropfen langsam zurückzufallen und schlussendlich zu verglühen und am Himmel Platz zu schaffen für die nächste Ladung. Uns Kinder entfahren Ahhhhs und

Ohhhhs, während wir das so noch nie gesehene Spektakel betrachten. Vergessen ist der lange Weg hoch auf den Berg. An diesem Tag bei dieser Aussicht wohnen wir am schönsten Platz.

Plötzlich ruft mein älterer Bruder: »Schaut da, ganz oben am Berg, da sind Feuer!« Ja, und nun sehen wir es auch. Gleich auf drei Berggipfeln können wir die legendären »Augustfeuer« erspähen. Als dann kurz vor Mitternacht plötzlich die schräg gegenüberliegende 400 Meter lange Felswand, das Mariawändli, zu brennen scheint, ist der Höhepunkt erreicht. Denn über die Wand wird die glühende Restkohle des riesigen Augustfeuers gekippt. Das sieht nun minutenlang wie ein Lavastrom aus – einfach gewaltig, und wir Kinder staunen glücklich.

Apropos Knall. Eines Tages kommt mein älterer Bruder Marc von den Pfadfindern nach Hause und zeigt mir eine Patronenhülse, die er in der Nähe des Schießstandes gefunden hat. Mit Ehrfurcht schaue ich auf das goldglänzende, konische Teil in seiner Hand, welches noch unverbraucht aussieht, was man am spitzen, kupfernen Köpfchen erkennen kann, wie mir mein Bruder stolz erklärt. Da es für uns aber verboten ist, diese Projektile aufzusammeln, bin ich echt beunruhigt und verpetze ihn deshalb kurz darauf bei unserer Mutter. Sie wiederum nimmt ihm die Patronenhülse unter lauter Schelte umgehend ab, und mein Bruder schimpft mich: »Du blöde Kuh, dir zeige ich nie mehr etwas!«

Als ich die Patronenhülse drei Tage später unter einem Stapel Handtücher erneut entdecke, gebe ich sie ihm verschwörerisch zurück, ohne dass Mutter davon erfährt. Zum Dank darf ich mitkommen, damit ich sehen kann, wie er die Patrone entschärft, schließlich ist er bereits elf Jahre alt. Dafür laufen wir zum nahe gelegenen Bachbett. Marc nimmt einen Stein und haut auf die Spitze der Hülse, die er auf einem weiteren, flachen Stein plaziert hat. Er möchte sie öffnen und das Schießpulver herausschütten. Aufgeregt, aber auch ängstlich stehe ich etwas abseits und beobachte, wie er immer und immer wieder mit einem Stein den goldglänzenden Gegenstand bearbeitet, während er davor kauert und überzeugt meint: »Ich muss sie entschärfen, dann kann nichts mehr passieren.« Mir ist bewusst, dass wir etwas Verbotenes tun, aber er ist mein großer Bruder und wird schon wissen, was er tut, denke ich.

Plötzlich höre ich einen fürchterlichen Knall, und mein Bruder fliegt rückwärts nach hinten, reißt seinen Mund zum Schreien auf, während er mit der einen Hand die andere umklammert und versucht, das hervorspritzende Blut zu stillen. In Panik renne ich nach Hause und schreie: »Maaaamaaaa! Marc ist vielleicht tot!« Mutter stürzt aus dem Haus und fragt erschrocken: »Was ist los? Was war das für ein Schuss?«, und da ich unter Schock nicht gleich antworten kann, rennt sie nach hinten zum Bach. Nach einigen Minuten kommen beide zurück, und Mutter hat ein riesiges Taschentuch um die verletzte Hand gebunden, damit das Blut einigermaßen gestoppt wird. Ich verstecke mich vor Schreck zitternd in dem Geräteschuppen neben unserem Haus, da ich den Anblick nicht ertragen kann und zudem Angst vor den Konsequenzen habe. Doch letztendlich ist es nicht ganz so dramatisch, wie es zunächst den Anschein machte. Mutter eilt mit Marc zum Arzt, wohlgemerkt zu Fuß, und es wird mit drei Stichen zwischen Daumen und Zeigefinger genäht. Wieder einmal ist ein Bubenstreich glimpflich verlaufen.

Ich hingegen spiele sowieso am liebsten draußen und klettere auf den Bäumen herum. Aber auch da lauern halt auf ein abenteuerlustiges Mädchen, das nicht unbedingt Prinzessin spielen möchte, große Gefahren. Wieder einmal hänge ich kopfüber nach unten an einem Baum, während ich den Ast in meinen Kniekehlen spüre. Dieser Kopfstandblick verändert die Welt, und während das Blut so langsam in meinen Kopf läuft, schaukle ich hin und her und beobachte die »verkehrte Welt«. Es ist einfach für mich, so rumzuturnen, da ich sportlich bin und zudem sehr dünn. Doch plötzlich knackt es, und der Ast bricht vom Baum weg, während ich Kopf voran Richtung Felsen fliege. Meine ausgestreckten Hände können den Aufprall zwar noch lindern, doch nicht ganz verhindern. Mit einem dumpfen Knall lande ich auf meinem Hinterkopf und verspüre augenblicklich einen stechenden Schmerz, während mir schlecht wird. Ich taste an meinen Hinterkopf und fühle ein feuchtes Loch. Als ich meine blutverschmierte Hand sehe, kann ich endlich losbrüllen. Mutter stürzt wieder einmal herbei und schaut sich das Drama an und bestimmt, dass ich sofort zum Arzt muss, da noch vereinzelte Steinchen im Kopf stecken und ich wohl eine Gehirnerschütterung habe, da ich mich weiter übergeben muss. Wie ich genau den Berg heruntergekommen bin, weiß ich heute nicht mehr. Ich kann mich nur erinnern, dass ich mich unten am Berg bei dem Holzschuppen, wo wir immer unsere Räder abstellen, hinten auf Mutters Fahrrad setze, mich an ihr festklammere und sie so mit mir zum Arzt fährt, während ich immer mal wieder mit einer Hand an den Kopf fasse, wo das Blut schon langsam zwischen den Haaren eingetrocknet ist. Die Wunde wird in der Arztpraxis gereinigt, einige Haare werden rasiert und mit der Pinzette die restlichen Steinchen entfernt. Ja, und dann müssen wir trotz Gehirnerschütterung erst mal wieder zurück auf den Berg marschieren, bevor ich mich dann ein paar Tage hinlegen muss und schulfrei bekomme. Noch heute habe ich einen flacheren Hinterkopf, wohl als Folge dieses Sturzes.

Neben den gelegentlichen Spielabenden mit den Eltern liebe ich auch den Samstagabend, wenn im einfachen Kamin ein Feuer lodert und wir gespannt dem Hörspiel im Radio lauschen dürfen, denn endlich besitzen wir ein ordentliches Gerät. Die verschiedenen Stimmen, mal laut, mal flüsternd, mal männlich, mal weiblich bis kindlich, ergreifen und zerren mich in Gedanken mitten ins Geschehen. Angespannt und Fingernägel kauend, hocke ich auf dem Sofa und brenne vor Neugierde, was als Nächstes passieren wird. Es ist mäuschenstill, während wir zuhören. Ärgerlich, wenn die Geschichte mittendrin aufhört und wir wieder eine Woche auf die Fortsetzung warten müssen. Aber zu Beginn entschädigen uns diese Abende für das plötzliche Abseitswohnen.

Als wir dann noch die frische Milch direkt vom Bauern unten am Berg beziehen, kann ich auch öfter bei ihm auf dem Hof mithelfen. Ich darf die Eier aus dem Hühnerstall holen, was allerdings nicht immer einfach ist. Die Hennen verteidigen ihre Brut manchmal ganz schön hartnäckig. Mit der Zeit erkennen sie mich wohl, und mein Händeklatschen beeindruckt sie recht wenig. Will ich mich anschleichen, legt die jeweilige Henne ihren Kopf leicht schräg und schaut mich aus roten, aggressiven Augen herausfordernd an. Sobald ich zu nahe komme, flattert sie mit den Flügeln, streckt ihren Kopf mit dem roten Kamm hervor und versucht, mit dem gelben Schnabel in meinen kleinen Handrücken zu picken. Manchmal braucht es wirklich Mut, um an die Eier zu gelangen. Doch von Hühnern lasse ich mich auch als Achtjährige nicht in die Flucht schlagen.

Auch das Schweinefüttern mag ich. Wenn ich mit den Futterkübeln in den Stall trete, quietschen sie bereits und drängen sich um den Trog. Sobald der Gartenabfall und das Futter darin verteilt sind, kämpfen die Schweine mit ihren rosa Schnauzen um die besten Plätze. Es wird gegrunzt und gequietscht, und ab und an beißen sie sich gegenseitig, um mehr Platz zu schinden. Während sie fressen, kann ich auch mal die harten Borsten streicheln. Herzig ist es jeweils, wenn die Sauen junge Ferkel haben. Nicht selten bis zu zehn Stück. Die schnuckeligen Kleinen mit ihren rosa Ringelschwänzchen sind echt süß und haben es mir besonders angetan. Von ihnen würde ich auch gerne gleich eines mit nach Hause nehmen.

Neben dem Schweinekoben stehen die Kühe in Reih und

Glied und werden vom Bauern per Hand gemolken. Die Kuhschwänze sind dafür an einer Schnur in die Höhe gebunden, damit sie ihm nicht um die Ohren fliegen, wenn er auf seinem Melkschemel sitzend seiner Arbeit nachgeht. Ich stoße unterdessen mit einem langen Schieber die Kuhkacke aus der dafür vorgesehenen Rinne ins Gülleloch. Das Arbeiten mit den Tieren gefällt mir und tröstet mich darüber hinweg, dass ich nun »abseits der Zivilisation« lebe. Nur der Hund des Bauern erschreckt mich, obwohl er zum Glück meist angebunden ist. Mit fletschenden Zähnen rennt er laut bellend auf mich los und wird erst einen Meter vor mir durch die Kette am Halsband zurückgehalten. Mehrmals täglich muss ich an ihm vorbei, wenn ich zur Schule oder zum Sport und eben auch wieder zurück gehe. Diese Sekunden sind dann jeweils mit starkem Herzklopfen verbunden.

Auch der große, bullige Bauer ist mir eigentlich nicht geheuer. Ich weiß nie, welches der Tiere gerade geschlachtet wird. Einmal quetsche ich mich am bellenden Hund vorbei, als der Bauer mit einer kleinen Handsichel gerade einem weißen Huhn den Kopf abschlägt. Dieser fällt neben dem Gülleloch blutend auf den Boden, während der Körper der Henne kopflos und mit Blutflecken auf dem weißen Federgewand durch die Lüfte flattert. Der Anblick erschreckt mich zutiefst, zumal der fliegende Körper direkt auf mich zusteuert, bevor er kurz vor meinen Füßen mit einem letzten Zucken liegen bleibt. Der Bauer lacht, und ich renne wieder einmal erschrocken nach Hause. Bis dahin habe ich noch nie die Tötung eines Tieres miterlebt, und deshalb verfolgt mich die Szene mit dem zuckenden kopflosen Huhn noch nächtelang. Später erlebe ich auch mit, wenn am Hof Ziegen und Schweine geschlachtet werden. Es ist kein schöner Anblick für ein kleines, tierliebendes Mädchen.

Die Steigerung davon erlebte ich erst zwanzig Jahre später, als ich zusammen mit meinem kenianischen Ehemann Lketinga Ziegen und Kühe besaß. Wenn geschlachtet wurde, fingen die

Krieger das Tier ein und erstickten es, was natürlich einen Todeskampf über mehrere Minuten bedeutete. Danach schnitt man die Kehle durch und zog den Hautlappen am Hals so in die Länge, dass damit das ausströmende Blut eingefangen wurde. Dann beugten sich mehrere Männer über die warme Flüssigkeit und schlürften sie aus. Bei einer Kuh konnten sich schon mal bis zu drei Personen gleichzeitig am Bluttrinken beteiligen. Als ich diese Zeremonie zum ersten Mal sah, wurde mir beim Anblick der hinterher blutverschmierten Gesichter leicht übel. Doch dieses Ritual gehört für die Massai- und Samburu-Männer zu einer Schlachtung einfach dazu. Mit der Zeit habe ich mich damit abgefunden. Nur wenn innerhalb meines bescheidenen Hauses eine Ziege geschlachtet wurde, war ich nicht begeistert, da immer auch Blut auf den Boden tropfte und der Geruch hernach noch stundenlang in der Luft lag. Doch Fleisch zu essen war jeweils unser größtes Glück, vor allem, wenn wir tagelang wirklich Hunger gehabt hatten.

Im ersten Frühjahr auf dem Berg erzählt mir der gleichaltrige Nachbarjunge, dass eine ihrer vielen Katzen wieder Junge bekommen habe, und wenn ich sie sehen möchte, solle ich mitkommen. Neugierig schaue ich im hinteren Teil des Stalls nach, wo die Mähmaschine steht.

»Jööö, sind die aber süß!«, entfährt es mir, als ich die herzigen kleinen Kätzchen an den Zitzen der Mutter trinken sehe. Die kleinen Geschöpfe halten die Augen noch geschlossen und tapsen bald blind und unbeholfen im Stroh umher. Sie sind erst ein paar Tage alt, und der Bauer hat sie offenbar noch nicht entdeckt, denn der Junge fragt mich: »Corinne, magst du nicht eines nach Hause nehmen, wenn sie ein paar Wochen alt sind? Denn sonst werden die Kleinen ins Gülleloch geworfen oder an die Mauer geklatscht und dann den Sauen zum Fraß hingeschmissen, sobald sie entdeckt werden und sich niemand für die Brut interessiert.«

Bei dieser Vorstellung entfährt mir entsetzt: »Nein, das könnt ihr nicht machen!«

Der Junge meint gelassen: »Das ist immer so, denn ansonsten hätten wir ja noch mehr Katzen, als wir jetzt schon haben.«

Nun bin ich wild entschlossen, wenigstens eines der Tierchen zu retten. Zu Hause erzähle ich meiner Mama von den süßen Kätzchen und von der Tragödie, wenn ich es nicht nach Hause bringen darf. Zuerst gibt es keine Erlaubnis, da meine Mutter davon ausgeht, dass Vater wohl nicht einverstanden sein wird. Doch ich jammere weiter: »Mama, bitte, bitte, lass mich wenigstens *ein* Kätzchen retten! Ich werde auch gut auf das Tierchen achten und habe dann endlich auch einen Spielkameraden.«

Mutter lässt sich doch noch erweichen, und ich entscheide mich für das kleine, schwarze Katzenknäulchen, das nur an der Kehle einen weißen Flecken hat. Ich taufe es auf den Namen »Negi«.

Ein paar Wochen später darf ich es endlich mit nach Hause nehmen. Sorgfältig trage ich das miauende Kätzchen zu unserem Haus hoch. Auf dem Weg dorthin steht ein kleines Birkenbäumchen, an dem ich Rast mache und wo ich meine neue Freundin aufmerksam betrachte, während ich ihr verspreche: »Negi, du wirst meine Verstärkung, so sind wir schon zwei Mädchen im Kinderzimmer. Du brauchst keine Angst mehr zu haben, denn ich habe dich gerettet und werde immer gut nach dir schauen. Du bekommst ein schönes Zuhause, und wir werden unzertrennliche Freunde.« Die kleine Miezekatze miaut noch weiter, als wir das Birkenbäumchen verlassen und die restlichen Meter zurücklegen.

Heute muss ich schmunzeln bei dem Gedanken, dass ich als kleines Mädchen schon instinktiv die schwarze Katze ausgesucht habe.

Auch meine Brüder mögen die neue Mitbewohnerin. Das ist wichtig, denn sie darf nur bei uns im Zimmer oder draußen schlafen. Vater mag sie nicht im Wohnzimmer haben, er ist kein großer Katzenfreund.

Negi ist eine ungewöhnliche Katze. Je größer sie wird, desto anhänglicher ist sie. Wenn wir als Familie am Wochenende wandern, folgt sie uns über weite Strecken. Komme ich aus der Schule, wartet sie schon unten am Berg, beim Holzschuppen, wo wir unsere Fahrräder abstellen und die Post aus dem Briefkasten nehmen, und springt mir auf die Schultern, damit ich sie nach Hause trage.

Meistens schläft sie bei mir im Bett, Kopf an Kopf. Da unser Kinderzimmer ein kleines, schmales wie auch ein normales Fenster besitzt, ist es für die Katze einfach, im Laufe der Nacht hineinzuschleichen und sich bei mir anzuschmiegen, indem sie erst mit ihren Pfoten auf meiner Brust auf und ab »milchtritt«, um es sich dann an meiner Halsbeuge gemütlich zu machen.

Wenn es im Sommer heiß wird, wandere ich schon mal direkt von unserem Haus weiter den Berg hoch, bis ich nach einer Dreiviertelstunde auf die verlassene Alp stoße, wo sich ein großer Brunnen mit kühlem Wasser befindet. Da die Alp nicht mehr benutzt wird, kann ich hier wunderbar baden, indem ich mich nur mit der Unterhose bekleidet ins kühlende Brunnenwasser setze. Negi begleitet mich natürlich auf diesen Ausflügen und springt auf den Rand, um zu trinken.

Wenn ich mich anschließend rücklings ins Gras lege, um mich in der Sonne aufzuwärmen, und sich meine Katze neben mich legt und ihre Pfoten leckt, erzähle ich ihr von meinen Träumen: »Negi, schau mal, wie die kleinen weißen Wölkchen da oben schnell am Himmel davonziehen. Ich möchte so gerne wissen, wohin sie fliegen. Wie groß wohl die Welt ist? Wie sich wohl das Meer anfühlt, wenn man im Salzwasser schwimmt? Und wie wäre es wohl, wenn man frei wie ein Vogel wäre? Ja, Negi, weißt du, eigentlich würde ich gerne ein Adler sein, der weit oben über den Lüften schwebt und die Welt von oben sieht.« Mein Stubentiger hört mir zu, schnurrt dabei und zwinkert mich mit seinen gelben Augen an, während ich sein schwarzes, warmes Fell kraule. Ja, in solchen Momenten packt mich jeweils ein ungeahntes Fernweh – irgendwohin, ohne Ziel, da ich ja noch nichts von der riesigen Welt gesehen habe. Stattdessen eile ich zurück nach Hause ins beengte Kinderzimmer.

Negi ist ein Weibchen, und so bleibt es nicht aus, dass auch sie bald schon Junge bekommt, welche ich, wann immer möglich, unterzubringen versuche. Ihr steht meistens ein Karton mit alten Lumpen zur Verfügung. Doch sie bevorzugt mein Bett oder die Schachtel mit meinen wenigen Kleidern, um ihre Jungen zur Welt zu bringen. Ich bin ihr nie böse.

Nur wenn sie mit Mäusen oder Vögeln nach Hause kommt, schimpfe ich sie aus. Da leben nämlich die Mäuse meistens noch, und Negi spielt sprichwörtlich »Katz und Maus«, indem sie die kleinen Mäuschen erst in die Luft wirbelt, um sie nach der Landung, wenn sie zu fliehen versuchen, wieder einfängt, und das ganze Spiel von vorne beginnt. Ich rette die völlig außer Atem geratenen Mäuschen, wann immer ich kann, bette sie anschließend in Watte eingepackt in Streichholzschachteln und pflege sie gesund, was nicht immer gelingt.

Eines Abends legt mir meine Katze wieder eine Spitzmaus vor die Füße. Bei ihrer Rettung beißt mich das kleine Mausebiest in meinen Zeigefinger und lässt partout nicht mehr los. »Auaaaaa, du blödes Viech!«, schreie ich laut und schüttle dabei die Hand lange und kräftig, bis die Maus im hohen Bogen in die Wiese zurückfliegt. Ob sie überlebt hat, das weiß ich nicht, es ist mir aber auch egal. Es war definitiv die letzte Mäuserettung!

Da wir Kinder gerne mit Wasser spielen, liege ich schon bald meinen Eltern mit einem besonderen Wunsch in den Ohren. Ich möchte eine Ecke auf dem Grundstück bekommen, wo ich einen kleinen Teich anlegen kann. Erst will Vater nichts davon wissen, da er es als kurzfristige Spinnerei abtut und vermutet, danach ein unansehnliches Loch auf seinem Grund und Boden zu haben. So ist seine Antwort: »Erst bekommt ihr in Mutters Gemüsegarten ein Beet, und wenn ihr dieses ordentlich pflegt, können wir weiterschauen.« So haben Eric und ich bald schon ein eigenes keines Gärtchen, in dem ich die Erdbeeren pflanze, und er sie sich in den Mund stopft, sobald sie einigermaßen rot geworden sind. Marc hingegen verspürt keine Gärtnerambitionen.

Gerne helfe ich Mutter beim Setzen von Tomaten, Bohnen, Karotten, Salat und weiteren Gemüsesorten. Später kommen auch noch Himbeeren und Johannisbeeren dazu. Ich grabe viel lieber in der Erde herum, als dass ich mit Puppen spiele. Vielleicht hängt es auch damit zusammen, dass meine Geschwister männlich sind und sie kein wirkliches Interesse an Puppenspielen zeigen. Alleine macht es mir auch keinen wirklichen Spaß.

Mit ungefähr zehn Jahren bekomme ich endlich die Erlaubnis, mir einen schönen Teich bauen zu dürfen. Ich grabe ein vierzig Zentimeter tiefes Loch in ovaler Form aus, das etwa zwei Meter lang wird. Die Arbeit ist mühsam und anstrengend, und Vater hilft sogar kurzzeitig mit. Mit Plastikplanen kleide ich die Grube aus, damit mir das Wasser nicht entweichen kann, und befestige und beschwere diese auch mit schönen Steinen, die ich vom Bachbett anschleppe. Mit dem Gartenschlauch entnehme ich aus der Regentonne das benötigte Wasser, indem ich den Schlauch ansauge, bis das Wasser, bedingt durch die Hanglage, in meinen Teich hinunterläuft. Später bringe ich von einer Wanderung Schilfpflanzen mit, die ich bei einem Tümpel ausgegraben habe, und setze diese an den Rand meines kleinen Teiches. Der Plastikboden ist zugedeckt mit Steinen und Erde. Nun heißt es abwarten, ob sich Reptilen wie Eidechsen oder Frösche ansiedeln wollen. Immer wieder schaue ich nach, vor allem nach längeren Regenphasen. Auch sonst halte ich mich öfter hier an meinem Teichlein auf und beobachte, was es so alles anzieht. Da flattern bunte Schmetterlinge heran oder gar eine Libelle, die mit ihren großen, durchsichtigen Flügeln und dem langen, dünnen Körper etwas Aggressives hat, zumal aus ihrem großen schillernden Kopf mich zwei markante Augen anzustarren scheinen, während sie flügelschlagend über meinem Teich verharrt. Irgendwie erinnert sie mich an einen Helikopter, denke ich, während ich überlege, ob sie landen wird. Doch plötzlich startet sie durch, hebt ab und entschwindet meinem Blick. Als ich einige Wochen später, nach einem heftigen Gewitter, an meinem Teich auch noch zwei schwarzgelbe Molche antreffe, weiß ich, dass ich alles richtig gemacht habe.

Heute gibt es meinen Teich zwar nicht mehr, dafür hat Vater sich Jahre später einen viel größeren angelegt, auf den er nun mächtig stolz ist. Er beherbergt nebst wunderschönen lila Seerosen auch Frösche und ab und an sogar eine Seeschlange.

Grießbrei und Cervelat

Als ich sieben bin, werde ich eingeschult. Ich freue mich sehr darauf, stelle ich mir die Schule doch wie einen großen Spielplatz vor, wo ich mit vielen neuen Kindern zusammenkomme. Meine Mutter bgeleitet mich an diesem besonderen Tag zur Schule. Sie trägt ihr langes Haar zu einer Bananenfrisur hochgesteckt, ein kleines oranges Tüchlein verziert die Haarpracht. Mit ihrer Art, sich zu kleiden, fällt sie irgendwie aus dem Rahmen. In ihrem T-Shirt und dem knielangen Rock sieht sie peppig aus, und man könnte meinen, sie sei meine ältere Schwester. Ich bin mächtig stolz auf sie, während ich im Klassenzimmer mit großer Anspannung der Lehrerin zuhöre und verstohlen schon mal Ausschau nach einer möglichen Freundin halte.

Obwohl der Schulweg lang ist und ich diesen gleich viermal täglich auf mich nehmen muss, gehe ich anfangs eigentlich gerne zur Schule. Nur ist die Mittagspause, bedingt durch die lange Strecke, recht knapp. Im Winter verkürzt sich die Zeit noch erheblich, da wir uns manchmal durch den hohen Schnee kämpfen müssen. Gerade im Jahr 1968, als wir schon ein Jahr am Berg wohnen, gibt es davon sehr viel. Manchmal können wir durch den enormen Schneefall gar nicht zur Schule. Wir würden schlichtweg im Pulverschnee versinken. Dafür brausen wir später mit dem Schlitten den Berg hinunter und stellen diesen in dem Holzschuppen unten am Berg unter. Hier steht auch Mutters Fahrrad, das sie zum Einkaufen benötigt. Sie schleppt jeweils so viele Lebensmittel, wie sie kann, den Berg hoch. Die restlichen Einkaufstaschen deponiert sie in dem Holzschuppen, und wir Kinder teilen sie uns auf dem Nachhauseweg dem Alter entsprechend auf. Jeder trägt außer seinem Schulranzen dann noch Tüten mit Brot, Milch und weiteren Nahrungsmitteln nach Hause. Bei einer fünfköpfigen Familie fällt so einiges an. Meistens sind wir sehr hungrig, wenn wir aus der Schule kommen, und können es uns kaum verkneifen, in das knusprige Brot zu beißen. Nur einmal wagen wir es, und der Ärger mit Vater ist vorprogrammiert. Erst müssen wir das alte Brot aufessen. Selbst wenn wir jammern, es sei zu hart und das frische, knusprige sei doch vorhanden. Da kann Vater laut predigen: »Hartes Brot ist nicht hart, *kein* Brot zu haben ist hart, wie oft muss ich das noch sagen! Im Krieg wären wir froh gewesen, wir hätten wenigstens hartes Brot gehabt!« Ja, und dann müssen wir uns wieder minutenlange Kriegsgeschichten anhören. Als deutscher Junge hat er natürlich im Krieg viel durchmachen müssen. Aber deswegen mögen wir das harte Brot trotzdem nicht.

Überhaupt ist das Essen bei uns nicht sehr üppig. Vater verdient nicht übermäßig viel, und meist muss gespart werden, und Mutter teilt ihr bescheidenes Haushaltsgeld gut ein. Fleisch gibt es für uns Kinder selten, und wenn, dann sind es zarte, panierte Kuheuter-Plätzli, Kalbskopf oder gar geschnetzelte Herz- und Lungenstücke. Aber eben auch nur sporadisch, zumindest, solange Mutter noch keine Arbeit gefunden hat.

Mir schmeckt alles, Hauptsache, es gibt keine Süßspeisen. Die mag ich nicht. Ein Festessen ist es jeweils, wenn an einem Sonntag im Monat ein ganzes Hähnchen im Römertopf geschmort wird. Natürlich fällt da pro Kopf nicht allzu viel ab, aber es wird immer abwechselnd aufgeteilt, so dass der, der an dem einen Sonntag keinen Schenkel bekommt, diesen beim nächsten Hähnchenschmaus einfordern kann.

Auch abends, wenn Vater manchmal zum Essen da ist, läuft mir das Wasser im Munde zusammen, wenn ich sehe, wie er eine Cervelatwurst, ein Stück Emmentaler Käse sowie eine saftige Essiggurke in kleine Stückchen schneidet und genüsslich verzehrt. Der Duft steigt in meine Nase, und ich kann den Blick kaum von seinem Teller abwenden. Mutter und wir Kinder essen Grießbrei oder Milchreis mit dem Saft einer halben Orange darüber. Das ist unser Standard-Abendbrot. Wenn ich nachfrage, warum wir nicht auch ein Abendessen wie Vater bekommen können, lautet die immer gleiche Antwort: »Weil ihr nicht so hart arbeiten müsst wie er.« Trotzig maule ich: »Wenn ich erwachsen bin, werde ich sehr hart arbeiten, damit ich jeden Abend einen Cervelat und ein Stück Käse sowie drei Essiggurken gleichzeitig verdrücken kann.« Ich werde mir nie mehr Grießbrei kochen, davon bin ich da schon überzeugt!

Die begehrten Würste gibt es erst, als Mutter arbeiten geht. Sie findet nach über einem Jahr recht einsamen und vor allem sparsamen Lebens am Berg eine Stelle als Sekretärin in einer Textilfabrik. Vater ist nicht begeistert, Mutter außer Haus zu wissen, denn er ist eifersüchtig. Wir bekommen immer mal wieder hässlichen Streit mit, wenn unsere schöne Mutter zu lange mit dem Postboten oder dem Verkäufer im Laden gesprochen hat, oder noch schlimmer, wenn sie nach Vaters Meinung zu spät nach Hause kommt.

Doch Mutter will eine Beschäftigung, zudem wir auch das Geld brauchen. Die ständige Angst davor, dass das letzte Fünffrankenstück nicht mehr bis zur nächsten Lohnauszahlung reicht, lässt sie sich über Vaters Einwände hinwegsetzen, obwohl das nicht einfach ist, da Vater das Gesetz auf seiner Seite hat und er Mutter das Arbeiten verbieten könnte. Doch bald tritt sie ihre Zweidrittel-Stelle zwei Dörfer weiter an und fährt mit dem Rad oder dem Zug zur Arbeit.

Am Anfang ist es natürlich für alle eine Umstellung. Mutter ist plötzlich nicht immer da, wenn wir aus der Schule kommen. Und auch den Lebensmitteleinkauf müssen wir ab und an selber übernehmen. Doch langsam verbessert sich die finanzielle Situation ein wenig. Plötzlich haben wir einen Plattenspieler, und an Weihnachten bekommen wir Langspielplatten oder nützliche Geschenke, wie einen neuen Pullover, warme Stiefel oder Handschuhe: vorwiegend Notwendiges und Praktisches.

Ab und an geht die ganze Familie an den Wochenenden wandern. Das Zugfahren ist für uns alle kostenlos, da ja Vater bei der Bahn arbeitet. So kommen wir schon auch ein wenig in der Gegend herum, was mir sehr gefällt. Mutter packt nun auch für uns die begehrten Würste ein. Meistens rasten wir an einem Bächlein oder am lichten Waldrand. In der Mittagspause suche ich eifrig Holz fürs Feuer, während Vater und die Brüder mit ihren Taschenmessern Astgabeln oder Stecken anspitzen, um die Cervelats aufzuspießen und so über den Flammen zu grillen. Ich liebe es, neben dem Feuer zu sitzen, den Rauch zu schnuppern und den Geschmack von gegrillten Würsten in meine Nase steigen zu lassen. Wenn nach dem herrlichen Essen die Eltern Arm in Arm unter der Tanne dösen und wir Kinder im Bächlein spielen können, bin ich glücklich – ja, sogar sehr glücklich.

Noch heute gehört zu meinem Lieblingsessen doch tatsächlich ein saftiger Wurst-Käse-Salat oder ein gegrillter Cervelat. Oder wenn ich ein ganzes Hähnchen kaufe und einfach so eine ganze Hälfte davon verspeise, denke ich fast immer an die Zeit zurück, in der ich mich für ein Beinchen heftig einsetzen musste. Überhaupt widme ich dem Essen heute große Aufmerksamkeit und genieße jede Mahlzeit. Es ist für mich selbstverständlich, auch wenn ich alleine lebe, dass ich mir täglich ein bis zwei Mahlzeiten zubereite. Da bin ich nicht zu bequem, Gemüse und Salat zu schnippeln, denn ich erinnere mich immer mal wieder an die Zeiten zurück, wo ich davon nur träumen konnte. Und das war nicht nur in meiner Kindheit so.

Heute bin ich meinen Eltern dankbar, dass wir nicht selbstverständlich alles zur Verfügung hatten. Doch natürlich verdanke ich auch einen Großteil dieser Einsicht meinen vier Jahren im kenianischen Busch, wo die Essensbeschaffung ein täglicher Überlebenskampf war. Da habe ich ein gekochtes Ei oder eine Tomate schon mal auf zwei Tage aufgeteilt, damit ich am nächsten Morgen auch noch eine Abwechslung hatte. Denn gerade in der Anfangszeit dort aß ich fast täglich Maisbrei, da schlichtweg nichts anderes zur Verfügung stand. Mais- und Grießbrei sind für mich nahezu das Gleiche. Doch damals in Afrika, als ich in tiefer Liebe mit meinem Samburu-Mann verbunden war, aß ich den Brei sogar gern – er gehörte einfach zu meinem neuen Leben dazu.

Natürlich gab es auch dort immer mal wieder ein Fest zu feiern, wenn ein Kind geboren wurde oder eine Hochzeit oder ein Totenritual stattfand. Dann wurde geschlachtet, und es gab Ziegen-, Schafs- oder Kuhfleisch. Für mich zwar zäh, da frisch geschlachtet, aber Hauptsache, man hatte mal etwas anderes im Mund. Meistens wurde das Fleisch auf einem Feuer gegrillt. Dieser Feuer- und Rauchgeruch ist für mich bis heute sehr besonders. Sobald ich irgendwo unterwegs ein Feuer rieche oder der Kaminrauch aus einer Hütte in meine Nase steigt, überkommt mich Sehnsucht nach Afrika, nach Wildnis und Abenteuer. Dieser Geruch ist tief in mir verwurzelt.

Selten, aber doch ab und an wurde gar ein Kamel in Barsaloi geschlachtet. Dann waren alle ganz heiß auf die Fettbrocken aus den Höckern. Gleich kiloweise wurden diese weißen, festen Fettstücke verkauft. Wir legten sie kurz ins heiße Wasser, damit sie schön geschmeidig wurden und wir anschließend mit Hochgenuss ins warme, weiche, reine Fett beißen konnten, als wäre es ein Filetstück. Während bei mir natürlich links und rechts das Fett an den Mundwinkeln heruntertropfte, hatte mein Mann Verwendung dafür und strich sich die fettigen Finger gleich als Hautpflege an seine langen Beine. Wie unterschiedlich ist es heute in unserer Gesellschaft. Von jedem Teil wird das Fett fast akribisch entfernt!

Mein erstes Geld

An eine Wanderung mit meinen Eltern und dem jüngeren Bruder erinnere ich mich sehr genau, denn es gab ein einschneidendes, ja prägendes Erlebnis für mich: Müde sitze ich endlich im Zug nach Hause. Wir, meine Eltern, mein jüngerer Bruder Eric und ich, waren den ganzen Tag in der Bergwelt von Braunwald wandern, dem hintersten Eck des Glarnerlandes südlich von Weesen. Mit meinen sieben Jahren kann ich mit meinen Füßen knapp den Boden des Zuges berühren. Während ich aus dem Fenster schaue, halte ich stolz einen großen Alpenrosenstrauß in meinen Händen. Fast bei jeder Wanderung pflücke ich Blumen für meine Mama. Jetzt Anfang Juli ist in höheren Lagen Alpenrosenzeit. Diese rot leuchtenden Blumen sind meine Lieblingsblumen; danach kommen gleich die blauen Enziane.

Der Zug hält, eine ältere Dame steigt zu und setzt sich gegenüber auf die andere Seite. Immer wieder wirft sie einen Blick auf meinen Blumenstrauß. Stolz umklammere ich ihn noch fester, so dass die harten Stiele in meine kleinen Hände stechen. Plötzlich lächelt sie mich an und meint: »*Maiteli*, du hast aber einen schönen Blumenstrauß. Hast du die selber gepflückt?«

Scheu nicke ich der Dame zu.

Nach einem kurzen Moment ergreift sie erneut das Wort: »Möchtest du mir den Strauß verkaufen? Ich gebe dir zwei Franken dafür.«

Unsicher schaue ich zu meiner Mutter, während mein Vater ebenfalls bei mir nachfragt: »Corinne, sag, willst du die Blumen hergeben?« Als ich zögere, bemerkt er erneut: »Du kannst ja nächste Woche wieder welche pflücken.« Noch während ich hin und her überlege, schließlich habe ich sie für meine Mama gepflückt, fingert die Dame aus ihrem Portemonnaie ein Zweifrankenstück hervor und streckt es mir entgegen.

Als ich nun dieses Geldstück so vor mir sehe, rutsche ich von der Sitzbank und überreiche ihr meinen wunderschönen roten Blumenstrauß. Jetzt halte ich staunend das Geldstück in meiner Hand. Zwei Franken! So viel Geld für Blumen, die einfach in der Natur wachsen. Ich kann es kaum glauben! Ein übermächtiges Glücksgefühl durchströmt mich. Mein erstes Geld, selbst verdient! Taschengeld gibt es bei uns nicht, meine Mutter muss sehr gut haushalten.

Nun sitze ich da und halte meine zwei Franken fest umklammert, und mein Gesicht brennt vor Stolz. Ich besitze zum ersten Mal Geld – mit gerade mal sieben Jahren. Auch meine Eltern freuen sich mit mir.

Zu Hause in unserem Kinderzimmer überlege ich krampfhaft, wo ich meinen Schatz verstecken soll, damit mir das Geldstück nicht abhandenkommt. Das Zimmer ist klein und mein persönlicher Raum sehr begrenzt. Meine Brüder teilen sich ein Stockbett. Mein Bett und der dazugehörende Bettzeugkasten stehen gegenüber. Zu meinem Revier gehört auch ein einfaches Büchergestell mit drei Borden, auf dem ich kleine längliche Glasscheiben aufgestellt habe, auf die ich laufend leere Schneckenhäuschen in allen Farben und Schattierungen klebe. Später kommen noch selbst gesammelte Muscheln dazu. Ein weißes Schneckenhaus ist so groß, dass das Geldstück gerade so reinpasst. Dort soll es bleiben, entscheide ich, da ein eventueller Einbrecher sicher nicht meine Schneckenhäuschen klauen wird.

Glücklich und beruhigt versuche ich zu schlafen, doch die Aufregung bei dem Gedanken, was ich für zwei Franken alles kaufen könnte, ist zu groß. Ich könnte vierzig Coca-Cola-

Lutschfrösche kaufen oder von Eis am Stiel zehn Stück, da ein *Glace* nur zwanzig Rappen kostete. Oder vielleicht doch lieber ein »Buffalo Bill«- oder »Silberpfeil«-Heftchen? Ich liebe diese Comichefte. Meine Favoriten sind eindeutig die Cowboy- und Indianergeschichten. Lesen muss ich sie heimlich am Kiosk, bis ich weggeschickt werde, oder bei Freunden nach der Schule. Doch viele bevorzugen »Fix und Foxi« oder »Onkel Dagobert«. Mir aber gefallen nur die Indianer. Die stolzen »Rothäute« mit den Bemalungen im Gesicht und dem Federschmuck faszinieren mich unglaublich. Stundenlang kann ich mich mit so einem Heftchen befassen und träume vom eigenen weißen Pferd, auf dessen Rücken ich in die weite, große Wildnis galoppieren würde, und von dem Wigwam, das mein Zuhause wäre.

Manchmal, wenn niemand zu Hause ist, gehe ich in den kleinen Geräteschuppen neben unserem Haus und spiele Squaw. Da habe ich Ruhe vor meinen Brüdern und gleichzeitig mein eigenes Reich. Ich ziehe meine Kleider aus und hänge mir eine farbige Decke um. Meine langen Haare lassen sich gut zu Zöpfen flechten, wie sie auch die Indianerinnen haben. Ein Stirnband und selbst gesuchte Vogelfedern lassen meinen Traum für mich fast Wirklichkeit werden. Da wir auf diesem kleinen Berg wohnen und somit mitten in der Natur, eignet sich das Umfeld für das Indianerspiel bestens.

Dass ich zwanzig Jahre später zwar keinem Indianer, aber einem mit Ornamenten bemalten und mit Schmuck und Federn verzierten Massaikrieger gegenüberstehen und mich dermaßen verlieben würde, dass ich alles in der Schweiz verkaufe und diesen Mann heirate, hätte ich mir nie träumen lassen. Statt Prärie wurde es die Savanne, statt Wigwam eine Manyatta, eine kleine Hütte, die aus Weidenästen und Kuhdung gebaut wird. Statt Pferden hatten wir Kühe und Ziegen. Es wurde mein bisher größtes Abenteuer, welches als »Die weiße Massai« um die Welt ging.

Als Siebenjährige weiß man Gott sei Dank nicht, was einem

das Leben bereithält. Aber vielleicht waren es auch meine Indianerspiele, welche ich hundertfach spielte, die mir später das Massaileben etwas vereinfacht haben.

Immer noch beflügelt von meinem Zweifrankenstück, entsteht bei mir die erste Geschäftsidee. Je nach Saison werde ich mir Blumensträußchen pflücken und diese verkaufen. Aber wie, weiß ich noch nicht so genau. Monate später, ich bin mittlerweile schon in der zweiten Klasse, komme ich auf eine Lösung. Bei einem der seltenen Zirkusbesuche mit meiner Familie entdecke ich die Damen, die in den Pausen mit einem Bauchladen Zigaretten oder Eis verkaufen. Fasziniert schaue ich zu, wie sie sich galant zwischen den Bänken bewegen und dabei vor ihrem Bauch eine Art Tablett tragen, das an ihrem Nacken mit einem Lederband befestigt ist. So haben sie die Hände frei zum Bedienen.

Jetzt ist die Idee da! Sobald Schneeglöckchenzeit ist, werde ich mir mit einer Pappschachtel und Schnüren so einen Bauchladen basteln. Darauf kann ich die Sträußchen legen und zum Verkauf anbieten. Jetzt muss nur noch der geeignete Verkaufsort gefunden werden. Vor Geschäften wie Migros oder Coop will ich mich nicht hinstellen, da ich Ärger befürchte und auch nicht unbedingt von meinen Mitschülern gesehen werden möchte. Der Bahnhof hingegen scheint mir geeignet. Das Risiko ist nur, von meinem Vater entdeckt zu werden, der meine Verkaufsaktion wohl nicht so toll finden würde. Aber es ist das kleinere Übel.

Endlich ist es so weit, die Schneeglöckchen blühen. Ich starte den ersten Versuch. Beladen mit vier Sträußchen, zwei größeren und zwei kleineren, die ich an der Schnittstelle mit nassem Toilettenpapier feuchthalte, begebe ich mich auf den Weg zum Bahnhof. Ich muss mich beeilen, damit ich den Berg herunterkomme, bevor die Blümchen den Kopf hängen lassen. Scheu stehe ich endlich an der Unterführung und warte, bis die Züge einfahren und die Leute die Treppe hocheilen. Immer wieder spähe ich umher, ob mein Vater mich nicht entdeckt. Mein Pappbauchladen gibt mir aber etwas Sicherheit. Die Sträußchen sind bereit, die kleinen sollen fünfzig Rappen kosten, die großen achtzig.

Doch die Leute hasten fast alle achtlos an mir vorbei. Ab und an bleibt jemand stehen und glotzt erst mich und dann meine Blümchen an. Endlich nach fast einer Stunde und dem vierten eingefahrenen Zug kauft eine Dame gleich zwei meiner Blumensträuße. Ich bin überglücklich und sicher, die anderen beiden auch noch loszuwerden. Doch die Geschäfte laufen zäh, zudem auch die Schneeglöckchen nicht mehr so strahlend aussehen. Gott sei Dank hat mich noch niemand erkannt. Schließlich breche ich doch stolz mein Unterfangen ab, um den Berg wieder hochzulaufen, bevor mich jemand vermisst.

Ein paar Wochen später, zur Schlüsselblümchenzeit, versuche ich es erneut. Die gelbe Farbe leuchtet noch schöner, und die Blumen verströmen einen süßlichen, wunderbaren Duft. Wieder stehe ich mit meinem Bauchladen am Bahnhof bei der Treppe zur Unterführung. Aber diesmal dauert es nicht lange, und die Dame vom Kiosk nebenan wird auf mich aufmerksam.

Sie kommt auf mich zu und fragt verwundert: »Bist du nicht eine Hofmann? Weiß dein Vater, dass du dich hier herumtreibst? Der Bahnhof ist keine gute Gegend für so eine Kleine. Hier, nimm einen Franken und gib mir einen Strauß, aber geh dann nach Hause.« Sie nimmt den größten Strauß und verschwindet wieder im Kioskhäuschen. Ich möchte noch den nächsten Schnellzug abwarten, der aus Zürich kommt. Die Städter haben keine Blumen, dafür mehr Geld, so denke ich mir. Doch so weit kommt es nicht mehr.

Mein Vater kommt mit großen Schritten herbeigelaufen. In seiner Bahnuniform und der Mütze sieht er düster aus. »Ja, was machst du denn hier? Willst du mich blamieren? Haben wir es nötig, dass meine Kinder am Bahnhof Blumen verkaufen? Nach Hause, aber sofort!«, schimpft er.

Das war das letzte Mal, dass ich Blumen am Bahnhof feilbieten kann. Doch wegschmeißen will ich die Sträußchen nicht, und so klingele ich auf dem Rückweg noch bei der einen oder anderen Haustür und frage die verdutzten Leute, ob sie meine Blumen kaufen möchten.

Ich gebe erst auf, als eine schrullige und gehässige Frau die Tür öffnet, mich kaum aussprechen lässt und schon losbrüllt: »Was bist du denn für ein Zigeunerkind! Hast du etwa die Blumen in meinem Garten gestohlen und willst sie mir wieder verkaufen? Verschwinde aus meinem Garten, du Zigeunergof!«

Erschrocken über so viel Bosheit renne ich davon, während mein Bauchladen auseinanderbricht und die Blümchen sich auf dem Boden verteilen. Mit Tränen der Wut in den Augen, da ich niemandem etwas gestohlen habe, eile ich den Berg hoch nach Hause. Aber: Ich habe trotzdem wieder einen selbstverdienten Franken in der Hosentasche!

Mord auf der »Hürbi«

Es ist wieder so weit. An diesem Tag werden die Lastwagen kommen. Es ist Mittwochnachmittag und schulfrei. Ungeduldig helfe ich meiner Mutter dabei, das letzte Geschirr vom Mittagessen abzutrocknen. Danach kann ich draußen spielen, muss aber auf meinen jüngeren Bruder aufpassen, der gerade mal sechs Jahre alt ist. Wir ziehen unsere Gummistiefel an und verschwinden. Manchmal spielen wir am kleinen Bach, hundert Meter vom Haus entfernt oder im Wald. An diesem Tag aber möchte ich auf die riesige Müllhalde. Nach etwa fünfzehn Minuten Fußmarsch durch den Wald und durch ein kleines Tobel erreichen wir mitten auf den saftigen grünen Wiesen die uns Kindern eigentlich verbotene »Hürbi«, wie wir die Halde nennen.

Jedes Mal fasziniert sie uns. Sie ist wie eine große Wundertüte. Zwar liegt immer ein beißender Rauch und Gestank in der Luft, aber zu sehen, was die Leute so alles Brauchbares entsorgen, hat eben auch seinen Reiz.

Kurz bevor wir ankommen, sehen wir schon die Lastwagen, die die neue »Ware« liefern. Sie fahren jeweils rückwärts auf die Halde zu; und am Rand des Abgrunds wird der Müll durch die kippende Ladeklappe entsorgt. Wir hoffen natürlich immer, dass sie diesen nicht gleich abbrennen, damit wir noch Zeit zum Durchwühlen haben. Hinter Bäumen versteckt, beobachten wir die Szene. Die Männer dürfen uns nicht sehen. Das Betreten ist nämlich verboten wegen der giftigen Gase und der ansteckenden Krankheiten, die durch die Ratten übertragen werden könnten, die hier überall umherlaufen. Endlich fahren die beiden Laster auf der Naturstraße weg, eingehüllt in eine dicke Staubwolke. Nun laufen wir los.

Wir waren bereits etliche Male auf der Hürbi und sind mittlerweile auch schon fast Profis und mutiger geworden. Doch vor den glänzenden langen rosa Rattenschwänzen ekle ich mich immer wieder aufs Neue.

Neugierig klettern wir am Rand auf den Müllsäcken herum und stochern mit Stöcken in die Säcke rein. Wenn wir annehmen, dass sich Spielsachen darin befinden, werden die Beutel aufgerissen. Es ist wie eine Sucht. Finden wir an diesem Tag etwas oder nicht? Wir verbringen so Stunden und treten den Heimweg erst an, nachdem wir fündig geworden sind. Mein Bruder sucht besonders nach kleinen Spielzeugautos aus Blech, ich nach Indianerheftchen oder gar Tretautos oder -rollern. Wir können jeweils nicht allzu viele Sachen nach Hause schleppen, denn sonst würde es zu sehr auffallen, und wir müssten alles wieder zurückbringen.

Manchmal kommt es vor, dass wir auf der Müllkippe nicht die Ersten sind. Einmal tummeln sich ein paar Jugendliche mit Luftgewehren auf dem Platz herum und schießen offensichtlich auf die Ratten. Wir halten uns in den Büschen versteckt und beobachten die Szene. Als sie keine Anstalten machen, damit aufzuhören, ändern wir unsere Pläne und laufen zu der nicht allzu weit entfernten Höhle, um dort zu spielen. Dass diese existiert, wussten wir von unserem älteren Bruder, der öfter mit den Pfadfindern hier am Römerberg war.

Die Höhle ist recht groß, aber gut versteckt und gehört zu einem Höhlensystem. Es ist immer eine Mutprobe, dort hineinzugehen. Erst müssen wir eine große Wasserlache überqueren. Dann stehen wir in einer Art Vorraum, von dem mehrere Gänge abgehen und in dem es schon recht dunkel ist. Man muss sich erst an diese Dunkelheit gewöhnen, damit man noch etwas erkennen kann. Mein Herz pocht heftig, während ab und an Wassertropfen auf meinen Kopf tröpfeln. Es gibt weitere Seitengänge, aber aus Angst, dass wir vielleicht nicht mehr aus dieser muffigen Höhle herauskommen, treten wir schon nach kurzer Besichtigung doch den Rückzug an. Erleichtert, aber auch ein wenig stolz, alleine hineingegangen zu sein, stehen wir wieder im blendenden Sonnenlicht und treten mit dem Gefühl, doch etwas Besonderes erlebt zu haben, den Heimweg an.

Diese Höhle mit ihren Seitengängen hat wohl früher als Lazarett gedient, denn Marc findet dort eines Tages eine halbverfallene Rotkreuz-Fahne. Überhaupt ist dieser »Römerberg«, der nur eine halbe Stunde von unserem Zuhause entfernt ist, ein wenig gespenstisch. Auf dem höchsten Punkt befinden sich noch Überreste einer römischen Ruine, welche auch in der Zeit des Ersten Weltkriegs vom Militär genutzt wurde. Wenn wir hier spielen, liegt für mich neben der Neugier immer auch ein wenig Angst in der Luft, denn hier spüre ich eine Aura der Schwere.

Im Laufe der letzten Jahrzehnte, wie mir mein Vater heute erzählt, haben sich dort noch viele mysteriöse oder auch tragische Begebenheiten abgespielt. Wie Versammlungen von düsteren, schwarz gewandeten Gestalten, immer nachts bei Vollmond, oder der junge, traurige Mann, der öfter hierherkam, bis er eines Tages an dieser Stelle mit zwanzig Jahren freiwillig sein Leben beendete. Ja, diese belastende Aura spüre ich sogar noch heute.

Einige Wochen später befinden Eric und ich uns erneut auf der Hürbi. Ein älterer bärtiger Mann klettert mitten auf dem Abfall herum und schneidet mit einem Küchenmesser die Säcke auf. Wir beobachten ihn vom oberen Rand der Müllkippe aus. Plötzlich fischt er zwischen dem schmierigen Abfall eine Orange hervor, schneidet den offensichtlich schlechten Teil ab und steckt sich den Rest in den Mund. Wir schauen angeekelt zu.

Als er uns erblickt, ruft er: »Kinder, wollt ihr auch ein Stück?«

Das ist definitiv zu viel für uns, wir gehören schließlich nicht der Sorte an, die sich Lebensmittel suchen müssen, sondern wir sind auf Spielsachen aus. Hastig eilen wir nach Hause.

Ein weiteres Mal findet Eric eine ganze Rennbahn mit Trafo, Autos und unendlich vielen Bauteilen. Erst freue ich mich für ihn, aber als er diese dann in unserem engen Zimmer auf dem Boden aufstellt, erreiche ich mein Bett kaum mehr. Mein großer Bruder hat wiederum den Schreibtisch mit seinem Zauberkasten und einigen Experimentiergefäßen belegt. Da frage ich mich: Wo ist mein Platz? Wo soll ich noch hin?

Als ich zwölf werde, beginnt sich vieles zu verändern. Unsere »Hürbibesuche« werden immer seltener, bevor sie auf tragische Weise ganz aufhören … Im Mai 1972 marschiere ich mit meinem Bruder Eric noch einmal zu der Abfallgrube, eigentlich mehr zum Zeitvertreib. Doch dies ist ein erstaunlich guter Tag. Wir finden so viele Gegenstände, die wir Kinder als brauchbar ansehen, dass es unmöglich ist, alles nach Hause zu bringen. Ich erinnere mich an einen kleinen halbverfallenen Stall, der unweit der Müllhalde steht. Wir wollen dort ein paar Gegenstände bunkern, die wir später Stück für Stück abholen werden.

Als ich das kleine Gebäude erblicke, bemerke ich sofort, dass etwas verändert ist. Das Stück einer alten, zerrissenen Matratze lugt heraus, und drum herum liegen verstreute Plastikbeutel. Zudem steigt eine kleine Rauchfahne zum Himmel auf, kaum sichtbar, aber ich rieche sie deutlich. Sofort halte ich meinen Bruder am Arm zurück: »Stopp, bleib stehen, da stimmt etwas nicht. Ich glaube, da ist jemand im Stall!«, raune ich ihm zu. Wir sind nur noch etwa zwanzig Meter entfernt. Meine Nackenhaare stellen sich deutlich auf, und mein Herz klopft plötzlich lauter und heftiger. »Los, komm schnell, wir hauen ab!«, befehle ich im Flüsterton. Kurz entschlossen werfen wir unsere Fundstücke ins feuchte Gras und rennen durch den Wald nach Hause.

Am Abend während des gemeinsamen Kartenspiels erzählen wir Vater von den Beobachtungen. Interessiert hört er zu und mahnt: »Ich sag euch ja immer, ihr habt dort auf der Müllhalde nichts verloren. Es könnten Landstreicher sein, die sich da herumtreiben. Ich werde morgen, wenn ich die Polizisten am Bahnhof sehe, von euren Beobachtungen erzählen. Man weiß ja nie. Aber ich denke eher, mit euch ist die Fantasie durchgebrannt bei den vielen Hörspielkrimis, die ihr verfolgt«, beendet er das Gespräch, bevor er sich wieder dem Spiel zuwendet. Niemand ahnt zu diesem Zeitpunkt, welche dramatische Wendung die Situation in den kommenden zwanzig Stunden noch nehmen wird.

Mit ernstem Gesicht kommt Vater tags darauf von der Arbeit zurück. Er erzählt in mahnendem Ton: »Ihr hattet recht mit euren Beobachtungen bei der Hürbi und habt gestern enormes Glück gehabt! Gerade habe ich bei der Arbeit gehört, dass ein Polizist, den sie zum Nachschauen hochgeschickt hatten, aus nächster Nähe erschossen wurde. Er hinterlässt eine Frau und drei Kinder in ungefähr eurem Alter. Es hätte auch euch erwischen können … Gut, dass nichts passiert ist!«

»Waaaas?«, frage ich entsetzt, während ich in Vaters bestürztes Gesicht schaue.

Er ergänzt aufgeregt: »Der Bauer, dem der Stall gehört, hat ein verdächtig geparktes Auto bei der zuständigen Polizei gemeldet, noch bevor ich etwas von unserem gestrigen Gespräch erzählen konnte. Daraufhin fuhr ein Polizist hoch und fand einen dösenden Mann im Auto, der wohl schon einige Tage dort hauste. Er sprach den Mann an, um seine Personalien zu kontrollieren. Doch der erschoss den Polizisten kaltblütig aus nächster Nähe. Anschließend zerrte der Mörder den toten Körper sogar noch in den nahe gelegenen Bach, um die Spuren zu verwischen«, beendet Vater den detaillierten Bericht.

Mein Bruder und ich schauen uns mit großen, erschrockenen Augen an, während Vater mahnt: »Passt ja auf, denn der Mörder ist noch nicht gefasst. In der ganzen Gegend herrscht große Aufregung, da nach ihm gefahndet wird. Ihr geht da nicht mehr rüber und schließt unsere Haustür immer sorgfältig ab!«

»Mein Gott, die arme Frau mit den Kindern« sagt Mutter, während sie uns betrachtet und ihre Hände vor die Brust schlägt.

Wir alle sind schockiert. Ein Mord an »unserem« Berg fast vor der Haustür, und das Schlimmste: Wir wären dem Mörder beinahe begegnet! Er hätte vielleicht auch mit uns Kindern kurzen Prozess gemacht. Den ganzen Abend diskutieren mein Bruder und ich die Situation nochmals durch. Auch Mutter ist völlig aufgelöst. Wir sind alle überzeugt, dass wir einen großen Schutzengel hatten, empfinden aber auch gleichzeitig Mitgefühl für die betroffene Familie, die unser Vater sogar kennt.

Ich bin nie mehr zur Deponie gegangen, welche ohnehin bald darauf geschlossen wurde. Doch mich beschäftigte der Vorfall noch lange, da der Mörder jahrelang nicht gefasst wurde und unser Schulweg nur unweit vom Tatort durch den Wald führte. Heute kann man sich kaum noch vorstellen, dass in dieser Gegend unter den grünen saftigen Wiesen einmal eine offene, riesige Müllhalde existierte und daneben ein Mord geschah.

Meine persönlichen Müllabenteuer holen mich vierzig Jahre später in den Slums von Kenia wieder ein, als ich die Kinder auf den Abfallbergen sah. Nur kämpfen diese Menschen heute noch ums Überleben. Sie sind glücklich, wenn sie Lebensmittel finden, die noch halbwegs essbar sind. Einige Mütter müssen mehrere Kinder davon ernähren. Viele schlafen sogar auf den Müllhalden, weil es dort wärmer ist als auf den nackten Straßen – unglaublich.

Es gibt auch Müllbanden, in denen die älteren Kinder die kleineren Sechs-, Sieben- oder Achtjährigen für sich arbeiten lassen. Die müssen alles Brauchbare sammeln und ihnen abliefern. Da sind zum Beispiel Blechdosen, aus denen geschickte Handwerker, an die die gesammelte Ware weiterverkauft wird, Möbel, Dachrinnen oder Koffer herstellen. Oder die Plastikflaschen, die dann weiterverwertet und verkauft werden. Und Kronkorken werden zu Kunstwerken für die Touristen umgestaltet.

Nicht zuletzt sind da die Elektrogeräte, welche wegen der in ihnen enthaltenen Rohstoffe sehr begehrt sind. Kinder sitzen um die ätzend riechenden Feuer und halten die plastifizierten Drähte hinein, damit das Plastik vom Kupfer abgeschmolzen wird. Diese Schwelbrände verursachen giftige Gase. Am Ende eines Tages, an dem die Kinder um jede Lastwagenladung gekämpft haben, warten lediglich ein paar Cents auf sie – wenn überhaupt. Sie kämpfen gegen Wundstarrkrampf, Rauchvergiftungen, Schnittwunden und überhaupt ums nackte Überleben.

Für uns war der Besuch der Müllhalde ein Zeitvertreib, um Spielsachen zu finden, die wir sonst nicht bekommen konnten. Wir hatten zwar nicht viel, aber immer ein Bett und ein Dach über dem Kopf sowie genug zu essen, auch wenn es meistens nicht unser Wunschessen war.

Ferienlagerzeit

Die Schule entpuppt sich dann doch nicht ganz als das, was ich mir erträumt hatte. Sie ist nicht der große »Spielplatz«, wo ich vor allem viele neue Freunde treffen kann. Das Stillsitzen ist für mich enorm schwer. So steht dann auch bald im Zeugnis: »Corinne schwatzt viel zu viel mit ihren Klassenkameraden.« Die wenigen Fächer gehen mir in der ersten und zweiten Klasse noch gut von der Hand. Die dritte und vierte Klasse sind dann zusammengelegt, und wir sind eine wilde Bande von über vierzig Kindern. Die Lehrerin ist meist überfordert, und so kommt es auch, dass man gar nicht mehr richtig hinhört und viel Stoff, der zu lernen wäre, verlorengeht. Der Vorteil dieser großen Klasse besteht einzig darin, dass einzelne Schüler, so wie ich, sich gut verstecken können, wenn sie sich nicht in den Mittelpunkt drängen. Bei Prüfungen kann eh leicht »gespickt« werden.

Sichtbar werde ich erst, wenn es um den Schulsport geht. Da gehöre ich zu den Besten und bin in meinem Element. Sobald ich mein Turnzeug anziehe, bin ich ein anderes Mädchen. Viel selbstbewusster, da ich weiß, hier werde ich schnell als Erste in die jeweiligen Teams gewählt, denn meine Schnelligkeit verhilft oft zum Gruppensieg, sei es bei den Ballspielen oder beim Stangenklettern – eigentlich überall. Aber ich fühle auch mit den Mädchen mit, die eben durch ihre Körperfülle oder Ungelenkigkeit als Letzte in die Teams gewählt werden, und das meistens noch mit einem Kommentar wie: »Neeein, wenn wir die haben, sind wir chancenlos!« Was dazu führt, dass viele sich schon vor dem Unterricht eine Ausrede für das Fernbleiben ausdenken. Es ist einfach schwer, wenn man als junger, schüchterner Mensch nicht der Norm entspricht, sei es, weil man ein paar Pfund zu viel auf den Rippen hat oder sich, so wie ich, zu groß fühlt. Vom ersten Schultag an überrage ich zu meinem Leidwesen meine Mitschüler deutlich und muss mir deswegen schon bald blöde Kommentare und sogar Hänseleien anhören.

Einmal im Jahr findet der Schulsporttag statt mit Wettbewerben in verschiedenen Disziplinen, wie Hoch- und Weitsprung, Hundert-Meter-Rennen oder Ball- und Speerwurf. Hochsprung mag ich sehr, da übertreffen mich nicht mal mehr die Jungs. Auch auf der Hundert-Meter-Rennstrecke gewinne ich öfter. Eine Medaille auf dem Siegertreppchen ist mir gewiss. Das tut gut, vor allem wenn Mutter oder Vater, im besten Fall beide, unter den Zuschauern stehen. Sport macht mich einfach glücklich.

Aber den Schul-Skisporttag mag ich gar nicht. Erstens muss ich die Skier den Berg herunter-, dann durchs ganze Dorf tragen und auf der anderen Seite wieder hoch. Zweitens habe ich natürlich sehr alte Bretter, mit denen ich auch nicht allzu oft fahre. Ich trainiere manchmal auf der Weide hinter unserem Haus. Immer und immer wieder stapfe ich die zugeschneite Wiese hoch, um dann anschließend die dreihundert Meter herunterzufahren. Na ja, Fahrtwind spüre ich da kaum.

Nun am Ski-Schulsporttag kommen alle Klassen zusammen, und man wird nach Alter in Gruppen eingeteilt. Anschließend wird ein Slalom-Rennen gefahren. Viele Mitschüler stehen da und wachsen ihre Skier, in der Hoffnung, dem Sieg entgegenzuwedeln. Ich mache mir da keine großen Hoffnungen, denn meine Bretter sind uralt. Vorne befindet sich ein Lederriemen, in den ich mit den Wanderschuhen steigen muss, und hinten eine Art Metallfeder, die um die Ferse gespannt wird, um anschließend durch das Herunterdrücken eines Hebels den Schuh zu fixieren. Uralt eben, secondhand gekauft! Aber wir sind ja auch zu fünft, und jeder braucht ein Paar Skier. Auch Vaters Latten sind nicht moderner; und trotzdem fährt er wunderbar im Telemarkstil die Hügel hinunter. Einige Mitschüler besitzen aktuellere Modelle, welche bereits eine richtige Metallbackenbindung haben.

Jedes Mal, wenn ich am Start stehe, sehe ich nur noch rote und blaue Torstöcke. Für meine Begriffe viel zu viele, und deshalb weiß ich schon bald nicht mehr, wo ich eigentlich durchflitzen soll, was auch schon zu einer Disqualifizierung geführt hat.

Ganz unmöglich ist aber der Tag, als ich die Tore zwar richtig erwische, aber dafür im flacheren Endteil der Rennstrecke so viel Nassschnee unter meinen Skiern kleben habe, dass ich die letzten dreißig Meter mit kiloschweren Schneeklumpen unter den Brettern ins Ziel laufen muss, was ich unter tobendem Gelächter und Gejohle der zuschauenden Mitschüler auch tue. Ich kann mich ja nicht einfach in Luft auflösen, was mir zweifellos lieber wäre.

Dafür entschädigt uns Mutter, wenn sie manchmal an schulfreien Nachmittagen mit uns im Postauto nach Amden fährt, einem Skiort nicht weit von Weesen, und wir so wenigstens auch einmal einen Skiliftbügel unter unseren Hintern klemmen dürfen. Tageskarten sind nicht drin, dafür die Punktekarte, die es gerade erlaubt, dass jedes Kind dreimal hinaufgezogen wird. Das Essen und Trinken bringen wir in unseren Rucksäcken selber mit. Ein Restaurant haben wir bis dahin noch nie besucht. Aber die Skinachmittage mit Mutter sind harmonische und glückliche Momente.

In der dritten Klasse beginnt für uns Mädchen die Handarbeitsstunde. Mit dem Kreuzstich kleine Vögelchen oder Eichhörnchen sticken finde ich ganz lustig. Aber das Stricken! Schalstricken mit Maschen links und rechts geht ja noch. Aber bei den Fersen der Socken hört es schon auf. Einmal Masche fallen lassen, aber wehe, es ist die falsche, und ich muss sie wieder hochholen! Meine Hände werden feucht und klebrig, und die Wolle filzt sich um die Stricknadeln. Da kann ich tun, was ich will, die Maschen kleben fest, und ich komme kaum mehr vorwärts, während einige Mitschülerinnen schon so eifrig stricken, als wären sie meine eigene Großmutter. Da verzweifle ich und könnte das Ganze hinschmeißen.

Wie anders war es, als ich zwanzig Jahre später, in Wamba, Nordkenia, in einem kleinen Missionsspital lag und auf die Geburt meiner Tochter wartete. Da ich keine Kinderkleidchen besaß, aber umso mehr Zeit, begann ich Babykleidung zu stricken: Höschen, Jäckchen und Mützchen. Alles klappte ohne Anleitung, Zwang und Druck und auch noch im heißen Afrika. Nie hätte ich mir in der Schule so etwas vorstellen können. Umso dankbarer war ich, dass damals meine Lehrerin Geduld zeigte und ich das Stricken doch noch gelernt habe. Als meine Tochter Napirai geboren wurde und wir den Heimweg nach Barsaloi antreten konnten, war sie in die neu gestrickten Kleidchen gewandet und in eine Decke gehüllt – das war alles, was ich für sie besorgen konnte.

Beim Nähen stelle ich mich in der Schule um einiges besser an. Es geht ja auch wesentlich schneller voran, und man sieht schon bald Resultate. Als wir die ersten Stoffrundhosen nähen müssen, bin ich so eifrig dabei, dass ich sie in Rekordzeit fertigstelle. Moosgrüne Rundhosen – die ich später nie trage.

Das Nähen mit der Maschine behalte ich auch im Alter von fünfzehn und sechzehn Jahren bei. Mangels Geld für neue Kleider setze ich die Näherei zu Hause fort. So entsteht meine erste Tigerbluse, denn dieses Stoffmuster fasziniert mich früh und tut es bis heute. Ja, sogar ein Patchwork-Ledermantel mit gestrickten Ärmeln entsteht im »Hofmännischen Atelier«, den ich nach zweijähriger Benutzung sogar erfolgreich verkaufen kann. Später ein weiß-blau getupftes wadenlanges Wickel-Sommerkleid. Übrigens gewinne ich mit achtzehn Jahren genau in diesem getupften Kleid die Miss-Cala-Ratjada-Wahl auf Mallorca, wo ich meinen ersten Flugurlaub verbringe – was für ein Gefühl, nachdem ich in der Schule wegen meiner Größe oft böse gehänselt wurde!

Sommerferien, das ist Schulferienlagerzeit. Schon früh, in der dritten, vierten Klasse, nehme ich gerne am zweiwöchigen Klassenlager teil. Nur muss ich bangen, ob meine Eltern das für die Reise erforderliche Geld aufbringen können. Das erste Kind kostet am meisten, das zweite die Hälfte und das dritte nichts mehr. Wenn sich also Marc angemeldet hat, ist es nicht sicher, ob ich auch gehen darf. Eric hingegen kommt nie mit. Er will bei Mutter bleiben, und ihm würde wohl eine Trennung auch schlecht bekommen.

Am schönsten ist es, wenn ich alleine ins Ferienlager darf. Da das Ferienheim im Klöntal (Kanton Glarus) in Seenähe liegt, ist immer viel los. Es wird herumgetobt, gespielt, gewandert und am See gebadet. Kinder aus verschiedenen Altersstufen sind zusammen da, und so habe ich manchmal Glück, dass sich beim Discoabend doch noch ein Junge findet, der mit mir tanzen möchte. Denn die Gleichaltrigen sind ja alle einen Kopf kleiner und suchen sich demzufolge die kleinen, zarten Mädchen aus. So viele Abende sitze ich da und wäre gerne einen Kopf kleiner.

Einmal allerdings ereignet sich in diesem Lager eine Tragödie. Es ist ein warmer Sommertag, und einige von uns Kindern baden am Klöntalersee und toben herum – so auch ich. Andere Gäste befinden sich ebenfalls am Seeufer. Es ist eben ein beliebter Ausflugsort. Neben mir sitzt ausnahmsweise mein Vater. Er ist auf dem Rückweg von einer Wanderung und verbindet dies mit einem Besuch bei mir, bevor er mit dem Postauto nach Hause fährt.

Während ich ihm gerade erzähle, was wir so alles unternehmen, hören wir, wie hinter uns eine Mutter aufgeregt nach ihrem Jungen ruft: »Peterli, Peeterli, Peeeeeeter, wo bist du???« Ihre Stimme ist schrill und angsterfüllt, als sie zum nahe gelegenen Seeufer läuft. »Habt ihr Peterli gesehen, er war doch gerade noch hier?«, dabei zeigt sie auf das Seeufer. »Gerade eben habe ich ihn noch gesehen und mich nur kurz umgedreht, jetzt ist er weg«, schluchzt sie und sucht verzweifelt mit den Händen den trüben Seeboden neben dem Flusseinlauf ab. Mittlerweile haben es auch unsere Betreuer sowie weitere Personen mitbekommen, und ein Mann eilt ins nahe gelegene Restaurant, um die Polizei zu alarmieren, während nun mein Vater mit anderen Helfern in den schon trüben See abtaucht. Da Peter auch nicht an Land zu finden ist, stürze ich mich ebenfalls in den dunklen See, tauche auf den schnell tiefer werdenden Grund und taste den schlammigen Boden ab. Immer und immer wieder tauchen wir Meter für Meter nebeneinander hinunter. Nichts. Da der Zufluss im See eine Schneise herausgeschwemmt hat, wird es hier sofort über einen Meter tief. Nach einer gefühlten Ewigkeit, schließlich befinden wir uns in einem abgelegenen Tal, erscheint die Polizei und ein Rettungswagen. Vom kleinen Peterli fehlt jede Spur. Die verzweifelte Mutter muss betreut werden, sie ist am Boden zerstört. Langsam wird es Abend, und die Betreuer fordern uns auf, ins Ferienheim zurückzugehen. Auch mein Vater nimmt das letzte Postauto, um nach Hause zu gelangen.

Über unserer Ferienkolonie liegt an diesem Abend eine Schwere, und wir besprechen die Situation mit den Betreuern, damit wir einigermaßen damit umgehen können. Am nächsten Tag vernehmen wir, dass Taucher den kleinen Peterli weiter draußen vom schnell tiefer werdenden Grund tot geborgen haben. Er ist wohl durch die leichte Flussströmung in den See geschwemmt worden. Dieses Ereignis überschattet für mich die sonst so schöne Lagerzeit, und für die kommenden Sommerferien bevorzuge ich einen Besuch bei meinem geliebten

Großvater im Elsass. Wann immer möglich, bin ich schon in früheren Jahren in den Ferien gerne zu ihm gereist.

Damit ihr, liebe Leserinnen und Leser, versteht, was mir mein Großvater bedeutete, muss ich weiter ausholen und ihn euch genauer vorstellen ...

Mein Papapa

Eins meiner großen Vorbilder ist in meiner Kindheit ganz klar mein Großvater mütterlicherseits. Wir Kinder nennen ihn Papapa. Er lebt in Colmar, im Elsass, und somit ist es immer sehr aufregend, wenn wir die Reise im Zug dorthin antreten dürfen. Meistens sind wir Kinder nur mit Mama unterwegs oder später ganz alleine, da Vater dann lieber wandern geht, wenn er nicht gerade arbeiten muss. Er ist für meinen Großvater nicht der erhoffte Schwiegersohn. Die beiden kommen aus, aber mehr ist da auch nicht.

Papapa beeindruckt schon durch seine Erscheinung. Er ist 1,85 Meter groß und ziemlich stattlich. Seine schwarzen Haare sind gescheitelt und mit Pomade nach hinten gekämmt. Er trägt immer Anzughosen mit einem weißen Hemd und einem Gilet sowie einer legeren Strickjacke darüber. Alle Frauen in der Nachbarschaft grüßen ihn auffällig nett und reden gerne mit ihm. Er ist wohl für viele Frauen wie ja auch für mich einfach ein toller Mann. Mich verwöhnt er gerne. So viel Aufmerksamkeit wie von ihm bekomme ich sonst nirgends. Und so hoffe und freue ich mich jedes Jahr aufs Neue, wenn wir in den Frühlings- oder Sommerferien mit Mutter unseren einzigen braunen Koffer packen.

Mitnehmen muss ich jedoch neben meinen Stoffhosen – Jeans besitzt in der Zeit noch praktisch niemand – auch ein Sonntagskleid. Denn Großvater ist trotz seiner aufgeschlossenen Art überzeugt, ein Mädchen müsse sonntags ordentlich angezogen sein, und dies sei nur in einem Rock oder Kleid möglich. Ich mag *Jupes,* wie wir sie nennen, nicht sonderlich, da ich dazu meistens noch eine Strumpfhose anziehen muss. Die ist dann entweder zu lang, was hässliche Falten verursacht, oder zu kurz, und dann hängt sie mir im Schritt zu weit unten, was ein lästiges Ziehen und Zupfen nach sich bringt.

Später, so mit zwölf, mag ich allerdings meinen grünen Wildleder-Minirock, der vorne mit einer Reihe Druckknöpfen zu schließen ist. Der ist sehr angesagt, und ich bin stolz, so einen zu besitzen. Mutter konnte ihn günstig in einem Warenhaus ergattern. In der Schule trage ich ihn nur wenige Male, da sich die Jungs einen Streich daraus machen, uns Mädchen diese Art von Rock auf dem Pausenplatz beim Vorbeigehen aufzureißen. So kommt er bei Papapa zum Einsatz oder bei besonderen Anlässen. Doch dafür bewundern ihn in Colmar die Nachbarskinder von gegenüber, mit denen wir öfter spielen. Es sind zwei ältere Mädchen und zwei kleine Jungs, die im Gegensatz zu Papapa, der bedingt durch den Krieg auch Deutsch spricht, nur Französisch sprechen. Trotz der Sprachbarriere funktioniert die Kommunikation aber irgendwie doch, wir machen uns mit Händen und Füßen verständlich. In meinem späteren Leben in Afrika half mir diese »Kommunikationsart«, denn natürlich verstand ich auch dort zunächst kein Wort. Früh übt sich ...

Nun im Sommer 1970 geht es endlich wieder Richtung Elsass. Wir sitzen im Zug und spielen unser Lieblings-Ratespiel: »Ich sehe was, was du nicht siehst, und das ist rot ...«, und sofort sucht der Gefragte, wo sich der Gegenstand im Zug oder draußen befindet. Jetzt, kurz nach Basel, drängen wir uns um die Fensterscheibe, da wir in langsamem Tempo nahe am Basler Zoo vorbeifahren. Aufgeregt drücke ich die Nase an die kalte Scheibe und wünsche mir, dass ich die Giraffen, Zebras oder gar Elefanten erspähen kann. Wenn ich eines dieser afrikanischen Tiere erblicke, bin ich glücklich und ergriffen. Für mich sind es die schönsten Tiere.

Mutter bemerkt meine innere Aufregung und meint schmunzelnd: »Corinne, bist du zufrieden, weil du sie wieder gesehen hast?«

»Ja, Mama, sehr. Ich weiß jetzt schon: Wenn ich erwachsen bin, werde ich einmal Afrika besuchen – ganz sicher! Wie teuer ist wohl ein Flugticket dorthin?«

Mutter schüttelt den Kopf, denn sie hat keine Ahnung, sie hat ja selbst noch nie in einem Flugzeug gesessen.

»Aber, Mama, weißt du, ich werde einmal in einer Kutsche mit sechs weißen Pferden davor heiraten und danach meine Hochzeitsreise nach Afrika unternehmen«, plappere ich munter weiter und male mir alles schon wunderbar aus, während ich weiter meine Nase an die kühle Scheibe drücke und den davonstolzierenden Giraffen hinterherschaue.

Mutter holt mich in die Wirklichkeit zurück und sagt: »Na ja, jetzt bist du gerade mal zehn, und somit hat das Heiraten noch lange Zeit.«

In Colmar erwartet uns Großvater. Lässig mit einer Zigarette im Mundwinkel lehnt er an der vergitterten Bahnsteigabsperrung. Seine Augen leuchten, als er uns erblickt. Wir rennen an den Gitterstäben vorbei zu unserem Papapa. Ich will die Erste sein und freue mich, wenn er mich in die Arme schließt und ich meinen Kopf kurz an seinen stattlichen Bauch schmiegen kann. Er ist ganz anders als unser Vater, der im direkten Vergleich zu Großvater eher schmächtig und klein wirkt. Auf ihn bin ich nie so zugerannt.

Nun quetschen wir uns alle in seinen wartenden 2CV (»Döschwo«), der uns mitten durch die Stadt nach Hause bringen wird. Papapa besitzt ein großes Eckhaus, in der Rue du Bouleau, was Birkenstraße heißt, und tatsächlich stehen in seinem Garten auch drei große Birken. Ich bin begeistert, dass Großvater sogar Einfluss auf den Straßennamen hat.

Auf dem Kiesplatz vor dem Haus wird der Döschwo geparkt, und wir steigen die Stufen hoch in seine Wohnküche, wo sich das Leben abspielt. Wir werden von seinen beiden Hunden erwartet. Vivi, eine alte graue, struppige Promenadenmischung, die laut bellt, und Popopoff, eine schöne braune Cockerspanielhündin. Sofort springen die Hunde an uns hoch, doch Großvater spricht ein Machtwort, und sie legen sich umgehend in ihre Hundekörbchen. Unsere Großmutter lebt schon lange nicht mehr. Sie war öfter sehr krank und weilte die meiste Zeit im Spital. Sie starb früh, und so kann ich mich nur schwach an sie erinnern.

Die Wohnküche wird vom langen Esstisch dominiert, an dessen Ende Papapas breiter lederner Lehnstuhl steht. Hier putzt er das Gemüse, nimmt seine Mahlzeiten ein oder liest die Zeitung. Ja, sogar ferngesehen wird von diesem Stuhl aus. Papapa besitzt nämlich bereits ein Schwarzweißfernsehgerät, was für uns die Ferien natürlich noch attraktiver macht. Trotz der nur drei Programme freuen wir uns auf die *Mainzelmännchen* im Zweiten Deutschen Fernsehen, das er hier in Colmar ebenfalls empfangen kann.

Ein großes Foto schmückt die Wand, worauf er hoch zu Ross in einer Postuniform sitzt, an deren rechter Brustseite viele Auszeichnungen hängen und er stolz in die Kamera blickt. Dieses Foto imponiert mir irgendwie. Daneben hängt ein Babyfoto unserer Mutter, nackt auf einem Schaffell auf dem Bauch liegend. Sie mochte das Bild nie.

Als wir dieses Mal zu ihm kommen, hat Papapa einen wunderbaren Schmorbraten vorbereitet, und die süße Limonade steht für uns schon auf dem Tisch. Essen und Kochen sind seine Hauptbeschäftigungen, seit er bedingt durch Herzrhythmusstörungen in Frühpension gegangen ist. Bei ihm ist Essen nicht knapp, und wir Kinder werden richtiggehend verwöhnt. Viele Leckereien kennen wir gar nicht, wie gefüllte Tomaten, Eierspeisen oder Artischocken. Als wir Letztere zum ersten Mal essen, staunen wir nicht schlecht, wie viele Blätter wir ablutschen müssen, bevor wir das schmackhafte Herz im Innern der Artischocke erreichen, was für Großvater der Höhepunkt der Vorspeise ist.

Auch Schnecken gehören zu seiner Leibspeise, was mir aber wiederum gar nicht gefällt, schließlich sammle ich sie zu Hause auf dem Berg und spiele mit ihnen, indem ich jeder einen Namen aufs Schneckenhaus schreibe und sie am nächsten Tag wieder zu finden versuche. Ein Spiel, das stundenlang dauern kann und natürlich nur bei trockenem Wetter funktioniert. Ansonsten sind die Namen schnell verwischt oder ganz verschwunden.

Allein sich vorzustellen und mitzuerleben, wie Großvater die Schnecken auf dem eigens dafür vorgesehenen Teller vor sich hat, die geschmorten Teile mit einer Gabel herausfischt und genüsslich in den Mund schiebt, lässt uns Kinder erschaudern. Danach tunkt er sein frisches Baguette in die restliche Kräuterbutter-Sauce und lässt es sich schmecken. Wir bevorzugen die von ihm eingekauften Wurstwaren und die diversen Käsesorten. Beides gibt es bei uns zu Hause ja nur ganz selten und dosiert.

Großvater steht grundsätzlich um sechs Uhr morgens auf und fährt anschließend zum Markt, um täglich frisches Gemüse und Obst zu besorgen sowie das frische Baguette zu holen. Auch klebrige, mit Zucker übergossene Süßigkeiten wie Apfelstrudelgebäck mit Nuss- oder Mandelfüllungen stehen auf dem Tisch bereit. Natürlich darf Nesquik, das Kakaopulver in der gelben Packung, nicht fehlen. Wir Kinder freuen uns auf das Weißbrot und sind mit Nutella schon restlos glücklich. Der Tisch ist überfüllt mit Lebensmitteln. Wir schaffen so viel gar nicht, denn um Punkt zwölf Uhr mittags wird schon wieder gegessen, und zwar Vor- und Hauptspeise, was für unsere Mägen Schwerstarbeit bedeutet. Abends Punkt achtzehn Uhr ist der Tisch wieder gefüllt, und wir wissen gar nicht, wo wir zuerst anfangen sollen. Es ist wie im Schlaraffenland und völlig anders als bei uns auf dem Berg, wo es abends meistens Grießbrei gibt.

Die Essenszeiten sind Großvater sehr wichtig und müssen auch pünktlich eingehalten werden, sonst kann er auch mal mürrisch werden oder gar ein lautes »Gottverklemmi!« ausrufen. In der Schweiz, bedingt durch Vaters Schichtarbeit, sind unsere Essenszeiten nicht so militärisch genau. Und so lerne ich schnell, mich mit einer Uhr zu befassen. Papapa gibt mir in den Ferien immer die Uhr der verstorbenen Großmutter und vergleicht die Uhrzeit mit seiner silbernen Taschenuhr, welche er an einem Kettchen in seiner Westentasche trägt. So weiß ich genau, wann ich am Tisch sitzen muss.

Dass Großvater all die Leckereien nur für uns so üppig besorgt, begreife ich erst Jahre später. Papapa ist nicht wohlhabend, wie es uns Kindern vorkommt, sondern muss mit seiner Pension sorgsam umgehen. Doch uns, die ja weder Fernseher noch Auto besitzen und uns vieles nicht leisten können, kommt er vor wie ein reicher Mann.

Geschlafen wird im oberen Stock in großen, kalten Zimmern mit schweren Vorhängen. Auch die dicken, dunkelroten Steppdecken liegen auf unseren Körpern wie Blei. Eine Heizung gibt es im ganzen Haus nicht. Die Küche wird mit dem Holzofen erwärmt, und der »gute Salon«, der nur an Feiertagen benutzt wird, kann mit einem Elektroofen geheizt werden. Der Salon gefällt mir nicht, da die Sofas und die großen Polstersessel mit weißen Laken und Plastik abgedeckt sind und so einen gespenstischen Eindruck auf mich machen.

Dafür schleiche ich mich allzu gerne auf den Speicher, wo viele Puppenköpfe aufgestellt sind, worauf sich schöne, extravagante Hüte befinden. Einige sind klein und zierlich, dafür mit Federn verziert, andere groß und breit und mit farbigen Satinbändern versehen. Wieder andere befinden sich noch in den speziell dafür vorgesehenen Hutschachteln. Meine Großmutter ist in Colmar eine begehrte Hutmacherin gewesen.

Weiter hinten liegen noch Körbe mit vielen bunten, aufgerollten Samt- und Satinbändern und Knöpfen jeglicher Art und Größe. Am schönsten sind die Perlmuttknöpfe, dann die verzierten goldenen und silbernen, die sicher für Uniformen gebraucht wurden. Ach, ich könnte mich da stundenlang aufhalten, doch Großvater will das nicht, weil der Dachboden gefährlich überfüllt ist. So schleiche ich mich nur ab und an hinauf, wenn er seinen Mittagsschlaf abhält, was eben auch seinen Reiz hat.

Meine Brüder hingegen sind fasziniert vom Keller, der zwar ordentlich, aber vollgestopft mit Werkzeugen, Fahrrädern und Radios ist. Marc und Eric können sich dort stundenlang aufhalten und basteln.

Meistens dürfen aber nur zwei Kinder zu Besuch kommen. Drei sind Großvater ohne unsere Mutter zu viel. So bin ich einmal mit dem großen Bruder Marc da, aber meistens mit Eric oder ganz alleine. Ich möchte am liebsten ständig herkommen. Hauptsache, weg von zu Hause und Abenteuer erleben! Bei Papapa gibt es großartiges Essen, viel Unterhaltung, und ich darf Fernsehen schauen. Und Großvater hört mir zu, wenn ich ihm etwas erzählen möchte. Er gibt mir das Gefühl, dass ich ihm wichtig bin.

Nach Papapas täglichem Mittagsschlaf geht es mit den Hunden in den Wald oder auf den wenig belebten Sportflugplatz. Der Döschwo wird geparkt, der Klappstuhl aus dem Kofferraum geholt, und dann beginnt Großvater jeweils für alle je einen schönen großen gelben Apfel zu schälen und in mundgerechte Stücke zu schneiden. Wir Kinder toben mit den Hunden übers Feld, oder je nach Saison suchen wir die weißen Champignons oder stechen den jungen gelben Löwenzahn für einen leckeren Bissangelsalat.

Papapa besitzt auch einen Motorroller. Mit diesem fährt er

zusammen mit seinem Freund und ehemaligen Arbeitskollegen Bäri öfter aus, wenn wir Kinder nicht da sind. Wenn der eher schmächtige Bäri uns besuchen kommt, hat er seine Taschen voller Bonbons, Schokolade oder klebrigen Türkischen Honigs. Auf jeden Fall kommt er nie ohne Geschenke vorbei und steckt uns meistens auch noch ein paar Francs zu. Er ist ein lustiger, liebenswerter Freund für Großvater, bis er nach einigen Jahren an einen tödlichen Motorradunfall stirbt, was Papapa sehr betroffen und traurig macht.

Mit zwölf Jahren muss ich mit meinem Bruder alleine zu Großvater reisen, da meine Mutter mittlerweile eine Stelle als Sekretärin gefunden hat und somit in den Ferien nicht mehr ohne weiteres wegkann. Wir bekommen für den Zoll ein Schreiben mit, damit wir zwei Kinder, zwölf und zehn Jahre alt, die Schweiz für Ferien beim Großvater verlassen dürfen.

Natürlich ist für mich die Verantwortung groß. Es macht mich aber andererseits auch stolz, dass mir meine Eltern diese Reise zutrauen. Mein großer Bruder kommt nicht mit, er verbringt die Ferien im Pfadfinderlager.

Eric und ich fahren nach Basel, wo wir den Zug wechseln müssen und den Zoll passieren. Beim Verlassen des Zuges und dem anschließenden Suchen nach dem richtigen Weg Richtung Frankreich, im Gewühl der vielen Leute, werde ich nervös, und mein Herz klopft heftig – doch versagen will ich auf keinen Fall. Großvater und meine Eltern sollen stolz auf mich und meinen Bruder sein.

Am französischen Zoll werden wir kurz aufgehalten und gefragt, wo wir Kinder hingehen wollen. Ich zeige auf meinen Zettel, auf dem auf Französisch steht, dass wir zu unserem Großvater nach Colmar reisen und hierfür die Erlaubnis unserer Eltern haben. Mein Bruder und ich stehen mit heftig klopfendem Herzen da, während der eine Beamte das Papier liest und der zweite uns scharf anschaut.

Ich flehe leise Richtung Himmel: »Lieber Gott, lass uns zu unserem Großvater reisen, sonst sind unsere Ferien ruiniert, und ich muss ein weiteres Jahr warten. Bitte, bitte!«

Der Zöllner schaut auf unsere Bahntickets und zeigt plötzlich ganz nett in die Richtung, wo unser Zug nach Colmar-Straßburg wartet.

Eric und ich sind erleichtert, als wir schließlich in den französischen Zug steigen können. Jetzt nur nicht Colmar verpassen! Wir wissen aus den vorhergehenden Reisen mit Mutter, dass, wenn wir die »Drei Exen«-Burgen erblicken, Colmar nicht mehr allzu weit entfernt ist. Bald haben wir Kinder es geschafft, und ich bin ungemein stolz auf mich, als ich Großvater wieder hinter den vergitterten Gleisabsperrungen erblicke.

Mit dem gewohnten hellblauen Döschwo geht's Richtung Rue du Bouleau. Ich bin glücklich, auch wenn ich wegen der aufkommenden Übelkeit wie immer eine Papiertüte in den Händen halten muss. Autofahren verdreht mir öfter den Magen, doch das nehme ich in Kauf.

Diesmal erwartet uns eine Überraschung. Eine großbusige, blonde und kräftig geschminkte Frau namens Mitzi empfängt uns. Wir haben sie noch nie zuvor gesehen. Papapa stellt sie als seine neue »Haushälterin zur Probe« vor. Ich bin entsetzt. Schon abends steckt sie mich und meinen Bruder in die Badewanne und schrubbt uns mit einer harten Bürste den Rücken wund, dabei steckt sie auch noch ihren Zeigefinger brutal in die Ohrmuscheln. Mein Bruder und ich schreien auf, doch sie ignoriert es und meint: »Ihr habt eine lange Reise hinter euch, ihr Dreckspatzen; und so geht ihr nicht in die schönen frischen Betten!« Dass ich auch schon zwölf Jahre alt bin und keine Lust habe, mit meinem jüngeren Bruder in der Wanne zu sitzen, interessiert sie nicht, stattdessen meint sie abschätzig: »Er kann dir eh nichts weggucken, da ja nichts vorhanden ist.«

Die kommenden Tage mit »Tante Mitzi«, wie sie genannt werden möchte, sind nicht sonderlich erbaulich, und das merkt wohl auch mein Großvater. Als unsere Großtante, die Schwester meiner verstorbenen Großmutter, zu Besuch kommt, ist dies für uns Kinder eine Erleichterung. »Marraine«, wie wir unsere Großtante nennen, nimmt uns Kinder mit in ihr Schneideratelier. Sie arbeitet für die Oberschicht von Colmar und beschäftigt zeitweise bis zu sieben Schneiderinnen. Diese sitzen im Atelier und nähen Blusen, Kostüme oder gar Hochzeitskleider. Vieles in mühseliger Handarbeit, wie ich an den Fingerhüten an ihren Händen erkennen kann. Stoffballen in Seide, Satin, Brokat oder Samt in jeder Farbe liegen gestapelt auf den Tischen herum und davor unzählige Schnittmuster. Jedes Mal, wenn meine Großtante vor den jungen Näherinnen erscheint, senken diese den Kopf wie vor einer Königin. Ich bin fasziniert, schließlich ist sie eine alleinstehende »Madame«, wie sie von allen genannt wird, und hat sich dieses kleine Imperium aufgebaut, während sie nebenbei einen Jungen erzieht. Man munkelt, ihr gebildeter Ehemann habe sie während des Krieges mit einer anderen Frau betrogen und deshalb habe sie sich scheiden lassen, was in jener Zeit einem mittelgroßen Skandal gleichkommt.

Sicherlich ist sie durch die Scheidung finanziell nicht zu kurz gekommen, denn ihre Lektion für mich zum Thema Männer lautete schon früh: »Corinne, schön muss dein zukünftiger Mann nicht sein – Geld muss er haben! Denn die Schönheit vergeht, aber mit Geld ist das Leben angenehmer.«

Jahre später, wenn ich ihr von meinem jeweiligen Freund erzähle, lauten die ersten Fragen dann auch gleich: »Und was arbeitet er? Hat er schon Geld auf der Seite? Lädt er dich zum Essen ein? Macht er dir schöne Geschenke?«

Meistens sind meine Antworten für sie nicht befriedigend, und sie ergänzt dann: »Na ja, noch bist du ja nicht verheiratet, überlege es dir gut.«

Auch wenn ich beim Thema Männer nicht Marraines Meinung bin, halte ich mich gerne bei ihr im Atelier auf. Zusammen mit meinem kleinen Bruder sammle ich dann immer die auf den Boden gefallenen Stecknadeln mit einem Magneten ein, was uns großen Spaß macht.

Aber die größte Freude bereitet mir Marraine, als sie meinen für meine zwölf Jahre ungewöhnlich hochgewachsenen Körper wohlwollend betrachtet und verspricht: »Corinne, in drei, vier Jahren kommst du mit nach Paris, da wirst du ein berühmtes Mannequin werden, dafür kann ich sorgen.« Das hört sich doch viel besser an als die verletzenden Hänseleien der Schulkameraden wegen meiner Größe!

Abends bringt uns Marraine zurück zum Großvater. Ihr Fahrstil in ihrem neuen Renault 5 ist angsteinflößend für uns Kinder, die ohne Auto auf dem Berg aufwachsen. Sie überholt in dem dichten Stadtverkehr mal links, mal rechts – einfach da, wo gerade Platz ist. Rote Ampeln interessieren sie auch recht selten. Sofern die Kreuzung frei ist, fährt sie hupend durch. Touchiert sie ein fremdes Auto, ist natürlich die andere Madame schuld. Sie selbst ist immer in Hektik. Zeit ist Geld, wie sie uns lehrt.

Sogar als Jahre später ihr einziger Sohn heiratet – übrigens eine ihrer schönsten Näherinnen, was sie nie richtig gutheißen konnte –, kam sie zu spät zur Hochzeit. Wie der Polizeireport später bekanntgab, fuhr sie viel zu schnell, schnitt die Kurve und stieß mit einem anderen Fahrzeug zusammen. Verletzte gab es Gott sei Dank nicht, aber ihr Auto wurde mit Totalschaden abgeschleppt. Bis das Prozedere mit der Polizei vorbei war, war auch die kirchliche Trauung ihres Sohnes vorüber. Niemand wusste, wo sie steckte, denn alle saßen in der Kirche und warteten über eine Stunde, bis der Pfarrer beschloss: entweder ohne die Mutter des Bräutigams heiraten oder abbrechen. Marraine erreichte die Zeremonie, als die Gesellschaft die Kirche verließ und das Paar getraut war. Natürlich war an diesem Malheur wieder die andere Madame schuld.

Und auch diesmal düst Marraine wieder hupend quer durch Colmar, um Eric und mich rechtzeitig zum Abendessen beim

Großvater abzuliefern. Zu unserer Freude ist »Tante Mitzi« weg. Die gewohnten Papapa-Ferien können beginnen – denken wir.

Doch schon zwei Tage später gehen wir weitere »Haushaltshilfen« besuchen. Mein Bruder und ich müssen nach den jeweiligen Besuchen und Teeeinladungen unsere Kommentare abgeben, Papapa interessiert unsere Meinung. Uns passt keine der Damen, obwohl wir zum Teil schon zum zweiten Mal bei den Auserwählten auf Besuch sind und immer viele Süßigkeiten und Bonbons bekommen. Nach einer Woche gibt Großvater sein Vorhaben auf, und es kehrt die gewohnte Ruhe mit dem normalen Tagesprogramm ein.

Papapa fährt mit uns zum Jahrmarkt und drückt jedem ein paar Francs in die Hand, damit wir die eine oder andere Attraktion ausprobieren können. Eric und ich entscheiden uns für den Spiegelgarten, denn so etwas haben wir noch nie gesehen. Fazit: Wir finden kaum wieder heraus, und nach einer gefühlten Ewigkeit wird es bald unheimlich. Erst als wir uns einem anderen Mädchen anschließen, finden wir in die Freiheit zurück, wo Papapa ungeduldig wartet. Da ist das anschließende Riesenrad doch einfacher zu besteigen und die Geisterbahn gruselig, aber lustig, bis auf die Tatsache, dass ich von einer echten, menschlichen Männerhand heftig in meine rechte kleine knospende Brust gekniffen werde, was mich zu Tode erschreckt. Erzählen tue ich es nicht, da ich annehme, dass wir dann später nicht mehr hingehen dürfen.

Tags darauf steht ein Besuch bei Verwandten an, die wir noch nicht kennen. Da Papapa aber von deren Bauernhof mit Schweinen und Hühnern erzählt, sind mein Bruder und ich richtig neugierig. Erst fahren wir quer durch die Stadt, um dann langsam in immer ländlichere und abgelegenere Gegenden zu gelangen. Da und dort stehen grasende Kühe auf dem Feld; und ab und an erblicken wir alte Wassermühlen an plätschernden Bächen. Auf den Fensterbrettern der bekannten Elsässer Riegelhäuser blühen farbenfrohe Blumen, und alles macht einen idyllischen Eindruck. Als wir abbiegen und plötzlich einer holprigen Naturstraße folgen, schimpft Großvater: »Gottverklemmi, diese löchrige Straße ruiniert noch mein Auto!«, während wir im Döschwo hin und her geschaukelt werden. Als unser Ziel erreicht ist, schauen wir erst skeptisch umher. Der Hof unserer Verwandten ist von Schlamm und Dreck umgeben, worin sich große Schweine suhlen, deren Gestank einem den Atem verschlägt. Um das Haus herum stehen verschiedene Gerätschaften, und dazwischen picken braune und weiße Hühner. Es sieht unordentlich aus. Großvater hupt ein paarmal, bevor er zusammen mit uns vor dem Auto abwartend stehen bleibt.

Plötzlich kommt ein dünnes Männlein um die Hausecke gebogen, und hinter ihm folgt eine schwergewichtige Frau.

»*Bonjour, Léon*«, höre ich das Männlein meinen Großvater begrüßen. Als sie auf Augenhöhe sind, wird mit gegenseitigem Wangenkuss begrüßt. Seine Frau ist mittlerweile auch bei uns angelangt, und ich höre Papapa sagen: »*Bonjour, Paulette, ça va?*«, und dabei drückt er ihr ebenfalls Wangenküsse auf. Sie ist mindestens dreimal so breit wie ihr Mann. Zu unserem Entsetzen sind ihr Gesicht und auch die Arme mit hässlichen Warzen übersät. Sie kommt auf uns zu und fragt in einem piepsenden, neugierigen Ton, ob wir also Großvaters Enkelkinder aus der Schweiz seien? Sie bückt sich dabei in meine Richtung und drückt mir ihren weit nach unten hängenden großen Busen, der sich offensichtlich nicht in einem Büstenhalter befindet, dafür hinter einem blauen, ärmellosen Blumenkleid versteckt ist, gegen meinen Bauch. Ihr Gesicht kommt meinem gefährlich nahe. Ich sehe nur noch die vielen braunen Warzen mit den schwarzen Härchen und möchte davon nicht geküsst werden. Doch weil ich nicht unhöflich sein will, schließe ich die Augen und lasse es geschehen, während ich ein »*Bonjour*« hauche. Als sie sich meinem Bruder zuwenden will, geht er einige Schritte zurück, um sich so vor dem Geknutsche zu retten. Eric ist noch empfindlicher als ich.

Paulettes Mann fordert sie auf, sie solle uns in Ruhe lassen, woraufhin ein heftiges Gezanke ausbricht, was wir mangels Sprachkenntnissen nicht verstehen. Wir stapfen alle derweil Richtung Haus, während Großvater schimpft, dass es hier stinke. Die Schweine kommen bedrohlich nahe und wollen ihre dreckigen Schnauzen in die mitgebrachten Tüten stecken. Das ungleiche Paar streitet sich immer noch, dabei stößt der Mann seine Frau immer wieder in die Seite.

Plötzlich springt das dünne Männlein seine Frau an und stößt sie dabei rückwärts in die Brennnesseln, welche hier überall wachsen. Paulette rudert mit den Armen und versucht wieder herauszukommen. Während er sie zynisch lachend zurückstößt, ruft er: »Vielleicht hilft dir das, damit du die hässlichen Dinger loswirst!«

Mein Bruder und ich sind schockiert, während Großvater versucht, die Situation irgendwie unter Kontrolle zu bringen. Als Paulette wieder auf ihren Füßen steht, welche in Gummistiefeln stecken, ruft sie ihrem Männlein lauter Schimpfworte hinterher. Er lacht umso mehr. Uns tut die arme Frau nun doch leid.

Großvater beendet das Gezeter und beruhigt uns, das sei bei denen immer so. Wir Kinder fühlen uns indessen gar nicht wohl und haben uns den Ausflug auf den Bauernhof ganz anders vorgestellt. Als wir zum Essen bleiben sollen, lehnen mein Bruder und ich erschrocken ab, auch wenn es Schweinebraten aus eigener Tierhaltung gegeben hätte. Wir wollen weg, und zwar so schnell wie möglich.

Auf dem Rückweg sagt mein Bruder: »Papapa, da will ich nicht mehr hin«, und ich stimme ihm aus vollem Herzen zu. Der Schweinegestank begleitet uns im Döschwo bis nach Colmar zurück.

Bald sind unsere aufregenden Ferien vorbei, und diesmal fährt uns Marraine bis nach Basel, damit wir nicht noch mal alleine durch den Zoll müssen, was bei der Einreise in die Schweiz mit unseren deutschen Kinderpässen wohl schwieriger gewesen wäre. So werden wir von ihr in Basel in den richtigen Zug gesetzt und kommen Stunden später am Bahnhof an, wo Vater arbeitet. Er wird unseren Koffer später mit nach Hause bringen, und wir marschieren hoch, wo Mutter bereits wartet.

Als ich ihr voller Vorfreude berichte, dass ich vielleicht bald ein berühmtes Mannequin in Paris sein werde, da Marraine ihre Verbindungen spielen lassen möchte, vernichtet sie diesen Traum jäh: »Schlag dir solche Flausen schnellstens aus dem Kopf! Nach der Schule beginnst du eine ordentliche Lehre – am besten im Büro.«

Im kommenden Jahr, mit dreizehn, fahre ich zum vorläufig letzten Mal an Ostern zusammen mit meinem Bruder zum Großvater, denn danach bevorzugt auch Eric die Pfadfinderlager, und ich nutzte die Ferien, um etwas Geld zu verdienen. Aber dazu später mehr.

Wir Kinder haben unsere Osternester in Papapas Garten bereits gefunden und sind glücklich. Neben dem weiß-braunen Schokoladenhasen und den bunten Eierbonbons befinden sich auch eine säuberlich eingepackte echte silberne Zehn-Francs-Münze sowie eine Fünf-Francs-Münze. In die kleine bohrt Großvater ein winziges Loch und zieht eine Silberkette durch. Ab sofort ist sie mein Talisman und hängt noch Jahre später neben dem damals angesagten Lederbändel um meinen Hals.

Wir gewöhnen uns nur langsam an die neue Großmutter, die vor ein paar Monaten bei Papapa eingezogen ist. Sie ist nicht so attraktiv wie die ganzen Tanten, die wir uns ein Jahr vorher hier in der Region angeschaut hatten, doch dafür soll sie besser putzen können, wie Großvater erzählt. Er hat Grandmamama

Maria, wie wir sie nennen, geheiratet, denn ansonsten wäre sie aus dem Schwarzwald nicht zu ihm gezogen. Gefunden haben sie sich über eine Zeitungsannonce. Großvater ist eben damals schon sehr fortschrittlich.

Doch sonderlich lieb ist Grandmamama Maria nicht. Ich glaube, sie mag keine Kinder. Im Gegenteil, mit der Zeit wird sie eifersüchtig auf uns und besonders auf mich, weil Papapa mich gerne verwöhnt. Nie kann man ihr etwas recht machen. Kommt Bäri, Großvaters Motorradfreund, vorbei und bringt uns Schokolade mit, nimmt sie diese kurzerhand in Beschlag und verstaut sie in der verschlossenen Vitrine im »guten Salon«.

Abends schauen wir Fernsehen. Mittlerweile hat Großvater einen halbfarbigen, wie er sagt. Das heißt, er hängt über den Bildschirm eine farbige Scheibe, und so entsteht der Eindruck eines Farbfernsehers. Na ja, halbwegs, denn die Farben passen nicht immer zum Gezeigten. Als wir an diesem Tag eine Musiksendung schauen, wo sein Lieblingsspatz Mireille Mathieu auftritt und danach die rothaarige Milva aus Italien sowie eine französische Majoretten-Tanzgruppe, ist Großvater völlig angetan. Tags darauf misst er mit einem Ästchen von einem seiner Birkenbäume meine Schuhgröße und bringt mir später vom Markt weiße Majorett-Stiefel mit. Bin ich stolz, obwohl ich kaum in ihnen laufen kann! Dann stellt er eine Packung rote Haarfarbe auf den Küchentisch und fragt mich: »Corinne, was meinst du, stehen dir rote Haare?«

Ich, eher langweilig hellbraun, bin begeistert. Was werden meine Klassenkameraden sagen, wenn ich plötzlich aussehe wie die »rote Zora«?! Einfach nur cool, mein Großvater! Kopfüber hänge ich über dem Waschbecken und lasse mir von ihm die Haare färben. Maria meckert herum, schließlich muss sie danach das verschmierte Waschbecken putzen, denn so, wie ich es putze, ist es ihr nicht recht.

Mein Bruder fühlt sich durch das ganze Prozedere vernachlässigt. Doch Papapa verspricht auch ihm nach dem Mittagsschlaf eine Überraschung. Wir sind gespannt und können uns nicht vorstellen, was er mit ihm vorhat.

Während er schläft, schimpft und meckert Maria immer an mir herum. Als ich den Holzofen öffnen soll, um Zugluft einzulassen, öffne ich aus Versehen das falsche Türchen, und die glühende Asche fällt auf den Steinboden. Die putzwütige Maria schimpft mich aus und brüllt: »Du dumme Gans, du dürrer Ziegenrücken, du nutzloses Ding, du wirst nie einen Mann abkriegen, so lang und dürr, wie du bist. Da nützen dir auch rote Haare nichts!« Diese bösen Worte treffen mich tief ins Innerste.

Hier bei Großvater war ich immer besonders. Da wurde ich nie so wie in der Schule gehänselt, und nun ist es vorbei. Immer öfter bekomme ich von ihr zu hören: »Du dürrer Ziegenrücken, du dumme Gans« … oder Schlimmeres. Es tut weh, denn Großvater bekommt es gar nicht mit.

Ich verstand erst Jahre später, dass Grandmamama Maria mich aus Eifersucht so behandelte. Sie bekam von Großvater nicht die gleiche Aufmerksamkeit wie ich und fühlte sich im Elsass fremd und alleine. Zudem ging sie noch bei fremden Leuten putzen, um die Haushaltskasse aufzubessern. Deshalb durfte sie auch nie mitbekommen, wenn uns Großvater zum Abschied der Ferien einen Hundert-Francs-Schein zusteckte, was bei uns in der Schweiz etwa dreißig Franken ergab. Enorm viel, wenn man kein Taschengeld hat.

Aber sonntags war Grandmamama Maria immer gut gelaunt. Sie hatte frei, machte sich hübsch, stülpte zur Feier des Tages noch eine dunkelbraune Perücke über ihr dünnes Haupthaar und marschierte glücklich zur Kirche. Papapa kochte unterdessen einen wunderbaren Sonntagsbraten, und nach dem üblichen Mittagsschlaf stand ein gemeinsamer Ausflug an. Entweder ging es in einen Park oder Wald, oder es gab eine Fahrt durch die Vogesen. Maria war zufrieden, wir Kinder hatten unsere Ruhe und konnten sie deshalb sonntags auch einigermaßen leiden.

An dem Tag also, als ich Majorett-Stiefel bekommen habe und eine Haarfarbe wie die »rote Zora«, packen wir am Nachmittag die Hunde ins Auto und fahren zu dem wenig benutzten Sportflugplatz. Die große Stunde für meinen kleinen Bruder ist gekommen. Er soll Auto fahren, schließlich soll bald einmal ein Mann aus ihm werden. Großvater erklärt dem verdutzten Bruder Bremsen, Gas und Kupplung. Es folgen einige Trockenübungen, wobei schnell ersichtlich ist, dass die Beine meines Bruders noch zu kurz sind, er ist ja erst elf. Die Übung wird für diesen Tag abgebrochen, am kommenden soll es weitergehen.

Zurück zu Hause, verschwindet Papapa in seinen Keller und fertigt zwei kleine dicke Holzklötzchen an, die Eric unter die Füße gebunden werden können, damit er die Pedale erreichen kann, obwohl er ein Kissen unterm Hintern hat.

Am nächsten Tag kann es losgehen: Eric hinter dem Steuer sitzend und Großvater daneben mit Anweisungen. Das Auto bewegt sich langsam und holpernd am Flugplatzrand entlang. Jetzt bin ich neidisch. Gerne würde auch ich hinter dem Lenkrad sitzen, schließlich bin ich ja zwei Jahre älter. Doch Papapa ist der Meinung, Autofahren sei Männersache. Ich hätte schließlich meine roten Haare und die Majorett-Stiefel bekommen. Da ist einfach nichts zu machen.

Als ich nach den Osterferien zurück in die Schweiz komme, muss ich wohl kaum erwähnen, wie meine Mutter auf die roten Haare ihrer dreizehnjährigen Tochter reagiert. Zu dieser Zeit ist es nicht so, dass sich Mädchen in meinem Alter bereits die Haare färben dürfen. Mutter ist außer sich über ihren Vater und muss sich zudem in meiner Schule erklären. Einige Freundinnen finden meine Haarfarbe zwar so cool wie ich, doch Mutter besteht auf das Umfärben in Braun; und so endet meine Zeit als »Rote Zora« schon nach einer Woche.

Als ich später in der ersten Klasse der Sekundarschule einen Aufsatz zum Thema »Mein Vorbild« schreiben muss, ist mir sofort klar, wen ich da wählen werde. Mein cooler Großvater bringt mir für jenes Mal auch fast die Bestnote ein, wohl auch, weil er kein gewöhnlicher alter Mann ist.

In den kommenden Jahren besuche ich ihn allerdings seltener, da ich in den langen Sommerferien öfter versuche, mir einen Ferienjob zu angeln, um Geld zu verdienen. Mein Ziel besteht darin, mit fünfzehn Jahren einen angesagten *Töff* der Marke Puch zu erstehen, ein Moped also. Da mittlerweile an einer Straße bis zu unserem Haus gebaut wird, würde ein solches Gefährt mein Leben enorm vereinfachen und mir mehr Freiheiten schenken. Davon bin ich überzeugt.

Das allerletzte Mal besuche ich Papapa, als ich zwanzig Jahre alt bin. Mit dabei ist mein erster Freund Daniel. Ich will mein Glück mit Großvater teilen. Mit dem angesagten neuen feuerroten Ford Escort fahren wir in die Rue du Bouleau. Papapa ist dann doch auch eher vom Auto beeindruckt als von meinem Freund, wie mir scheint. Kulinarisch werden wir mit Unterstützung von Grandmama Maria verwöhnt. Ich habe mit ihr Frieden geschlossen; und einen Freund habe ich trotz ihrer schlechten Prognosen ja doch abbekommen.

Leider stirbt Papapa sieben Monate nach diesem letzten Besuch an Herzversagen. Als wir zur Beerdigung fahren, stehe ich plötzlich vor dem offenen Sarg, in dem mein geliebter Großvater liegt. Ich habe vorher noch nie einen toten Menschen gesehen und bin deshalb ziemlich erschüttert über die blasse Gestalt, die den Mund mit schwarzem Faden im Kreuzstich zugenäht bekommen hat. Er liegt im dunklen Sarg, ausgekleidet mit weißem Satin und mit gefalteten Händen. An meinen stolzen Papapa erinnern nur noch die mit Pomade gescheitelten Haare. Ein wenig getröstet werde ich später, als der mit vielen Kränzen und Blumen geschmückte schwarze Leichenwagen langsam durch Colmar fährt. Da Großvater als ehemaliger Postangestellter sehr bekannt und beliebt ist, wird er durch viele Straßen gefahren, damit Abschied genommen werden kann. Es kommt mir sehr ehrenvoll vor. Das ist seiner würdig – finde ich.

Marraine hingegen wurde achtundneunzig Jahre alt und überlebte Großvater um vierundzwanzig Jahre. Sie hat miterlebt, wie ich mit sechzehn Jahren neben meiner Verkäuferinnenlehre auch eine Mannequinschule besucht habe. Allerdings war dies auf dem Land und nicht in der Modewelt von Paris. Meine Auftritte fanden später in Warenhäusern und Sportgeschäften statt sowie in einigen angesagten Dorfboutiquen. Aber immerhin verdiente ich damit ein schönes Zusatzgeld, womit ich mir später mein erstes Auto unterhalten konnte. Und bei meiner Größe von 1,80 Meter gab mir das Tragen von Schuhen mit Absatz zudem eine gewisse Bestätigung.

Marraine konnte auch meinen riesigen Erfolg als die »Weiße Massai« miterleben. Viele Male, als sie uns noch besuchen konnte, musste ich ihr aus meinem Leben in Afrika erzählen. Und vor allem von meiner großen Liebe zu einem stolzen Krieger und Hirten und dem Kampf, diese Liebe leben zu dürfen. Von meiner Tochter Napirai war sie hingerissen.

Sie bewunderte, dass ich meinem Herzen gefolgt war, und sagte noch mit weit über neunzig Jahren zu mir: »Corinne, ich bin stolz auf dich. Du bist deinen Weg gegangen und hast deine Liebe ausgelebt. Nun hast du Erfolg und Geld und eine wunderbare Tochter. Ich habe mein ganzes Leben hart gearbeitet und mir vieles leisten können, aber geliebt habe und wurde ich nie mehr. Meine Ideale waren wohl zu hoch gesteckt. Und jetzt im hohen Alter bin ich alleine. Mein Geld versickert bei den Ärzten und im Altenheim und macht mich nicht glücklicher. Aber umso mehr freue ich mich, dass es dir und Napirai gutgeht!«

»Giraffenhals! Bohnenstange! Flacharsch!«

In der fünften Klasse, also mit elf, zwölf Jahren, beginne ich rasant zu wachsen. Bald schon überrage ich die Mitschüler noch mehr als nur einen Kopf. Mit meinen langen, dünnen Steckenbeinen bin ich zwar immer noch die Schnellste im Rennen und die Beste im Hochsprung, doch bei den Jungs bin ich abgeschrieben. Sie bevorzugen nach wie vor die feingliedrigen kleinen Mädchen, um sie zu necken. Natürlich schwärme ich wie viele meiner Klassenkameradinnen auch für den einen oder anderen Mitschüler, doch ich werde eher gehänselt. Auf dem Schulhof ruft man mir nach: »Na, du Giraffenhals, wie ist das Wetter da oben? Schneit es bei dir?« oder: »Bohnenstange, Bohnenstange …«

Ganz schlimm empfinde ich, als die ersten Mädchen ihre Rundungen bekommen und sich bei mir nichts rührt. Vorne flach, hinten flach, und schon entsteht der neue Rufname »Flacharsch«. Es ist demütigend, über den Pausenplatz zu laufen, wenn gerade jene Jungs, die man ja toll findet, einem »Flacharsch« hinterherrufen. Stehe ich auf dem Pausenplatz in der Mädchengruppe zusammen, knicke ich meine Beine so nach hinten, dass ich irgendwie kleiner wirke, oder kippe den Kopf zur Seite. Meiner Mutter fällt es bald auf, dass ich immer bemüht bin, mich kleiner zu machen, und sie versucht, mich zu trösten: »Corinne, ich weiß, was du durchmachst. Ich war auch immer die Größte in der Schule. Aber glaube mir, später wirst du auf jeden Zentimeter stolz sein.«

Heute kann ich dies bestätigen. Es ist so! Ich würde auf keinen Fall auch nur ein Stück von meiner Größe hergeben wollen. Und Jahre später habe ich mit denselben Sätzen meiner ebenfalls großgewachsenen Tochter Mut zugesprochen. Doch ich weiß aus eigener Erfahrung: In den Momenten, wo man gehänselt wird, nützt es einem wenig. Man möchte sein wie alle anderen.

Schlimmer noch ist es im Winter, wenn die Schlittschuhzeit losgeht. Denn auf Kufen bin ich noch größer. Ich liebe aber diesen Sport über alles, obwohl ich lange Zeit nur »Anschrauberli« besitze, unter die Schuhe geschraubte Kufen. Natürlich kann da schon mal einer bei voller Fahrt abfallen, und man fliegt bäuchlings übers Eis. Mir ist das viele Male passiert, aber aufgeben wollte ich nicht. Ich liebe den Fahrtwind im Gesicht und die flatternden Haare um meinen Kopf. Es sind die Geschwindigkeit und das schwerelose Freiheitsgefühl, wenn ich über die Eisfläche fege. Natürlich jagen wir die Jungs beim legendären Kettenfangen, und sie wiederum uns.

Viele Mädchen besitzen schon die weißen Schlittschuhe, wofür ich sie wirklich beneide, denn sie geben einem das Gefühl, eine Eisprinzessin zu sein. Es ist mein größter Weihnachtswunsch, der sich für mich erst später als Vierzehnjährige erfüllt, aber dafür ist es dann das schönste mir je gemachte Weihnachtsgeschenk, obwohl sie aus zweiter Hand stammen. Ich bin über und über glücklich, als sich dieser Wunsch endlich erfüllt. Jede freie Minute verbringe ich nun im Winter auf der Eisbahn, und schon bald fahre ich rückwärts so schnell wie vorwärts. Nur Pirouettendrehen ist nicht mein Ding.

Anders als auf dem Eis werde ich im Klassenzimmer immer unsicherer. Nicht zuletzt auch, weil ich es sowieso schon schwerer habe, da ich nicht wie die anderen im Dorf lebe. Wir vom »Berg« sind und bleiben irgendwie Außenseiter. Man kann uns nicht zuordnen. Wir sind keine Bauern, leben aber trotzdem zwischen den Bergbauern. Klassenkameradinnen besuchen mich selten, da ihnen der Weg zu anstrengend ist. Meine Mama ermuntert mich zwar immer und sagt: »Corinne, bring doch auch einmal eine Freundin mit! Wo fünf satt werden, werden auch sechs satt.« Doch es kommt selten vor. Stattdessen beneide ich diejenigen Mädchen, die unten im Dorf in den großen Wohnblocks leben. Sie können sich abends ins Treppenhaus setzen und miteinander quatschen und kichern. Ich hingegen sitze alleine auf dem Berg, spiele allenfalls mit meinem kleinen Bruder.

Doch Mädchengeheimnisse kann ich mit ihm nicht teilen, zumal auch langsam die Pubertät einsetzt und ich viele Fragen hätte. Fast niemand ist in diesem Alter wirklich aufgeklärt, und die »Dorfmädchen« besprechen sich untereinander, so dass ich wiederum viele Informationen nur so am Rande mitbekomme. Die einzige Möglichkeit, Antworten auf eigene Probleme zu finden, ist das Doktor-Sommer-Team der *Bravo*. Wenn so ein Heft in der Schule die Runde macht, blättern wir verstohlen und zugleich begeistert darin herum. Bei den organisierten Altpapiersammlungen halten wir Ausschau nach den abgelegten *Bravo*-Heften. Doch es bleiben viele Unsicherheiten, denn ich gehöre zu der Generation, die noch annimmt, dass Küssen Babys macht. Die »biologische Aufklärung« erfolgt erst in der Sekundarschule, aber das ist dann schon reichlich spät.

Immer öfter trete ich nach der Schule den Heimweg verzögert an, um so wenigstens noch bei meinen Klassenkameradinnen zu bleiben. Als wir eine neue Mitschülerin bekommen, die bald zum umschwärmtesten Mädchen wird, bemühe ich mich sehr um ihre Freundschaft. Sie heißt Lisbeth, und als sie mich zu sich nach Hause einlädt, bin ich sehr beeindruckt und natürlich auch stolz. Sie wohnt in einem der Hochhäuser. Im Wohnzimmer ihrer Wohnung liegt ein großer lilafarbener Langflor-Teppich, und darauf steht eine schwarze Lederpolstergruppe. Dahinter ein Fernsehgerät. Die müssen sehr reich sein, denke ich ein wenig eingeschüchtert und streiche mit den Händen über den weichen Teppich. Ihre Mutter bietet uns eine Tasse Milch an und stellt eine Büchse Ovomaltine dazu. Ich schippe einen Löffel Pulver in meine Tasse, als sie mich ermuntert: »Corinne, bei uns darfst du drei volle Löffel nehmen.« Ich werde feuerrot im Gesicht und schäme mich – warum, weiß ich eigentlich nicht.

Meistens jedoch halte ich mich bei meiner Freundin Theres auf, die in der Schule auch meine Banknachbarin ist. Es hat sich am ersten Tag des Schuljahres so ergeben, als beim Betreten des Klassenzimmers nur noch der Platz neben ihr frei war. So entstand unsere Freundschaft. Sie ist zwar einen Kopf kleiner als ich, aber mit ihren braunen Rehaugen und den dunkelbraunen mittellangen Haaren recht hübsch. Ihre Eltern betreiben ein gutgehendes Geschäft, und deshalb ist fast nie jemand im Haus, wenn wir aus der Schule kommen.

Theres' Familie ist in meinen Augen wirklich wohlhabend. Das Haus ist sehr groß, und meine Freundin besitzt ein eigenes Zimmer. Dieses ist sogar größer als meines, das ich ja mit meinen beiden Brüdern teilen muss. Sie trägt immer schöne, gepflegte Kleider. Nicht wie ich, die die Hosen meines älteren Bruders auftragen muss, welche ich dann durch dreieckige Einsätze an den Seiten zu schicken Schlaghosen umnähe und mit farbigen Stoffstreifen kontinuierlich verlängere.

So richtige Jeans gab es in dieser Zeit, den frühen Siebzigern, für Schulkinder noch nicht. In unseren buntgestreiften Pullovern sahen wir alle wie kleine »Strolche« aus, verglichen mit heute, wo die Mädchen wie Models vom Laufsteg daherkommen und die Kleider nicht teuer genug sein können. Trugen bei uns noch am selben Tag die einen Kinder Turnschuhe, andere Sandalen oder Gummistiefel – was eben gerade verfügbar war –, sind es heute teilweise sogar Stöckelschuhe, vor allem bei den Schülerinnen, die zur Schule gefahren werden. Meine ersten Levi's-Jeans bekam ich von meiner Großtante, als ich die dritte Klasse der Sekundarschule besuchte, zusammen mit einer weißen Bluse, die mit roter und schwarzer Farbe beschrieben war, in einer Art Zeitungsoptik – der absolut letzte Schrei aus Paris. Wie anders sich das anfühlte als meine verwaschenen Manchesterhosen!

Ich bin mal wieder bei Theres zu Besuch und sitze bei ihr in der Küche. Sie holt aus dem großen Kühlschrank selbstverständlich eine lange Salami hervor und fragt: »Corinne, magst du auch ein Salamibrot?« Und wie! Ich esse zum ersten Mal Salami und kann kaum mehr aufhören. Immer und immer wieder schneidet sie mir ein Scheibchen ab, und dazu essen wir Weißbrot. Alles, was es bei uns zu Hause nicht gibt! Nach diesem Festessen und den gemachten Hausaufgaben setzen wir uns in ihr Zimmer oder vor den Fernseher. Zu Hause besitzen wir immer noch keinen.

Theres schwärmt für den angesagten Sänger Heintje. Wenn er singt, kniet sie sich verträumt vor den Kasten und küsst ihn durch die Scheibe ab. Ich hingegen mag die Filme von Winnetou oder Old Shatterhand. Wie gebannt verfolge ich die Indianergeschichten und bin natürlich immer auf der Seite der stolzen Rothäute. So kommt es, dass ich mich immer öfter bei Theres zu Hause aufhalte und mich erst spät auf den Heimweg begebe.

Das ändert sich erst, als ihre Mutter eines Tages früher aus ihrem Geschäft hochkommt und ich just in dem Moment die begehrte Salami anschneide. Sie schaut verdutzt auf meine Hand mit dem Messer und fragt ziemlich ärgerlich: »Hast du eigentlich kein Zuhause?« Beschämt ob der Rüge packe ich die Schulhefte in meine rote Mappe und eile davon.

Neuerdings besitze ich ein Klapprad, welches ich mir größtenteils selbst zusammengespart habe. Darauf bin ich sehr stolz. Zum einen kaufe ich seit über einem Jahr zweimal die Woche für eine alleinstehende ältere Witwe ein. Es ist kein Zuckerschlecken, da sie mich von einem Laden in den nächsten schickt, damit ich ja die günstigsten Aktionsangebote zusammenkaufe, obwohl sie als Witwe eines Zahnarztes sicher genug Geld hat. Und wehe, der Sparpreis wurde von der Kassiererin nicht richtig eingetippt und das von mir nicht bemerkt. Dann muss ich noch vor der Mittagspause zurück in den Laden, um das fehlende Kleingeld einzufordern. Erst danach kann ich meinen eigentlichen Heimweg antreten und erreiche natürlich öfter den Mittagstisch zu Hause als Letzte.

Ich schöpfe dann meinen Teller hastig voll und beginne hungrig das Essen hinunterzuschlingen. Ich kann einfach nicht anders, und zudem bleibt mir eh nicht viel Zeit, bevor ich zum Nachmittagsunterricht zurück in die Schule hetzen muss. Doch Vater, der oft auch mittags mit uns isst, mag das nicht und schimpft mich aus: »Corinne, jetzt würg das Essen nicht so herunter. Man kann dir nicht zuschauen, und außerdem nimmt es dir niemand weg! Wenn du nicht sofort anständig isst, kommst du in Zukunft früher nach Hause oder isst in der Küche!« Mutter schweigt, sie will sich ja nicht streiten.

Ich kann aber nicht eher zu Hause sein, denn mein Job ist mir wichtig, er trägt mir fünf Franken im Monat ein. Das ist enorm viel, da ich noch immer kein Taschengeld bekomme. Mit dem Ersparten sowie dem gelegentlich durch meinen Großvater oder meine Großtante zugesteckten Geld kann ich mir mit meinen zwölf Jahren das gebrauchte Fahrrad kaufen. Es ist mein ganzer Stolz. Meine Eltern verstanden zwar nicht, warum ich als großes Mädchen ausgerechnet ein Klapprad wollte. Aber eben genau, weil ich eine Bohnenstange bin, will ich wie die anderen Mädchen ein angesagtes Klapprad und kein Rad für Erwachsene.

Wegen meines weiten Schulwegs radele ich jetzt natürlich zur Schule. Einige Jungs nutzen das aus. Um mich zu ärgern, zerlegen sie mir mein geliebtes Rad in Einzelteile. Tränen der

Wut laufen über meine Wangen, während die immer gleichen Buben lachend an mir vorbeiziehen. Die Situation verschlimmert sich, als ich sie beim Lehrer verpetze. Da reicht es mir. Zusammen mit meiner Freundin Theres beschließe ich, den jeweiligen Jungen eine Lektion zu erteilen. Von zu Hause aus weiß ich, wie fürchterlich Hagebuttenkerne auf der nackten Haut brennen. So hecke ich einen Plan aus. Sobald ich wieder mit meiner Mutter die kleinen roten Früchte pflücke, sammle ich anschließend die herausgenommenen behaarten Kerne ein. Mutter kocht köstliche Marmelade, und ich stecke die juckenden Kerne in ein kleines Plastiksäckchen, das ich zur Schule mitbringe. Theres und ich verstecken uns nach dem Unterricht hinter den Büschen. Sobald wir einen der nervigen Jungs erwischen, stürmen wir auf ihn zu, verdreschen ihn und reiben ihm dabei die juckenden Kerne unter sein T-Shirt, um sie anschließend noch mal ordentlich festzudrücken. Nach nur zweimaliger Anwendung hören die Fahrrad-Streiche auf.

Durch Mutters Arbeit als Sekretärin in der Textilfabrik können wir uns mittlerweile ein ganz klein wenig mehr leisten. Manchmal fahre ich mit ihr in die nächstgrößere Stadt Rapperswil, und wir schauen uns die Schaufensterauslagen an, dies aber nur beim Sonderverkauf. Mutter hat ein Händchen dafür, mit wenig Geld viel und toll einzukaufen. So bekomme ich einen stark reduzierten, aber sehr angesagten Lammfellmantel. So eine Art bestickter Hippiemantel, der mir trotz meiner Größe bis zu den Waden reicht. Ich platze vor Stolz und fühle mich kurz wie ein Mannequin. Dieses Stück trage ich viele Jahre, bis es speckig wird und mir nicht mehr passt. Wenn man lange Zeit im Leben unten durch musste, sind solche Erinnerungen welche, die fürs Leben bleiben.

Auch als wir von Mutters Gehalt eines Tages ein halbes geschlachtetes Schwein kaufen können, ist so viel Fleisch ein außergewöhnliches Ereignis. Fein säuberlich packen Mutter und ich die zerlegten rohen Teile in Plastikbeutel ab, um sie anschließend in einem Wäschekorb ins Dorf zu schleppen, wo Mutter in einem großen öffentlichen Kühlhaus ein Fach angemietet hat. Das Geld reicht noch nicht für eine eigene Kühltruhe. Doch Mutters Eigeninitiative und Findigkeit bringt nicht nur Vorteile, sondern sie löst damit auch immer wieder heftige Streitgespräche mit Vater aus. Immer wieder das leidige und dasselbe Thema: seine Eifersucht.

Aber nicht nur Vaters Eifersucht sorgt in meiner Familie für Anspannung. Ich erinnere mich auch an eine Zeit, als ich zehn war, da herrschte zu Hause manchmal eine hässlich gereizte Stimmung. Am Mittagstisch predigte dann Vater öfter, dass wir ja anständig bleiben sollen, damit uns nichts zur Last gelegt werden kann, ansonsten würden wir noch ausgewiesen.

»Was heißt ausgewiesen?«, fragte ich, während ich mein Mittagessen kaute.

»Sprich nicht mit vollem Mund, sonst fängst du dir gleich eine Ohrfeige!«, schimpfte Vater zur Antwort. Er war sehr nervös und gereizt, und man konnte fast nichts mehr richtig machen.

Er schaute uns Kinder der Reihe nach an und sprach mit erhobenen, mahnenden Zeigefinger: »Hört jetzt gut zu, was ich euch sage. In zwei Monaten findet die Schwarzenbach-Abstimmung statt. Und sollte der das Stimmvolk überzeugen können, müssen fast alle Ausländer die Schweiz verlassen. Wir sind Ausländer, und ich weiß nicht, ob es uns treffen wird. Überall wird spioniert und nachgefragt, ob wir uns ordentlich benehmen und ob wir integriert sind. Am Bahnhof gibt es nur noch ein Thema, und das ist diese Abstimmung. Wenn wir ausgewiesen würden, wäre das furchtbar, und wir würden alles verlieren.« Vater erklärte, dass es bei der Initiative des republikanischen Politikers James Schwarzenbach vorwiegend noch um die Italiener ginge. Laut ihm seien diese »braunen Söhne des Südens« ein »artfremdes Gewächs« und passten nicht in die

Schweiz. Und nun diskutiere die ganze Bevölkerung, ob diese »Tschinggen« wirklich zu laut und unzivilisiert seien. In jedem Falle wäre es Schwarzenbachs Plan, dass in jedem Kanton nur noch zehn Prozent Ausländer leben dürften, und wenn die Abstimmung zu seinen Gunsten ausfalle, müssten viele das Land verlassen, vielleicht auch wir.

»Alles ist eine Volkshetze«, fuhr mein Vater fort, »aber ich weiß sehr genau, zu was so ein Fremdenhass führen kann! Und deshalb nochmals: Benehmt euch wie Schweizer, damit ihr nicht unangenehm auffallt, und betet zu Gott, dass diese Abstimmung für uns positiv verlaufen wird!«

Sofort dachte ich an meine Klassenkameradinnen Morena, Graziella, Bianca und wie sie alle hießen. Die sollten laut und unzivilisiert sein und uns vielleicht verlassen müssen? Ja, und wir waren auch betroffen, obwohl wir nicht Italiener waren, aber Deutsche – Ausländer eben. Die einzigen Deutschen. Darüber hatte ich mir als Zehnjährige vor diesem Gespräch gar keine Gedanken gemacht. Überhaupt war ich in der Schweiz geboren, lernte die Schweizer Geschichte und sprach wie alle hier Schweizerdeutsch mit leichtem Glarner Dialekt. Was sollte das?

Für uns alle folgten noch zwei unruhige Monate. Gott sei Dank hat das Schweizer Volk 1970 – damals waren noch nur die Männer wahlberechtigt – die Abstimmungsvorlage knapp verworfen. Die Italiener und wir konnten bleiben, und bei uns am Mittagstisch wurde es – vorübergehend – endlich wieder normaler.

Was ist nur mit Mutter los?

Ich bin mit meinen gut zwölf Jahren immer noch nicht aufgeklärt, und so kommt es, dass ich auch keine Ahnung habe, was los ist, als unsere Mutter wochenlang in ihrem Schlafzimmer im Bett liegt und sich übergeben muss. Erneut herrscht eine große Anspannung in unserem Haus, und niemand von uns Kindern weiß, was überhaupt gerade los ist. Wir hören die Eltern abends immer häufiger laut diskutieren oder streiten, und tags darauf sieht Mutter nicht besser aus.

Ich bin verzweifelt und bete vor dem Einschlafen: »Lieber Gott, mach meine Mutter wieder gesund, bitte lass sie nicht sterben! Mach sie wieder fröhlich! Wir brauchen sie.« Aus Sorge um Mutter und auch, weil ich mich generell nicht wohl in meiner Haut fühle, lassen meine schulischen Leistungen nach, und das macht mich zusätzlich unglücklich.

Eines Tages im November, ich komme gerade aus der Schule, ruft mich Mutter in ihr Schlafzimmer und schaut mich mit ernsten Augen an, während sie spricht: »Corinne, du bist meine große Tochter, und es ist an der Zeit, dass ich dich darüber aufkläre, warum es mir seit Wochen schlechtgeht.«

Mir bleibt das Herz stehen, denn ich vermute sofort die schlimmste Krankheit.

»Komm setz dich zu mir auf den Bettrand!« Ich tue wie verlangt und schiebe mit dem Fuß die Schale mit dem Erbrochenen zur Seite. Mama nimmt meine Hand in ihre und fragt nach einer längeren Pause: »Corinne, was würdest du sagen, wenn du noch ein Geschwisterchen bekämest?«

»Waaaas?«, frage ich ungläubig. »Wieso?« Ich begreife nur langsam. Mutter schiebt die Bettdecke zurück und streichelt ihren bereits sichtbar größeren Bauch und schaut mich dabei immer noch fragend an.

Nur langsam begreife ich, schließlich ist Mutter bereits 37, und wir drei Kinder sind schon recht groß. Mit allem habe ich gerechnet, nur nicht mit Familienzuwachs. Noch während ich staunend am Bettrand sitze, nimmt sie meine Hand und legt sie auf ihren dicken Bauch und fragt: »Corinne, spürst du die Bewegungen des Babys?«

Erst jetzt ist die Neuigkeit in meiner Gefühlswelt angekommen, und während sich meine Gedanken überschlagen, durchströmt mich ein Glücksgefühl. Aufgeregt frage ich: »Wird es ein Mädchen?«

Doch Mutter kann mir darauf keine Antwort geben, und so müssen wir uns noch vier Monate gedulden. Da es in jener Zeit auch eher ungewöhnlich ist, dass man so spät noch Mutter wird, bittet uns Mama, es nicht gleich überall an »die große Glocke zu hängen«.

Von nun an hat der liebe Gott von mir eine neue Aufgabe bekommen, denn ich bete vor jedem Einschlafen: »Lieber Herrgott, bitte lass es ein Mädchen sein! Ich wünsche mir eine Schwester. Es ist nur gerecht, wenn ich eine Schwester bekomme, denn schließlich habe ich schon zwei Brüder. Danke, lieber Gott, dass du mich erhörst!«, schließe ich hoffnungsfroh. Ansonsten heißt es den kommenden März abwarten.

Seit einer Weile schon bin ich in einem Leichtathletikverein, und auch dem Dorf-Volleyball-Club und dem Schwimmclub bin ich beigetreten. Sport zu treiben macht mir Spaß, und da ich darin auch gut bin, gibt er mir Selbstbewusstsein, das ich in der Schule und zu Hause in dem Ausmaß nicht bekomme. Nun trainiere ich viel und bestreite auch Wettkämpfe und Turniere. Das heißt: Mindestens dreimal in der Woche trainiere ich abends für die jeweiligen Clubs und nehme so in Kauf, dass ich meinen Schulweg an diesen Tagen einmal mehr unter die Füße nehmen muss und zudem abends recht spät nach Hause komme. Doch ich bin glücklich, wenn ich woanders sein kann und mich nicht im engen Zimmer mit meinen Brüdern streiten muss. Die mokieren sich nämlich gewaltig über meinen neuesten Spleen.

Wie viele Schulmädchen sammle auch ich die Poster von den angesagten Schlagerstars aus dem *Bravo*-Heft. Nun hängen neben meinem Büchergestell mit den Schneckenhäuschen auch die Konterfeis von Roy Black, Peter Maffay, Howard Carpendale und dem wuschligen Costa Cordalis. Alles Typen, für die meine Brüder, allen voran mein älterer Bruder Marc, kein Verständnis haben. Trotzdem müssen sie mit ihnen einschlafen und vom Stockbett aus direkt in die Augen der Stars schauen, da ich meine Zweimeterwand mit den Postern heftig verteidige.

Als in der Schule eine Arbeit über einen bekannten Künstler ansteht, suchen viele Mädchen einen Schlagerstar aus. Meine Klassenkameradin Gisela bringt bei ihrem Vortrag sogar ein lebensgroßes Pappkartonposter von Ricky Shayne mit. Lange weiß ich nicht, über wen ich einen Vortrag halten soll, da wir einfach keine Literatur über Stars oder Künstler besitzen. Etwas Glück habe ich, als Vater von der Arbeit kommt und ein im Zug liegengelassenes Heftchen mitbringt. Neben einigen halbnackten Frauen ist ein Artikel über den bärtigen Ivan Rebroff zu finden. Mutter ermuntert mich: »Corinne, warum schreibst du nicht über ihn? Wir besitzen sogar eine Schallplatte von Rebroff.« Der Vorschlag löst keine Riesenbegeisterung aus, aber neben den LPs von Edith Piaf und Freddy Quinn finde ich »den Ivan« im Büchergestell. Als der Plattencovertext auch noch etwas Information liefert, entscheide ich notgedrungen, meine Arbeit über ihn zu schreiben, denn ich habe keine andere Wahl.

Am besagten Tag trage ich die Langspielplatte zur Schule und klebe als Erstes ein Poster von Rebroff an die Wandtafel. Das Gelächter geht los. Nach Ricky Shayne natürlich kein wirklicher Mädchenschwarm. Ich erzähle, was es zu erzählen gibt, unter anderem, dass Ivan eben kein Russe, sondern ein Deutscher ist, was bei seiner »Russen«-Aufmachung wiederum einige schon zum Staunen bringt. Als ich am Ende ein schönes, langes Lied abspiele – schließlich gilt es, Zeit zu schinden –, beeindruckt die voluminöse tiefe Stimme doch noch viele der Mitschüler, denn es ist mäuschenstill geworden.

Mein Lehrer findet lobende Worte und sagt begeistert: »Corinne, ich hätte es nicht für möglich gehalten, dass du dich in deinem Alter für solche Musik interessieren könntest – einfach wunderbar!« Meine etwas unsichere Stimme während des Vortrags mit dem leichten Stottern beeinflusst ihn offenbar nicht negativ – es gibt die Bestnote. Ja, manchmal kann aus der Not etwas Wunderbares hervorgehen!

Weder mein Deutschlehrer, geschweige denn ich selbst hätten sich zu diesem Zeitpunkt vorstellen können, dass ich knapp drei Jahrzehnte später durch deutsche Städte touren würde und es dabei schon einmal vorkommen konnte, dass eine Lesungsankündigung mit meinem Konterfei direkt neben Ivan Rebroffs Konzertplakat an einer Plakatwand hing. Dass ich, das Mädchen vom Berg, einmal auf großen Bühnen stehen würde und von meinem Leben berichten dürfte, hätte ich damals nie für möglich gehalten. Ja, nicht einmal in Gedanken hätte ich mir jemals vorgestellt oder gewünscht, dass ich bekannt werden könnte. Warum auch? Heute weiß ich, dass das Drehbuch des Lebens täglich neu geschrieben und angepasst wird.

Eines Abends radle ich nach dem Volleyball-Training in der Dezemberkälte bis zu unserem Holzschuppen, wo ich das Fahrrad wie immer einstelle. Es ist dunkel, und damit ich den Weg überhaupt noch erkennen kann, muss ich den Blick wie so oft nach oben richten. Wo die Baumkronen nicht zusammengewachsen sind, ist unten der Weg. Taschenlampen besitzen wir nicht.

Ich eile neben dem rauschenden Bach hoch, so schnell es geht. Plötzlich vernehme ich tiefe Stimmen und Glöckchengebimmel. Irritiert halte ich inne und versuche im Dunkeln etwas zu erkennen. Schlagartig wird mir bewusst: Mein Gott, es ist Nikolaustag, und die Kläuse kommen den Weg hinuntergelaufen. Mein Herz setzt fast aus, obwohl ich weiß, hinter einem verbirgt sich einer der erwachsenen Nachbarssöhne vom oberen Hof. Jetzt erkenne ich zwei rote Niköläuse und drei schwarze »Schmutzli«, wie wir die Knechte Ruprecht nennen.

Vor diesen muss man sich besonders in Acht nehmen. Wir machen uns normalerweise einen Spaß daraus, sie zu reizen, indem wir sie necken und rufen, bis sie sich umdrehen und mit der Rute in der Hand versuchen, einen von uns einzufangen. Wehe dem, den sie erwischen! Im Dorf mit den anderen bereiten diese Neckereien ein aufregendes Vergnügen. Aber jetzt im Wald kommen die verkleideten Gestalten direkt auf mich zu, und ich bin alleine. Panik ergreift mich, und meine Nackenhaare stellen sich auf. Noch haben sie mich durch ihre angeklebten Bärte und Schnäuzer nicht entdeckt.

Wegrennen kann ich nicht, denn ich sollte schon lange zu Hause sein, und zudem sind sie nur noch ein paar Meter entfernt. Rechts unten ist der sprudelnde, kalte Bach, da kann ich nicht hinunterspringen, und an meiner linken Seite sind die Felswände. Nur eine kleine, längliche Einbuchtung befindet sich direkt neben mir. Ich quetsche mich hinein und mache mich so klein wie nur möglich. Nur nicht auffallen.

Durch die aufsteigende Angst ist mein Atem lauter. Ich höre sie dunkel lachen. Nur ein paar Meter vor dem Felsspalt bleiben sie stehen und besprechen ihre Pläne.

»Erst ziehen wir bei den Hochhäusern vorbei und erschrecken die Kinder auf der Straße«, höre ich eine mir unbekannte Stimme sagen.

»Ja, das ist eine gute Idee, denn vor 20 Uhr können wir die bestellten Nikolaussäcke nicht bei den Familien abliefern«, antwortet eine Stimme, die nach dem Bauernsohn klingt.

Einer der schwarzen Knechte raunt: »Hoffentlich erwische ich heute einen, den stecke ich kopfüber in den Sack und fitze ihn mit der Rute«, dabei zieht er diese durch die Luft, dass ein zischendes Geräusch entsteht.

»Los, lasst uns gehen und anfangen«, fordert der zweite rote Klaus. Ich kann jedes Wort deutlich verstehen, so nahe sind sie. Endlich entfernen sie sich, und die Stimmen und die Glöckchen werden leiser.

Es kommt mir vor, als hätten sie stundenlang neben mir gestanden. Ich krieche aus dem modrigen, feuchten Spalt hervor und eile nun schwitzend nach Hause. Die Eltern schimpfen, weil ich wieder zu spät heimkehre. Ich würde die Situation gerne erklären, aber ich befürchte Ärger und das Haus abends nicht mehr verlassen zu dürfen. Meinen Eltern ist es ohnehin nicht recht, dass ich wegen meiner Sportaktivitäten immer noch so spät durch den dunklen Wald muss. Ich schweige, denn meine Vereine sind mir wichtiger.

Seit ich auf die Sekundarschule gehe, bekomme ich im Monat einen Franken Taschengeld. Das ist nicht viel, aber für mich ist allein die Tatsache, nun Taschengeld zu bekommen, ein großer Fortschritt. Und mit jedem Jahr auf der Sekundarschule soll das Taschengeld um einen Franken erhöht werden, wie bei meinem Bruder. Als das Weihnachtsfest naht, krame ich mein ganzes erspartes Geld zusammen, um für meine schwangere Mama einen Früchtekorb zusammenzustellen. Ich weiß, sie braucht nun besonders viele Vitamine, obwohl sie sich nicht mehr übergeben muss. Ich bin im Besitz von 65 Franken, was für mich enorm viel Geld ist.

Kurz vor Heiligabend renne ich in die Läden, um die begehrten Früchte zu ergattern. Doch auch das ist in den Siebzigern nicht einfach. Es gibt im Dezember nicht an jeder Ecke exotische Früchte wie Ananas oder Trauben zu kaufen. Das bedeutet, gut zu kalkulieren. Schlussendlich schaffe ich es, aus einem kleinen Holzkistchen, welches ich mit schönem Festpapier auskleide, einen tollen Früchtekorb zu basteln, der alles enthält, was das Herz begehrt und vor allem die Gesundheit einer werdenden Mama braucht. Da Mutter an Weihnachten auch Geburtstag feiert, stelle ich nachts den Korb auf den Tisch und freue mich wie verrückt, morgens in ihr staunendes Gesicht zu sehen. Endlich kommt sie aus dem Zimmer, bleibt mit offenem Mund vor dem Früchtekorb stehen und ruft: »Kinder, das habt ihr aber schön gemacht!« Nur kurz bin ich etwas enttäuscht, da ich angenommen habe, sie weiß, dass nur ich Taschengeld spare und zudem das Geschick habe, so etwas zu basteln. Aber was soll's? Hauptsache, sie freut sich.

Ich bin dreizehn und wachse und wachse immer weiter, aber leider nur in die Höhe. Je größer ich werde, desto mehr verstumme ich im Unterricht. Nur nicht auffallen. Besonders hasse ich es, wenn wir im Mathematikunterricht alle aufstehen müssen und der Lehrer uns Rechenaufgaben stellt. Der, der das Ergebnis am schnellsten sagen kann, darf sich setzen oder gar früher nach Hause gehen. Ich hasse Mathematik und Kopfrechnen, und somit gehöre ich zum letzten Drittel. Der Stress wird immer größer, je weniger Mitschüler noch stehen bleiben. Ich möchte nicht zu den letzten Verlierern gehören, und doch setzt das Denken immer mehr aus. Schlussendlich sitzen alle, nur der Giraffenhals steht immer noch!

Später kommt noch das Problem des Vorlesens dazu. Mein Gott, wie ich das hasse! Der Reihe nach muss jeder ein paar Zeilen lesen. Da es mir schwerfällt, unvorbereitete Texte zu lesen, versuche ich natürlich, mir auszurechnen, an welcher

Stelle ich ungefähr dran bin, und übe die Sätze im Voraus. Die Schweißperlen stehen mir schon auf der Stirn, und die Hände werden feucht. Als ich endlich an der Reihe bin, stottere ich mich trotzdem noch von Satz zu Satz. Peinlich. Dieses Stottern setzt immer nur beim Vorlesen ein – ich könnte verzweifeln. In einem Alter von dreizehn Jahren möchte man dies nicht täglich erleben müssen.

Wie anders ist es, wenn ich nun vor Hunderten von Zuhörerinnen und Zuhörern referieren und aus meinen Büchern vorlesen darf! Natürlich war ich zu Beginn nervös, aber das unsichere Stottern habe ich schon lange nicht mehr. Die Sache hat sich von selbst erledigt, als ich die ungeliebte Schule endlich verlassen konnte und das Vorlesen lange Jahre kein Thema mehr war. Ich liebe meinen Beruf, und wenn ich eine Lesung mache, weiß ich, wovon ich erzähle. Ich bin überzeugt, dass mein damaliges »Vorlese-Stottern« mit meinem mangelnden Selbstbewusstsein zusammenhing und das Schulsystem dieses nicht gerade förderte. Je mehr ich dagegen ankämpfen wollte, desto schlimmer wurden die Versagensängste. Erst als ich selbst wählen konnte, was ich wie und wo lesen wollte, wurde ich in dieser Hinsicht völlig frei. Und lange schon spreche ich so schnell, als wenn es kein Morgen gäbe. Es ist nicht immer alles schon im Vorhinein verloren!

Ist es nicht unglaublich, mit wie vielen Komplexen und Schuldgefühlen man aufwachen muss, nur weil man sich mit anderen Menschen vergleicht und deshalb in einen unbewussten, stressigen Konkurrenzkampf tritt? Gerade als Kind möchte man nicht hervorstechen, sondern sein wie alle anderen, die zur »Anführergruppe« gehören. Man definiert sich dadurch, dass man beliebt ist oder nicht; und natürlich möchte man zu den Gewinnern gehören. Gelingt einem dies, macht Schule wahrscheinlich mehr Spaß.

Mein Gebet wurde erhört

An diesem Tag soll es so weit sein, dass unsere Familie um ein Mitglied wächst. Mutter ist schon seit zwei Tagen im Spital. Aufgeregt renne ich am Mittag nach der Schule den Berg hoch, um zu hören, ob sich schon etwas ereignet hat. Wir haben seit drei Monaten endlich ein Telefon, da Mutter in ihrem schwangeren Zustand darauf bestanden hat. Überhaupt war das ein großes Ereignis, als wir plötzlich ein schwarzes Telefon mit Wählscheibe auf dem Bücherregal stehen hatten. Die Zivilisation rückte plötzlich näher. Vorher mussten wir runter zum unteren Bauern laufen, wenn etwas sehr Wichtiges zu vereinbaren war, wie ein Arztbesuch oder ein Gespräch mit dem Lehrer, was Gott sei Dank nicht allzu oft anstand, zumindest nicht, solange ich noch schön brav war.

Nach dem Mittagessen bleibe ich neben dem Telefon sitzen. Ich werde nicht zur Schule gehen, solange ich nicht weiß, ob es ein Mädchen geworden ist. Dann um 13.10 Uhr schrillt das schwarze Gehäuse, und ich reiße sofort den Hörer von der Gabel.

»Hallo, Mama?«, frage ich aufgeregt.

»Hallo, meine Große, dein Wunsch hat sich erfüllt, wir haben noch ein Mädchen bekommen«, höre ich meine Mutter mit leiser, schwacher Stimme flüstern.

»Jaaaaaaaaa, ich wusste es!!!«, entfährt mir ein Jubelschrei, um mich dann doch zu erkundigen, ob alles gutgegangen sei.

»Ja, mir geht es gut«, beruhigt mich meine Mutter, »aber ich muss noch ein paar Tage zur Erholung im Spital bleiben. Doch ihr könnt eure Schwester Sabine schon bald besuchen, nur heute nicht mehr.«

Auch die Brüder gratulieren, und dann geht's wieder den Berg hinunter zum Unterricht. Ich renne, nein, ich fliege schon fast, so schnell laufe und springe ich zur Schule. Jedem Menschen, dem ich begegne, auch wenn ich ihn nicht kenne, rufe ich überschwenglich entgegen: »Ich habe eine Schwester bekommen – ich habe eine Schwester bekommen!!!«

Die Menschen lachen mit mir. So lange musste ich darauf warten, es auszuplaudern, dass mir nun jeder recht ist, der meinen Weg kreuzt. Kurz vor der Schule steht eine Bäckerei, an der ich jeden Tag mehrfach vorbeikomme. Und ausgerechnet heute finde ich genau davor zu meinem ohnehin schon überwältigenden Glück einen zusammengefalteten Hundertfrankenschein. Der Herrgott ist einfach auf meiner Seite, denke ich, und reiße kurz darauf mit dreißigminütiger Verspätung schwungvoll die Klassenzimmertür auf. Der Lehrer schaut erst etwas ungehalten, als er den Kopf hebt, aber als er mein glühendes Gesicht sieht, fragt er schmunzelnd: »Corinne, du hast uns sicher etwas zu erzählen – oder?«

»Jaaa! Ich habe eine Schwester bekommen«, platzt es schon wieder aus mir heraus, »und dazu habe ich soeben noch hundert Franken auf der Straße gefunden!« Alle lachen, aber diesmal ist es ein gutes Lachen.

Überhaupt mag ich diesen neuen Lehrer sehr. Nicht nur weil er gut aussieht, sondern auch, weil er seinen Schülern richtige Aufmerksamkeit schenkt. So fragte er mich ein paar Wochen zuvor schon, warum meine Leistungen abnähmen. Ob ich Probleme zu Hause hätte? Er wolle, dass ich die Sekundarschule besuchen kann, aber dafür müsse ich mich steigern, vor allem im Rechnen. Ich versprach es, denn ich wollte auch erreichen, was schon mein älterer Bruder geschafft hatte.

Marc besucht bereits die »2. Sek« und besitzt ein kleines Moped. Vor sechs Monaten ist endlich die neue Naturstraße bis zu unserem Haus fertiggestellt worden, und nun kann er nach der Schule bis vors Haus fahren. Auch Vater besitzt jetzt ein Moped. Das ist auch mein Traum.

Dass wir nun eine Straße bis zum Haus haben, kommt auch Mutter zugute, als sie mit unserer kleinen Schwester Sabine nach Hause kommt. Ich habe dem Moment so sehr entgegengefiebert und bin außer mir vor Freude. Mama steigt aus dem Taxi, und außer ihrem giftgrünen Mantel sehe ich nur noch eine blaue Tragetasche, die sie vor sich herträgt. Darin muss wohl das neue Familienmitglied sein. Neugierig stehen mein Bruder Eric und ich um die Tasche herum und betrachten das winzige Bündel. Blaue Augen schauen uns an, während sich die kleinen, noch runzligen Händchen zu uns recken.
»Oh Gott, ist die aber winzig!«, entfährt es mir.
Zu Beginn traue ich mich kaum, meine kleine Schwester zu halten, aus Angst, ich könnte etwas beschädigen. Dabei bin ich schon dreizehn und kein unbeholfenes Kind mehr. Eric und ich verfolgen jeden Schritt. Das Stillen. Das Wickeln. Als Mutter die Kleine zum ersten Mal auf den Küchentisch legt, um ihr die Stoffwindeln zu wechseln, stehe ich bereits neugierig da, um alles genau zu betrachten. Eric kommt aus dem Badezimmer und hat sich eine Holzwäscheklammer auf die Nase gesteckt, damit er nun seinen langen Hals mit den halblangen Haaren dem Geschehen entgegenbeugen kann, ohne, wie er befürchtet, ersticken zu müssen. Wir lachen herzlich.
Die kleine Sabine, Bienchen, wie wir sie bald nennen, bestimmt nun für einige Zeit mein Leben. Ich trage sie durch die Gegend. Bade sie in einer roten Wanne und wickle sie mit Stoffwindeln und Plastikhöschen. Es ist fast schon ein wenig so, als hätte ich ein eigenes Baby.
Und dabei wusste ich damals natürlich nicht, dass ich fünfzehn Jahre später dieselben Handgriffe, tatsächlich mit einer eigenen Tochter, Tausende von Kilometern entfernt in einer ab-

solut wilden Gegend wiederholen würde, als 1989 meine Tochter Napirai geboren wurde.

Als wir damals, ein paar Monate nach Bienchens Geburt, eine Deutscharbeit über das Thema »Mein schönstes Erlebnis« schreiben müssen, steht für mich fest: Das war der Tag, an dem der Familienzuwachs ein Mädchen war.

Doch wahnsinnig viel Zeit bleibt mir bald nicht mehr, um mit meiner Schwester zu spielen. Ich muss für die Schule immer länger lernen und bin abends ständig in meinen Vereinen. Nun trainiere ich auch noch für die Schweizer-Eisenbahn-Leichtathletik-Meisterschaft, zu der mich Vater angemeldet hat. Schließlich will er mit mir nach Lausanne fahren. So etwas kommt sehr selten vor. Doch ich merke, dass ich Vater mit meinen sportlichen Erfolgen beeindrucken kann. Zumindest glaube ich es, denn darüber sprechen tut er nicht.

Doch vor Ort merke ich schnell, dass ich bei schweizweiten Sportanlässen eher im Mittelfeld liege. Beim Hundertmetersprint bin ich plötzlich die einzige Barfußläuferin, die anderen haben schicke Nagelschuhe. Dementsprechend steige ich nicht wie gewohnt aufs Siegerpodest.

Beim Hochsprung allerdings verpasse ich nur knapp einen Medaillenplatz, denn das neu aufgekommene Rückwärts-über-die-Stange-Springen habe ich schon fest im Griff und halte in meiner Altersgruppe in unserem Kanton die Führung mit übersprungenen 1,60 Metern. Deshalb teilte mir mein Trainer schon vor ein paar Monaten mit: »Corinne, du gehörst in eine Sportschule, sag das deinen Eltern. Ich könnte mich dafür einsetzen, aber du brauchst ordentliche Sportsachen.« Doch ich habe zu Hause nie etwas gesagt, denn das Geld für Sonderwünsche fehlt sowieso, und das Ganze würde nur wieder Stress auslösen.

Auf der Rückfahrt von Lausanne höre ich mir Vaters Empfehlungen an, was ich alles hätte besser machen können. »Ja, aber es war mein erster offizieller Wettkampf, ich hatte keinen

Trainer dabei, und meine Ausstattung entsprach auch nicht der dieser Profis, das hast du hoffentlich auch bemerkt?«

»Ja, ja, ist ja gut«, entgegnet Vater beschwichtigend und schaut aus dem Zugfenster.

Der Tag war insgesamt eine neuartige Erfahrung, wenn ich sie auch im Moment nicht als sonderlich positiv empfinde. Doch wie sagt man so schön? Alles hat zwei Seiten. Die gute ist: Vater gibt Mutter Geld, damit ich endlich Nagelschuhe bekomme. Er hat wohl eingesehen, dass es in einem landesweiten Wettkampf für seine Tochter peinlich ist, als einzige Barfußläuferin antreten zu müssen.

Italien, ich komme!

Es ist ein gewöhnlicher Septembertag 1973. Am Mittagstisch, nachdem wir wie üblich um 12.30 Uhr den Nachrichten gelauscht haben und erst danach alle wieder sprechen dürfen, erfahren wir Kinder zu unserem ungläubigen Erstaunen, dass es in den Herbstferien ans Meer gehen soll. Nach Italien, Ferien am Meer – *wir!* Unglaublich! Ich bringe kaum noch einen Bissen herunter, so aufgeregt bin ich bei dieser Vorstellung.

Außer den Ferien im Elsass bei meinem Großvater habe ich noch nie außerhalb der Schweiz Urlaub gemacht. Ich, die immer von der großen, weiten Welt geträumt habe, reise in knapp vier Wochen mit dreizehn Jahren erstmals ans Meer. Mit dabei fast die ganze Familie, inklusive meiner siebenmonatigen Schwester. Nur mein älterer Bruder Marc, der eine Schnupperlehre in Basel angetreten hat, wird nicht mit von der Partie sein.

Stolz erzähle ich die Neuigkeiten am Nachmittag in der Schule. Endlich kann ich, die vom Berg, auch einmal auftrumpfen mit etwas, das nicht alle haben.

Meistens ergeht es mir ja genau anders. Denn zum Beispiel haben wir immer noch keinen Fernseher, was mich manchmal in sehr peinliche Situationen bringt. Sollen wir für die Schule etwa zu einem Thema eine bestimmte Dokumentation anschauen, fragt der Lehrer salopp: »Ich nehme an, alle haben mittlerweile ein TV-Gerät zu Hause – oder?«

Mir läuft ein Schauer über den Rücken, als ich bemerke, dass ich fast die Einzige bin, die sich melden muss.

Der Lehrer fragt unbekümmert: »Also, wer kann Corinne zu sich nach Hause nehmen, damit sie morgen ebenfalls Bescheid weiß? Wir schreiben dann einen Aufsatz darüber.«

Mein Kopf wird rot und heiß, weil ich mich schäme, dass sich jemand meiner erbarmen muss. Natürlich meldet sich meine Freundin Theres, aber getuschelt wird trotzdem wieder.

Aber jetzt fahre ich bald ans Meer, und da waren viele meiner Klassenkameraden noch nie! Ich bin so stolz und aufgeregt, obwohl noch vier Wochen verstreichen müssen. Einige Mitschüler freuen sich mit mir, andere fragen abschätzig: »Was, zu den *Tschinggen* fährst du?«, wie saisonarbeitende Italiener in der Zeit schon einmal abwertend genannt werden.

In jener Zeit arbeiten viele »Saisonniers« bei uns. Es sind vor allem Italiener, die neun Monate hier arbeiten dürfen, aber ohne dass ihre Familien nachkommen dürfen. Frau und Kinder müssen also im Heimatland bleiben. Auch sonst gibt es klare Bestimmungen: Der Arbeitgeber und der Wohnkanton dürfen nicht gewechselt werden. Nach der abgelaufenen Frist müssen sie die Schweiz wieder verlassen, um im darauffolgenden Jahr mit Glück erneut einreisen zu dürfen.

Auf meinem Schulweg muss ich die vielen Gleise des Bahnhofes über eine neu gebaute Überführung überqueren. Wenn ich auf dieser Passarelle stehe, kann ich in ein paar hundert Metern Entfernung einige Italiener beobachten. Sie leben zusammen in einer Art Baracke. Besonders abends, wenn ich von meinen Vereinen zurückkehre, ist dort immer viel los. Sie versammeln sich vor dem schlichten Gebäude. Es wird palavert und gesungen, während einige ihre Kleider in bunten Becken waschen und andere lautstark ein Spiel spielen. Dabei höre ich immer wieder das Wort *tschingg*. Erst heute weiß ich, dass es zu dem Ausruf »*Cinque a la morra!*« gehört, der zu diesem Spiel namens Morra dazugehört. Aus dem italienischen Wort *cinque/*

fünf wurde allgemein kurzerhand die Bezeichnung »Tschinggen« abgeleitet.

Viele der Männer tragen weiße ärmellose Unterleibchen über ihrem braungebrannten Körper. Ein herrlicher Duft nach Feuer und Fleisch steigt öfter in meine Nase, während der Wind aus einem Radio italienische Musik an meine Ohren trägt. Irgendwie faszinieren mich diese stets fröhlich wirkenden Männer, und ich könnte dem Treiben stundenlang aus der Ferne zuschauen. Hingehen dürfen wir Kinder aber nicht. Es geht ein Gerücht um, dass die Tschinggen »Hunde und Katzen fressen« und zudem den Mädchen unerhört hinterherpfeifen – man soll sich in Acht nehmen!

An diesem Tag aber wäre ich am liebsten hingelaufen und hätte ihnen stolz und freudig mitgeteilt, dass ich bald in ihr Land reisen werde. Sie hätten sich sicher gefreut.

Endlich ist es so weit. Die Herbstferien sind da, und das Taxi holt uns morgens um fünf Uhr zu Hause ab. Der Fahrer flucht über die unasphaltierte Straße und wettert: »Das ist das erste und letzte Mal, dass ich hier hochfahre!« Mir ist es egal, Hauptsache, er fährt an diesem Tag!

Da Vater bei der Bahn arbeitet, können wir als ganze Familie fast kostenlos nach Italien fahren, sonst wäre die Reise nie und nimmer möglich gewesen. Die Zugfahrt dauert mit Umsteigen ungefähr neun Stunden. Die Ankunftszeit in Levanto, Ligurien, nahe der Cinque Terre, wird am frühen Nachmittag sein. Den letzten Teil bis ins etwa vier Kilometer entfernte Bungalowdorf werden wir mit einem Taxi bewältigen. Somit wären wir bereits am Nachmittag am Meer. Ich bin unglaublich aufgeregt!

Die Zugfahrt ist enorm lang. Zuerst unterhalten wir uns noch mit dem Spiel »Ich sehe was, was du nicht siehst«. Später nehmen wir unsere Blöcke und Bleistifte hervor und spielen »Stadt, Land, Fluss«. Einer von uns zählt leise das Alphabet auf, und ein anderer ruft »Stopp!« Mit diesem Anfangsbuchstaben muss man so schnell wie möglich die Antworten in die Zeilen füllen. Hat einer alles ausgefüllt, dürfen die anderen nichts mehr schreiben. Wer nach zwanzig Durchgängen am meisten Punkte hat, der gewinnt. Dieses Spiel mag ich sehr. Zu jener Zeit gab es noch keine Computer, iPods oder Handys. Man musste sich selbst beschäftigen, um die lange Zeit erträglicher zu machen.

Der Zug wartet lange an der Grenze in Chiasso, am Tor zu Italien, und die Zöllner erscheinen im Abteil, um die Pässe zu kontrollieren. Wir haben ein ganzes Abteil mit ausziehbaren Sitzen für uns alleine. Im Gang herrscht jetzt Hochbetrieb. Leute eilen hin und her. Einige reißen in der Hoffnung auf einen Sitzplatz unsere Abteiltür auf. Da die meisten etliches an Gepäck mit sich schleppen, reicht der eine freie Platz nicht mehr.

Es wird nur noch Italienisch gesprochen, und ich wähne mich bereits im Urlaub. Ich staune, was die Reisenden alles dabeihaben. Außer zahlreichen Kindern hinter und vor fülligen Mamas sehe ich braune und schwarze Koffer, die mit Gürteln zusammengehalten werden. Pappschachteln, die mehrfach mit Schnüren umwickelt sind, und dazu aufgeregt palavernde Frauen und Männer.

In Mailand wird umgestiegen, und die Hektik ist noch größer. Vater mit dem Koffer eilt voraus, und wir alle mit dem Rucksack und den Tüten hinterher, bemüht, ihn nicht im Gedränge aus den Augen zu verlieren.

»Kinder, bleibt zusammen, haltet euch an den Händen!«, höre ich Mutter sagen, während sie sich mit unserer kleinen Schwester auf dem Arm durch die Menschenmenge quetscht.

Endlich finden wir den richtigen Bahnsteig, die gesuchte Waggonnummer 26 und sitzen erneut in einem für uns reservierten Abteil. Diesmal werden die Abteilfenster von dunkelroten Vorhängen umrahmt, die man bei Bedarf zuziehen kann, um zu dösen oder einfach mehr Privatsphäre zu haben. Ungefähr die Hälfte der Reise haben wir hier hinter uns. Interessiert schaue ich aus dem Fenster, als der Zug aus dem Mailänder Bahnhof ausfährt.

Irgendwie schwindet meine Ferieneuphorie etwas, als ich die grauen, schmutzigen Fassaden der Häuserblocks sehe, die nun an uns vorbeiziehen. Fast alle kleinen Balkone sind mit Blumenkisten, diversen Gerätschaften und Kisten vollgestellt oder mit blauen Vorhängen zugehängt. Farbtupfer geben nur die im Wind flatternden bunten Wäschestücke, die überall an den tristen Hausfassaden hängen. So habe ich mir Italien aber definitiv nicht vorgestellt! Die vorbeirauschenden Bilder und das immer gleiche Rattern der Zugräder erschöpfen mich, und irgendwann schlafe ich ein.

Ich erwache erst, als meine Mutter aufgeregt nach ihrer Handtasche sucht. Sie hatte diese zwischen sich und dem Fensterbrett eingeklemmt. Jetzt ist die weg, und dies kurz vor dem Reiseziel. Die ganze Familie ist plötzlich hellwach und in Aufregung, selbst meine kleine Schwester weint, als Mutter immer wieder verwundert sagt: »Das gibt es doch nicht, seht ihr meine Tasche irgendwo, die muss doch noch da sein?«

Es ist unglaublich, aber niemand von uns hat etwas bemerkt. Gott sei Dank trägt Vater die Reisepässe und unsere Kinderausweise mit dem Feriengeld in einem Brustbeutel bei sich. Trotzdem ist Mutter der Verzweiflung nahe, denn es ist die einzige Handtasche, die sie besitzt.

Sie stürmt nun aus dem Abteil und mein kleiner Bruder hinterher. Vater und ich passen auf das Gepäck und meine kleine Schwester auf. In französischer Sprache versucht Mutter die herumstehenden Leute zu befragen, ob diese etwas bemerkt hätten. Aber sie verstehen nicht, was Mutter ihnen sagt. Sie und Eric eilen durch die Waggons und schauen unter die Sitzbänke und in die Toiletten. Tatsächlich finden sie die leere Tasche zwei Wagen weiter hinten in einem Toiletten-Waschbecken. Sie ist leer bis auf ein paar zurückgebliebene Bonbons und Taschentücher. Geld war sowieso keines darin, außer ein paar Lire-Münzen.

Als endlich kurz vor Ankunft der Kontrolleur erneut erscheint, wird der Vorfall gemeldet. Allerdings verweist der Beamte meine Mutter auf die nächste Polizeistelle in Levanto. Gleichzeitig weiß er aber zu berichten, dass wir nicht die einzigen Bestohlenen sind. Später beim Polizeiposten erfahren wir, dass sich ab und an Banden im Zug befinden, die durch die Luftschlitze Schlafgas in die Abteile leiten, um so die Leute außer Gefecht zu setzen. Somit erklärt es sich auch, warum wir alle nichts bemerkt haben.

»Das kann ja noch heiter werden«, höre ich meinen Bruder stöhnen, während sich bei mir ein mulmiges Gefühl im Bauch breitmacht. Von so etwas habe ich in der Schweiz noch nie gehört.

Doch in Levanto angekommen, lässt mich der Blick aufs Meer den unerfreulichen Zwischenfall schnell vergessen. Die Luft riecht salzig, und ein warmer Wind zupft an meinem Kleid. Endlich können wir uns die Beine vertreten, während wir auf ein Taxi warten, das uns in unser Feriendorf fahren soll. Allerdings ist keines in Sicht. Wir warten, da es heißt, um die Mittagszeit halten die Fahrer Siesta. Als aber um 15 Uhr weit und breit immer noch kein Taxi zu sehen ist, werden meine Eltern unruhig. Und wir Kinder wollen nun nach zehn Stunden Fahrt endlich ans Meer. Ungeduldig stehen wir neben unserem Koffer, dem Rucksack und den Tüten. Viel Gepäck haben wir nicht, da wir nicht viel besitzen.

Ein älterer Mann mit dickem grauem Schnurrbart kommt langsam auf uns zu und versucht gestikulierend etwas zu erklären. Mit Müh und Not verstehen wir, dass die Fahrer an diesem Tag streiken und keiner mehr kommen wird. So bleibt uns nichts anderes übrig, als zu Fuß mit dem Gepäck das Feriendorf zu suchen. Der schnauzbärtige Mann erklärt uns, wir könnten eine Abkürzung durch einen stillgelegten Eisenbahntunnel nehmen, und dann nach nur etwa zwei Kilometern sei das Feriendorf auf einer Anhöhe erreicht. Es seien Bungalows mitten im Pinienwald. Jetzt können wir uns die Beine wirklich vertreten!

Mit wenig Begeisterung treten wir die letzte Etappe an. Erst geht's durch den dunklen, düsteren und feuchten Tunnel. Während wir uns mit den Sommersandalen vorsichtig vorwärtstasten, fiebern wir dem hellen Tunnelende entgegen. Endlich draußen, schlängeln wir uns den Küstenweg allmählich bergwärts. Es ist heiß, und wir haben Durst. Vater schleppt den Koffer, Mutter die Kleine, und wir größeren Kinder wechseln uns mit dem Rucksack und den Tüten ab.

Nach fast einer Stunde und vielen Treppenstufen nach oben erreichen wir endlich unser Feriendorf. Der atemberaubende Ausblick auf das unter uns liegende blaue Meer ist gewaltig. Ich habe noch nie so viel Wasser gesehen. So weit mein Auge reicht, sehe ich nur Blau und weit draußen in der Ferne den leicht gebogenen Horizont, der mit dem Himmel verschmilzt. Durch die gekräuselten Schaumkronen erkenne ich sogar die Wellen auf der Meeresoberfläche. Ich atme die salzige Meeresluft tief ein, und beim Ausatmen ist die ganze Anstrengung der letzten Stunden wie weggeblasen. So habe ich mir Italien erhofft, gewünscht und erträumt!

Der Bungalow mitten in den Pinien ist einfach, aber hübsch. Wir werden von einem netten Signore Mario, der die Gäste betreut, eingewiesen. »Benvenuta, bella signorina«, begrüßt er mich mit einem herrlichen Lachen. Ich bin angekommen und glücklich.

Noch am selben Tag geht's zum Badestrand. Wir steigen durch zerklüftete Felsen unendlich viele Treppen hinunter, bevor wir einen kleinen Kieselstrand zwischen riesigen Felsformationen erreichen. Nur kurz bin ich etwas enttäuscht, dass ich keinen Sandstrand vorfinde. Ich möchte doch mit Sabine Sandburgen bauen.

Die Wellen sind am frühen Abend recht hoch und klatschen an die rauhen Felswände, dass die Gischt meterweit spritzt. Nun möchte ich mich zuerst direkt ans Meer setzen und mich von den Wellen umspülen lassen, schließlich muss ich mich mit so viel Wasser erst vertraut machen. Die Brandungswellen sind unterschiedlich hoch, und manchmal spritzt mir das Salzwasser ins Gesicht. Die Strömung untergräbt mit jeder rücklaufenden Welle die farbigen Kieselsteine unter meinen Beinen. Langsam füllt sich meine Badehose mit den kleinen Steinchen. Weiter draußen kleben schwarze Miesmuscheln an den Felsen. Man sieht sie nur, wenn sich das Wasser etwas zurückzieht. Ansonsten erkenne ich zwischen den Strandsteinchen die zerbrochenen Muschelhälften. Ich freue mich auf das Sammeln, da ich zu Hause lediglich Schneckenhäuschen besitze. Der große Sandstrand, wo ich dann auch sicher fündig werden kann, befindet sich aber hinter unserem Felsenriff, Richtung Bonassola. Auch das werde ich noch erkunden, bin ich überzeugt, schließlich verbringen wir vierzehn Tage hier.

In den kommenden Tagen wird gebadet und geschnorchelt. Fantastisch, was man da für Fische sieht! Ja, sogar ein Seepferdchen kann ich entdecken, das sich seitlich vorwärtsbewegt, indem es mit dem gebogenen Schwanz vor und zurück wippt. Nur die schwarzen Seeigel wollen mir nicht richtig gefallen. Später werde ich auch noch einen schmerzhaften Grund haben, um meine Abneigung zu erhärten.

In der vierten Nacht fegt ein fürchterliches Gewitter über die Ferienanlage. Als wir tags darauf zum Stand kommen, sind die Wellen um einiges höher, aber trotzdem baden die Gäste. Auch mein jüngerer Bruder und ich lassen uns von den Wellen hoch- und runtertragen. Wir fühlen uns schwerelos, und so bemerken wir lange nicht, dass die Wellen langsam größer werden. Erst als ich an Land zurückschwimmen möchte, stelle ich fest, dass es heute um einiges schwieriger ist. Ich versuche es immer wieder aufs Neue, doch die Strömung zieht mich automatisch zurück und unterspült meine Beine so, dass ich den Stand verliere. Ich komme einfach nicht aus der Brandungswelle heraus. Nach mehreren Anläufen beginne ich zu ermüden. Mein Bruder treibt bereits beängstigend weit draußen, und manchmal sehe ich ihn schon gar nicht mehr vor lauter Wellen.

Ich bekomme Angst, obwohl ich zu Hause im Schwimmclub bin. Ich versuche meiner Mutter Zeichen zu geben, rufe und winke mit den Armen. Sie versteht mich nicht und winkt zurück, während sie mit meiner kleinen Schwester spielt. Vom Strand her sehen die Wellen offenbar nicht so groß aus, doch die unsichtbare Strömung ist plötzlich sehr stark über dem schnell steil abfallenden Untergrund. Ich schwimme weg von der Brandungswelle und sammle noch einmal Kraft, während ich hier von den großen Wellen hoch- und runtergetragen werde. Ich muss raus, auch um meinem jüngeren Bruder helfen zu können! Unsere Eltern erkennen die Situation nicht. Vater liest ein Buch, und Mutter spielt weiter mit unserer kleinen Schwester.

Ich versuche mich an alles zu erinnern, was ich im Schwimmunterricht gelernt habe. Erneut lasse ich mich von der nächsten Welle Richtung Land tragen, um dann den richtigen Ausstiegsmoment erwischen zu können, doch es klappt wieder nicht. Stattdessen wirbelt mich die Brandungswelle so durcheinander, dass ich nicht mehr weiß, wo oben und unten ist. So muss es in einer Waschmaschine zugehen. Das Salzwasser dringt in meine Augen und in den Mund. Ich fühle ein Würgen im Hals. Panik ergreift mich. Das Rücklaufwasser zieht mich erneut hinaus. Hinter meinem Bruder türmt sich nun eine noch größere Welle auf.

Und plötzlich weiß ich, was zu tun ist. Ich schwimme nicht auf der Brandungswelle, sondern mittendurch. Diese Welle trägt mich nun endlich weit genug an den rettenden Strand, wo ich mich mit dem ganzen Körpergewicht auf den Boden drücke, während der Rest der Welle auf meinem Rücken zerschlägt. Sofort stemme ich mich auf und renne Richtung Eltern. Mittlerweile haben einige Leute verstanden, dass es kein Spiel mehr ist. Signore Mario, der Mitarbeiter vom Ressort, eilt die Steilstufen hinunter und löst den Rettungsring von der dafür vorgesehenen Stange und wirft diesen in Richtung meines Bruders, der immer näher an die scharfen Felsen getrieben wird. Eric braucht noch mehrere Anläufe, um den rot-weißen Ring fassen zu können. Denn ist er oben auf der Welle, ist der Ring unten oder umgekehrt. Mit letzter Kraft klappt es schließlich doch noch, und er kann am Seil an Land gezogen werden, dabei schlagen noch mehrere Wellen über seinem Kopf zusammen. Endlich hat er wieder festen Boden unter den Füßen und kann Salzwasser aus allen Löchern spucken und husten. Wir haben Glück gehabt und unsere Lektion gelernt. Wir sind ja noch Kinder.

Tage später findet der Wochenmarkt in Levanto statt. Ich krame mein abgespartes Feriengeld zusammen, und Vater wechselt es mir in Lire um. Nach dem Frühstück marschieren wir los. Nach knapp einer Stunde erreichen wir das bunte Treiben. Es ist aufregend, zum ersten Mal durch die Marktstände zu schlendern. Alles wird angeboten, von Kleidern in allen Farben und Varianten über bunt bemaltes Geschirr bis zu Kaffeekannen. Weiter hinten befinden sich die farbigen Früchte- und Gemüsestände. »*Signorina, vuoi provare?*«, höre ich immer wieder.

Fasziniert betrachte ich auch die Fischstände mit allen Arten von Fischen. Da sind die sehr großen, die in Teilstücken verkauft werden, oder ganz kleine, die kiloweise über die Theke gehen. Auch Krabben oder die Tintenfische mit ihren langen Armen und den vielen Saugnäpfchen. Einige dieser für mich ungewöhnlichen Tiere bewegen sich noch, andere liegen mit starrem Blick auf einem Haufen. Vieles des hier Angebotenen habe ich noch nie gesehen. Überall findet man Preisschilder angesteckt mit Preisen von 1.000, 3.000, 5.000 Lire oder mehr. Für mich hört sich das sehr teuer an, obwohl dem nicht so ist.

In einem kleinen Geschäft entdecke ich leere Muschelhäuser in allen Größen und Variationen. Ganze Säckchen voll. Oder Schneckenmuscheln mit Durchmessern von bis zu fünfzehn Zentimetern und Zacken um das ganze Gehäuse. Mein Herz schlägt höher, denn so eine möchte ich haben. Daneben befinden sich Körbe mit getrockneten Seepferdchen und Seesternen, deren Anblick mich doch empfindlich trifft, da ich diese niedlichen Tierchen beim Schnorcheln noch so lebendig erleben durfte. So etwas kaufe ich auf keinen Fall! Aber an dieser großen Muschel kann ich nicht vorbeigehen. Als der Verkäufer sie mir ans Ohr hält und ich das Meer darin rauschen höre, wie er mir zusichert, gebe ich einen Großteil meines Feriengeldes her. Glücklich zu wissen, dass ich auch zu Hause in meinem beengten Zimmer der Weite des Meers lauschen kann. Diese Muschel besitze ich heute noch!

Auf dem Rückweg zur Ferienanlage laufen wir über den großen weißen Sandstrand. Wenige Leute baden noch um diese Jahreszeit. Doch ich interessiere mich nur für die vielen kleinen unterschiedlichen Muscheln und Schneckenhäuschen. Ich sammle, so viel ich tragen kann, und freue mich, diese zu Hause auf meine Glasscheiben zu kleben und damit meine kleine Zimmerecke etwas persönlicher gestalten zu können. Vor lauter Sammeln übersehe ich einen an den Strand gespülten Seeigel und streife ihn mit meinem nackten Fuß. Drei, vier seiner langen schwarzen Stacheln stechen in meine Ferse. Es schmerzt fürchterlich, obwohl Mutter sofort versucht, die Stachelreste zu entfernen. Im Bungalow wird desinfiziert, doch die Schmerzen bleiben noch lange.

Der letzte Urlaubstag ist gekommen, und wir gehen zum ersten Mal in unserem Leben in eine Pizzeria. Ich war noch nie in einem Restaurant essen. Doch an diesem Tag verabschieden sich meine Eltern von einem mittlerweile befreundeten Ehepaar aus Berlin, und somit ist Pizza samt Coca-Cola angesagt. Zum ersten Mal in einem richtigen Restaurant zu sein ist schon sehr eindrucksvoll. Erst eine Speisekarte gereicht zu bekommen, um kurz darauf von der Bedienung direkt mit der Frage angesprochen zu werden, welche Pizza ich mir ausgesucht habe. Da komme ich mir plötzlich sehr wichtig vor.

Dieser erste richtige Urlaub war für mich mehr als interessant. Ja, ich glaube sogar, dass ich etwas selbstbewusster zurückgekommen bin. Zudem hat er in mir das Fernweh noch mehr geschürt. Nie hätte ich mir damals träumen lassen, dass ich dreißig Jahre später nach vielen großartigen Erlebnissen in die Südschweiz umziehen würde und nun hier unter den italienisch sprechenden Menschen meine endgültige Heimat Lugano gefunden habe. Ich habe mich vom ersten Moment an in diese kleine idyllische Stadt verliebt, als ich 2002 beim Italienischkurs hier die Schulbank drückte. Und vielleicht hatte mein allererster Urlaub in Italien auch etwas damit zu tun.

Auf der Sekundarschule

Ich hab's tatsächlich geschafft! Ich darf auf die Sekundarschule gehen! Wow, ich fühle mich großartig, denn so richtig habe ich nicht mehr damit gerechnet. In jener Zeit steht einem Sekundarschüler praktisch die Welt offen. Es gibt unter den sechsundzwanzig Schülern in unserer Klasse nur wenige überdurchschnittlich Begabte, die die Matura machen und anschließend studieren sollen. Da dies für die meisten Berufe aber gar nicht nötig ist, steht man mit einem Sekundarschulabschluss sehr gut da. Und weil ich mich nach dem Appell meines Lehrers beim Lernen ins Zeug gelegt hatte, darf ich nun mit ein paar anderen Mitschülern auf die Sekundarschule wechseln, andere Klassenkameraden wiederum gehen auf die Haupt- und die Realschule.

Diesmal betrete ich stolz die neue Schulklasse, welche sich in einem neuen Gebäude befindet, und möchte wie immer den Platz neben meiner Freundin Theres einnehmen, die ebenfalls auf die Sekundarschule gewechselt ist. Doch zu meiner riesigen Enttäuschung ist der Platz bereits besetzt von einer anderen Schülerin. Es heißt, mich umzustellen.

Überhaupt fängt eine neue Ära an. Der Ton auf der neuen Schule ist viel autoritärer. Wir bekommen drei Lehrer, von denen einer der Klassenlehrer wird. Jeder Schüler muss sich kurz erheben und vorstellen. Als ich an der Reihe bin und mich mit Namen vorstelle, erwidert mein Klassenlehrer: »Ja, bist du etwa die Schwester vom Marc, den wir hier im letzten Schuljahr haben? Dieser Hippie mit den langen Haaren?«

Ich nicke, da mein Bruder wirklich Haare wie Jimi Hendrix hat.

»Na, dann hoffen wir doch, dass es mit dir einfacher wird!«, beendet der Lehrer mein »Vorstellungsgespräch«.

Fängt ja schon wieder gut an!, denke ich zerknirscht. Die Schwester meines großen Bruders zu sein hat mir selten Vorteile beschert. Marc ist schon immer seinen eigenen Weg gegangen. Wenn ich Probleme mit Mitschülern hatte, wie beim Zerlegen des Klapprades, konnte ich nicht auf ihn zählen und den anderen drohen: »Wartet nur, bis mein großer Bruder kommt, der zeigt's euch!« Nein, Marc war in jungen Jahren mit sich selbst beschäftigt und sagte schon früh immer zu mir: »Schwesterchen, es ist dein Problem, da musst du selber durch, mir hilft auch keiner!« Erst Jahre später hat er seine Einstellung mir gegenüber geändert und war dann der Erste, der mir in der schwierigen Endphase in Kenia seine Hilfe anbot. Damals lebte ich mit meinem Mann und unserer gemeinsamen Tochter schon nicht mehr im kenianischen Busch, sondern an der Küste in Diani Beach und betrieb einen Souvenirshop. Nach einem fürchterlichen Eifersuchtsstreit mit Lketinga lief ich in ein nahe gelegenes Hotel, um mit meiner Familie in der Schweiz zu telefonieren, da ich wirklich Hilfe brauchte. Ich wollte, dass ein Familienmitglied nach Kenia kommt, um meinen Mann durch ein eindringliches Gespräch zur Räson zu bringen. Ich hatte einfach keine Kraft mehr wegen der ständigen Vorwürfe und des Misstrauens. Mir war klar, das kann nur ein männliches Familienmitglied, sprich ein Bruder, regeln. Damals erklärte sich Marc sofort bereit und stand auch ein paar Tage später vor uns und führte ernsthafte Gespräche mit Lketinga, die auch Früchte trugen – allerdings nur für ein paar Wochen.

Alles ist neu in der Schule. Statt stundenlang im selben Klassenzimmer zu hocken, wechseln wir fast stündlich die Räume und die Lehrer, was um einiges interessanter ist. Auch neue Fächer wie Französisch, Biologie, Chemie und Algebra kommen auf uns zu. Als Freifächer wähle ich Stenographie und Maschinenschreiben, weil Mutter immer noch überzeugt ist, ich würde wohl mein Brot eines Tages als Sekretärin verdienen. Aber tief im Innern weiß ich eigentlich jetzt schon: Die für mich langweilige Büroarbeit liegt mir nicht. Wenn ich meine Mutter bei der Arbeit besuche, hat sie Stöpsel in den Ohren, die wiederum mit einem Diktiergerät verbunden sind, und sie tippt wie wild auf eine Schreibmaschine ein. Ich hole sie, wie mir scheint, jedes Mal wie aus einer anderen Welt zurück. So eine Arbeit kann mir unmöglich gefallen, denn ich möchte mit anderen Menschen sprechen oder etwas verkaufen, auf jeden Fall in Bewegung sein. Aber ich tue, wie mir empfohlen, und besuche das Maschinenschreiben. Mutter besorgt mir ein unmöglich altes, schweres Gerät, welches ich in einem Koffer an den jeweiligen Tagen zur Schule schleppe.

Bald schon nervt mich dieses Ungetüm enorm, und es kommt mir vor wie beim Stricken. Auch hier verheddern sich die Typenhebel, deren Tasten ich weit nach unten drücken muss, bevor die Hebel aufs Farbband schlagen. Immer wieder gibt's ein Durcheinander, und am Ende der Stunde habe ich schwarze Finger.

Auch die Stenographie, die eine Kurzversion des Schreibens sein soll, ist für mich eine umständliche »Sprache«. Die vielen Rundzeichen, Striche und Punkte gehen mir nicht schneller von der Hand. Auch hier bin ich schon bald sicher – das werde ich in Zukunft definitiv nicht brauchen, um zu überleben. Ja, und Algebra, die bringt mich vollends zum Verzweifeln. Auch bei ihr weiß ich schnell, ich werde sie nicht anwenden müssen, um einmal satt zu werden.

Und um die Negativliste zu vervollständigen, muss ich leider auch das Französische erwähnen. Zu Beginn finde ich es zwar schick, endlich mehr als nur Deutsch zu sprechen. Aber je länger ich zur Schule gehe, desto mehr lässt mich diese Sprache fast verzweifeln. Die Nasallaute, das Schriftliche, welches sich vom Gesprochenen extrem unterscheidet, und dann das Büffeln der ganzen Vokabeln. Ich habe ja noch Glück mit meiner französischen Mutter, da sie mich bis Mitternacht abfragen kann. Aber was heißt Glück – der Lehrer hält mir beim Verteilen der schlecht ausgefallenen Klassenarbeiten immer wieder laut vor: »Corinne, von dir bin ich besonders enttäuscht, da ich von dir einfach mehr erwarte. Du hast immerhin eine Französisch sprechende Mutter!«

»Ja, meine Mutter, aber nicht ich!«, hätte ich allzu gerne geantwortet. Leider wurde zu Hause nur deutsch gesprochen. Immer wieder sitze ich deshalb schwitzend in der Vokabelprüfung. Während ich noch versuche, das jeweilig verlangte Wort richtig zu schreiben, sehe ich schon, wie sich der Mund des Lehrers erneut öffnet, und schon hätte ich das nächste aufschnappen sollen. Nach fünf oder sechs Wörtern habe ich den Anschluss verloren und schaue nur noch dem auf und zu klappenden Mund des Lehrers zu. Vorbei und versagt – Bauch- und Kopfschmerzen bleiben zurück. Muss ich da noch betonen, dass ich nicht allzu gerne zur Schule gehe?

Meine Rettungsinseln sind der Sport, Deutsch und das Zeichnen, ja und manchmal neuerdings auch das Kochen. Geographie und Geschichte und vor allem die Biologie interessieren mich ebenfalls und machen die Schule einigermaßen erträglich. Mutter hilft mir, so gut sie kann. Vater ist eher der Praktische und somit nicht als Hilfe für die Schulaufgaben geeignet. Auch bei den Schulbesuchstagen können wir nur mit Mutter rechnen. Ich kann mich nicht erinnern, dass Vater jemals unsere Schule von innen gesehen hat.

Im Geschichtsunterricht in der Sekundarschule befassen wir uns eines Tages mit Adolf Hitler und dem Zweiten Weltkrieg. Was für ein Menschenhass die Deutschen da angetrieben hat! Ich muss an die Schwarzenbach-Abstimmung und die angespannte Zeit damals zu Hause denken. Mir gefällt das Geschichtsthema überhaupt nicht, und irgendwie fühle ich mich unwohl, schließlich bin ich ja auch Deutsche, obwohl ich nie in Deutschland gelebt habe. Doch den Krieg kenne ich schon aus Vaters Erzählungen, wirklich hören wollte ich die allerdings nie. Nun hier in der Schule erhält das Ganze eine andere Dimension. Wir müssen uns sogar eine Langspielplatte mit einer Hitlerrede anhören! Es herrscht tiefe Beklemmung im Klassenzimmer. Ich würde am liebsten aus dem Fenster klettern, mich davonschleichen und irgendwo an einem See liegen, baden und von der großen, weiten, aber guten Welt träumen.

Viele der neuen und alten Klassenkameraden wissen nicht, dass ich Deutsche bin, da man es mir nicht anhört und ansieht. Doch dies ändert sich schlagartig, als es noch während der Geschichtsstunde an der Klassenzimmertür klopft. Der Lehrer öffnet, und es wird kurz diskutiert. Währenddessen dreht sich die LP weiter, und wir hören ein lautes »Heil Hitler« brüllen.

Der Lehrer schaut ins Klassenzimmer und fragt laut: »Haben wir hier Ausländer? Bitte Hand hoch.«

Ich schaue mich um und sehe, wie zwei Jungs die Arme in die Höhe recken – ein Spanier und ein Italiener.

Der Lehrer gibt nach draußen weiter: »Zwei«, dreht sich aber nochmals in den Klassenraum zurück und erblickt nun meinen hochgestreckten Arm, während meine Banknachbarin mich verwundert betrachtet und fragend raunt: »Waaas, du bist doch Schweizerin?«

Der Lehrer schaut mich kurz verdutzt an und fragt ebenfalls: »Ja, Corinne, du auch? Was hast du denn für eine Nationalität?«

Noch bevor ich reagieren kann, gibt er sich selbst die Antwort: »Ach ja, Deutsche wie dein Bruder – richtig?«

Mir schießt das Blut in den Kopf, und ich sitze mit knallrotem Gesicht in der Schulbank. Viele drehen sich um und starren auf mich, während Hitlers Rede unaufhörlich auf die leicht kratzigen Schallplatte weitergeht. Ich schäme mich das erste Mal nicht für meine Größe, nicht für meinen dünnen und flachbrüstigen Körper, sondern weil ich an diesem Tag als Deutsche »entlarvt« wurde, obwohl ich mich als Schweizerin fühle und mir deshalb auch nie groß Gedanken darüber gemacht hatte. Es hätte keinen schlechteren Zeitpunkt geben können, als an diesem Tag im Geschichtsunterricht, während wir Schüler uns die Hitler-Rede anhören mussten.

Dass ich keine wirkliche Schweizerin bin, habe ich knapp drei Jahre später erneut bei der Berufswahl zu spüren bekommen. Ich hatte mich für eine »Schnupperwoche« als Floristin beworben. Tatsächlich arbeitete ich erfolgreich eine Woche durch und begeisterte meine Chefin unter anderem mit meiner Blumenkenntnis sowie der Freude am Gestalten der Sträuße. Natürlich bedeuteten mir die wunderbaren Blumen viel, schließlich sammelte ich schon in jungen Jahren welche für meine Mama als Zeichen meiner Liebe zu ihr. Zudem hatte ich ja mein erstes Geld mit einem Alpenrosensträußchen verdient.

Dieser Beruf würde mich glücklich machen, war ich überzeugt und freute mich umso mehr, als ich nach dieser Woche die definitive mündliche Zusage für eine Lehrstelle erhielt. Ich musste für den Lehrvertrag verschiedene Formulare ausfüllen und dabei unter anderem meine Nationalität angeben. Ausgefüllt und von den Eltern unterzeichnet, sandte ich wie geheißen alles zurück. Die Sekundarschulzeit ging langsam dem Ende entgegen, in einem halben Jahr dann würde der Ernst des Lebens in der Berufswelt losgehen. Ich freute mich riesig darauf.

Doch der Lehrvertrag kam und kam nicht zurück. Als ich erneut das Geschäft aufsuchte, um mich danach zu erkundigen, teilte man mir kühl mit, dass die Lehrstelle für Schweizer gedacht sei und sie deshalb eine andere Wahl getroffen hätten.

Nun stand ich da – ohne Lehrvertrag zwei Monate vor Schulende.

Es war allerdings das letzte Mal, dass ich in der Schweiz bewusst eine negative Erfahrung machen musste, nur weil ich laut Pass eine Deutsche bin.

»Chilbizyt«

Wer kennt es nicht, sich in einen Autoskooter zu setzen oder in die Berg-und-Tal-Bahn, die sich immer schneller und schneller dreht, bis man das Gefühl hat, aus dem Wagen gehoben zu werden? Diese Erlebnisse gehören zur aufregendsten Zeit im Jahr – der Kirmeszeit oder »Chilbizyt«, wie es auf Schweizerdeutsch heißt.

Jedes Mal freue ich mich, wenn es im September endlich wieder so weit ist. Bis zum Alter von ungefähr zwölf musste ich meistens noch meinen jüngeren Bruder mitnehmen und natürlich dementsprechend auch früh wieder auf dem Berg zurück sein. Obwohl natürlich erst am Abend sich der ganze Reiz der Kirmes entfaltet, mit den vielen blinkenden und farbigen Lichtern und der Musik, die jede Bahn aus den Lautsprechern dröhnen lässt. Da ist die Skooterbahn mit der Popmusik, da ist die Schiffschaukel mit der Volksmusik und die Himalayabahn, wo eine tiefe Stimme die Schaulustigen auffordert: »Bitte einsteigen, es geht gleich los ... Einsteigen und die Bügel schließen!«, und schon hämmert die Musik ohrenbetäubend weiter.

Die jungen männlichen Angestellten der Fahrgeschäfte sehen fremdländisch aus mit ihren muskulösen braunen Armen und den langen schwarzen gewellten Haaren. Sie stehen in der sich langsam drehenden Bahn und laufen die Wagen ab, um die Tickets einzusammeln, und werfen dabei auffordernde Blicke zu uns Mädchen. Wenn ihnen eines sehr gut gefällt, darf es sitzen bleiben und noch eine Runde kostenfrei fahren. Sie verkörpern ein Gefühl der Freiheit: heute hier, morgen dort und irgendwie herrlich unangepasst – eben ein »Zigeunerleben«. Das fasziniert auch mich als Dreizehnjährige sehr. Stundenlang stehe ich an den Bahnen und beobachte das Flirten und Werben. Besonders in der angesagten Himalayabahn wird viel geknutscht, da sie zur Hälfte durch einen Tunnel führt. Darin stehen oder sitzen die jungen Paare und fühlen sich unbeobachtet.

Im vorangegangenen Jahr war ich noch mit meinem kleinen Bruder hier. Wir hatten großen Spaß und enorm viel Glück. Von Haus aus gab es nur ein geringes *Chilbigeld,* das uns vielleicht drei oder vier Mal eine Bahn fahren ließ. Ich hatte durch meinen Einkaufsjob bei der Witwe etwas mehr Geld zur Verfügung. Wir teilten uns das Geld gut ein, um möglichst lange etwas in der Tasche zu haben. Die Autoskooter faszinierten uns. Darin zu sitzen fühlte sich ein wenig wie Autofahren an, und zudem konnte man denjenigen hinterherjagen, die man in der Schule schon anhimmelte. Es war wohl auch eine Art Flirten. Manchmal hatte ich Glück, und eine Schulfreundin forderte mich auf zuzusteigen, während mein Bruder am Rand auf mich wartete. Es war ein Stoßen und Schubsen der Wagen und ein sich gegenseitiges Zurufen, während die Rolling Stones *»I can't get no satisfaction«* aus den Lautsprechern schrien. Einfach ein herrliches Gefühl!

Eric und ich liefen auch die ganzen Marktbuden ab. Da war der Duft des Magenbrotes oder der gebrannten Mandeln. Dort drehte sich die rosa Zuckerwatte im Kessel und wartete auf Kundschaft. Überall Süßigkeiten vom klebrigen Türkischen Honig bis zum Rotekirschenpaar mit dem kleinen Fingerring oder dem Babyfläschchen mit den bunten Perlenbonbons. Alles wurde angeboten und ließ Kinderaugen größer werden. Mich ließen die Süßigkeiten kalt, bis auf die Kirschen mit dem Ringlein.

Wir erreichten einen Wohnwagen, darin standen drei verschiedene Glücksspielautomaten – die sogenannten Einarmigen Banditen. Sie funkelten und blinkten, und der Schriftzug *Slotmaschine* wechselte ständig seine Farbe. Es zog einen förmlich zu den Geräten, so als würden sie einen auffordern, sein Frankenstück sofort in den Schlitz zu stecken.

Eine ältere Dame folgte dieser stummen Aufforderung und zog energisch den Hebel herunter. Die sich drehenden Trommeln wirbelten umher, und man erkannte die Bildchen und Zahlen darauf erst, als sie langsamer und langsamer wurden.

Melonen, Äpfel, Kirschen und verschiedene Zahlen: Die Frau verfolgte jetzt angespannt die sich drehenden Bildchen. Als Erstes blieb eine Sieben stehen, dann nochmals eine Sieben. Das Gesicht der Frau erhellte sich freudig, sie rieb sich die Hände, aber als eine Zitrone erschien, sank sie in sich zusammen, und das Strahlen erlosch.

Der Chef dieses Geschäftes ermunterte sie: »Ja, Marie, immer kann es nicht klappen, du musst es halt noch mal probieren, oder nimm eine andere Maschine.«

»Nein, jetzt hat sie schon so lange nichts mehr ausbezahlt, jetzt muss es bald so weit sein, ich bleibe dran«, erwiderte die Frau energisch. Sofort steckte sie das nächste Geldstück in den Schlitz, und alles wiederholte sich. Erst beim fünften Versuch spuckte der Automat endlich Geld aus, und es klimperte und klimperte, und der Haufen an Münzen im Auffangteller wurde immer größer.

Mein Bruder und ich waren fasziniert, wir hatten so ein Gerät noch nie gesehen. Die Frau spielte weiter, während wir alles genauestens beobachteten. Mir fiel bald auf, dass, wenn sie langsam zog und erst zum Schluss etwas mehr Druck ausübte, ihr das Glück hold war. Doch meistens verspielte sie in kurzer Zeit das gesamte Geld erneut, während sie dabei unzählige Zigaretten rauchte. Als sie kein Geldstück mehr besaß, verließ sie enttäuscht den Wohnwagen. Der Besitzer klopfte ihr auf die Schulter und verabschiedete sie mit den Worten: »Marie, vielleicht hast du morgen einen Glückstag.« Die Frau schlurfte ohne Antwort, müde mit hängenden Schultern und leerem Blick aus dem Wohnwagen.

Nun wollten mein Bruder und ich es auch wissen. Sofort wechselten wir unser Geld in die gewünschten Münzen um. Mein Bruder war zu klein, um den Automaten richtig bedienen zu können, somit übernahm ich das Herunterziehen des Hebels. Vor Aufregung klopfte mein Herz heftig, als ich das erste Geldstück versenkte und die Bildchen sich drehten. Mein Bruder quetschte beide Daumen in seine Handflächen, um das Glück zu fördern, und dabei starrten wir wie gebannt auf die stehengebliebenen Motive. Auch beim dritten Versuch schafften wir keine einheitliche Reihe. Doch es fehlte nur ganz wenig. Das hieß für mich, noch gefühlvoller zu ziehen. Das werde ich doch hinbekommen, dachte ich fieberhaft.

Ich drückte nochmals ganz langsam, bis ich einen kleinen Widerstand spürte, um dann erst richtig kräftig nachzuziehen. Zwei der Bildchen »BAR« standen schon, als sich ganz langsam das dritte dazugesellte. Jetzt klimperte es auch bei uns und hörte gar nicht mehr auf. Einige Münzen fielen sogar auf den Boden. Eric sammelte sie ein, und wir beide strahlten übers ganze Gesicht. Erst wollten wir aufhören, aber dann meldete sich mein Bauchgefühl und schien zu flüstern: »Corinne, jetzt hast du's begriffen, mach weiter!« Wir spielten erneut, und der Automat spuckte und spuckte die Ein-Franken-Stücke heraus, gleich zwanzig oder dreißig Stück auf ein Mal.

Nach nur einer Stunde war der Kasten leer und schüttete keinen Gewinn mehr aus. Mutig beschwerten wir uns beim mittlerweile griesgrämig dreinschauenden Chef. Dieser jedoch fand uns unverschämt und setzte uns kurzerhand auf die Straße, um seinen Spielsalon zu schließen. Nur mit viel Mühe konnten wir die ganzen Geldstücke in unsere Hosen- und Jackentaschen stecken. Noch wussten wir nicht, wie viel Geld wir überhaupt gewonnen hatten. Wir würden es erst zu Hause zählen und redlich teilen. Für mich stand fest, dass ich meinen Teil erst mal sparen würde.

Die Zeit war wie im Flug vergangen, und bald mussten wir den Heimweg antreten. Mit diesen vollen Taschen hätten wir eh keine Fahrgeschäfte mehr besuchen können. Doch mein Interesse galt noch kurz dem Büchsenwerfen. Da, wo man mit drei Stoffbällen die leeren pyramidenförmig gestapelten Konservendosen vom Brett schießen konnte. Verlockende Preise füllten den Stand. Da schwebte der riesige, hellblaue Stoffdelphin von der Decke, dort schwang sich ein dunkelgelber Affe von der Kunstpalme, und in der Ecke saß der überdimensional große *Pink Panther*. Ja und nicht zuletzt beobachteten einen Hunderte Augen von knuddeligen Teddybären. Man wollte sich einfach so ein Tier erobern. Doch ehrlich gesagt klappte es nie, denn es kam immer nur der Trostpreis in Form einer Plastikrose oder eines Schlüsselanhängers heraus.

An diesen Kirmesbesuch mit meinem Bruder denke ich zurück, als ich dieses Jahr zum ersten Mal alleine hingehen darf, schließlich gehe ich jetzt ja schon auf die Sekundarschule. Das heißt, ganz alleine gehe ich natürlich nicht, sondern mit meiner Schulfreundin Lisbeth – die, die den schönen Langflor-Teppich zu Hause hat, und die, die eben auch bei den Jungs schon gut punkten kann.

Wir gehen gleich nach der Schule auf den Kirmesplatz, denn um 20 Uhr muss ich zu Hause sein. Wieder schlendern wir durch die Stände und schauen uns die vielen bunten Sachen an. Doch interessant ist es hauptsächlich bei den verschiedenen Fahrgeschäften. Wieder prallen unterschiedliche Musikrichtungen aufeinander und versetzen uns in eine Art Ferienstimmung. Bald schon schleichen die ersten Jungs aus der Klasse um uns herum, und es wird gekichert und gelacht. Ja, mit Lisbeth macht es wirklich Spaß. Wir werden eingeladen auf die Autoskooterbahn oder in die Schiffschaukel. Diese ist eine Art

Kräftemessen. Das heißt, zwei Personen stehen sich in einem Boot gegenüber. Dann versucht man sich hochzuschaukeln, indem man immer wieder in die Knie geht und mit dem so hervorgebrachten Druck Schwung erzeugt. Natürlich wollen alle, dass ihre Schaukel sich als erste um die eigene Achse dreht. Ich bin mit meinem heimlichen Schwarm aus der Parallelklasse in einer Schaukel und Lisbeth mit dessen Freund. Schnell gewinnen die Schaukeln an Höhe.

Beim Zurückwippen fliegen mir meine langen Haare ins Gesicht, und ich fühle mich dem Himmel nahe. Bald haben wir es geschafft, und die Schaukel dreht sich um die eigene Achse, während wir einen Moment kopfüber stehen, bevor sie auf der anderen Seite mit Schwung hinunterbraust. Ein flaues Gefühl regt sich in meinem Magen, aber der Spaß überwiegt. Langsam schaukeln wir aus und stehen bald schon wieder mit wackligen Knien auf dem sicheren Boden. Solche Momente machen mich neben meinen Erfolgen im Sport glücklich.

Bald ist es 18 Uhr, und die meisten Klassenkameraden eilen nach Hause, um kurz zu Abend zu essen und später dann nochmals zurückzukommen. Mein Heimweg wäre zu lang, und so lohnt es sich für mich nicht, nach Hause zu gehen. So bleibe ich alleine zurück und warte, bis die ersten nach einer Stunde wiederkommen werden.

Viele Freundinnen dürfen sowieso viel länger bleiben, da im Dorf an Schlafen zur »Chilbizyt« kaum zu denken ist. Doch meine Eltern verstehen nicht, dass es auf der Kirmes erst abends so richtig spaßig ist. Zudem haben sie Angst, es könnte mir auf meinem langen Heimweg mit den betrunkenen Männern etwas passieren.

So schlendere ich an den verschiedenen Marktständen vorbei und schaue mir die Auslagen an. Bei einer älteren grauhaarigen Frau bleibe ich stehen und beobachte, wie sie gleichzeitig Zuckerwatte in einem Kessel und gebrannte Mandeln in einem anderen Kupferkessel herstellt, was sie ziemlich beansprucht.

So bekommt sie nicht mit, dass drei Jugendliche am anderen Ende ihres bescheidenen Bretterstandes einige Süßigkeiten abräumen und unbezahlt in ihre Taschen verschwinden lassen. Als die Grauhaarige mich bemerkt, deute ich ihr das Geschehen am Ende des Standes mit einem schrägen Blick meiner Augen an. Sofort reagiert sie und ruft: »Verschwindet, ihr Gauner, sonst melde ich euch bei der Polizei!« Die Jungs ergreifen die Flucht, und dabei verliert einer eine Tüte gebrannte Mandeln. Ich lege das Päckchen auf ihren Stand zurück. Dankbar und müde nickt mir die Frau zu.

Plötzlich fragt sie mich: »Mädchen, wie heißt du? Kannst du rechnen? Willst du dir ein Taschengeld verdienen, indem du mir hilfst, den Stand zu betreuen und die Sachen zu verkaufen?« Dabei schaut sie mich fragend an.

»Oh, wie schön«, antworte ich, »ja, ich helfe gerne! Rechnen kann ich auch, schließlich besuche ich die Sekundarschule.«

Die Frau ist erleichtert und ergänzt: »Ich schaff's heute einfach nicht mehr. Meine Tochter ist erkrankt, und deswegen bin ich alleine. Ich sollte schon lange etwas essen und müsste auch mal zur Toilette«, und damit überreicht sie mir eine Schürze zum Umbinden.

Nun stehe ich also stolz hinter dem Dreimeterstand, der nur mit einer einfachen blau-weißen Plastikplane von oben gegen eventuellen Regen geschützt ist. Vor mir aufgeschichtet sind die bunten Süßigkeiten, wie Lakritze oder klebrige, überzuckerte Gummitierchen, Windrädchen, deren Stiele mit bunten Bonbonkügelchen gefüllt sind, oder große rote Schleckerdbeeren, Negerküsse, das begehrte Magenbrot und die gebrannten Mandeln. Auch gibt es Lebkuchenherzen in jeder Größe mit verschiedenen Sprüchen. Je später der Abend, desto schwunghafteren Absatz finden diese, vor allem die mit den Sprüchen »Ich liebe Dich« oder »Du bist die Beste«. Manchmal drängt sich eine so große Menschenmasse an den Stand, dass man fast befürchten muss, dass er umkippt. Das Geschäft blüht. Nachdem ich meine anfängliche Schüchternheit überwunden habe, komme ich immer mehr in Fahrt, und bald habe ich das Gefühl, der Stand wäre mein Leben. Wenn ich einen Preis nicht weiß, wende ich mich an die Standbesitzerin, die irgendwann zurückkommt, aber schon bald weiß ich auch so, was zu tun ist.

Langsam wird es hinter den blinkenden Lichtern der Kirmes dunkler, und das Kirmespublikum verändert sich allmählich. Immer mehr betrunkene Halbstarke torkeln zwischen den anderen Gästen am Stand vorbei. Es muss schon weit nach 21 Uhr sein, doch mich kümmert es nicht. Ich bin am Verkaufen und überglücklich. Was nachher zu Hause passiert, ist mir in diesem Moment egal. Auch als mich die Standbesitzerin fragt: »Sag mal, Corinne, musst du nicht langsam nach Hause?«, schüttle ich verneinend den Kopf. Um 22 Uhr schickt sie mich dann aber doch weg. Dabei steckt sie mir zwanzig Franken sowie ein Päckchen Magenbrot und gebrannte Mandeln zu und lobt dabei: »Mädchen, du hast es sehr gut gemacht und darfst morgen gerne wiederkommen, wenn es deine Eltern erlauben.«

Freudig und stolz bedanke ich mich. Nun heißt es nach Hause eilen. Noch während ich den dunklen Waldweg hochrenne und dabei den Kopf nach oben richte, damit ich den Weg anhand der lichten Baumkronen erkenne, beginnt mein Herz heftig zu klopfen. Was werden meine Eltern sagen? Hoffentlich hat Vater Spätschicht und ist nicht da.

Als ich beim unteren Bauernhof vorbeikomme, kläfft der angekettete Hund wie verrückt und jagt mit fletschenden Zähnen auf mich zu. Mein Herz bleibt fast stehen. Als ich um den Bauernhof biege und zu unserem Haus hochschaue, sehe ich gerade, wie das Licht draußen angeknipst wird und den Vorplatz erhellt. Dann Mutters Stimme: »Coooorinne, bist du da unten? Hörst du mich? Bist du es, Coooorinne?« Aus ihrer Stimme höre ich Angst.

Jetzt meldet sich mein schlechtes Gewissen, obwohl ich

überzeugt bin, dass meine Eltern es verstehen werden, wenn sie wissen, warum ich über zwei Stunden Verspätung habe.

»Ja, ich komme!«, schreie ich atemlos hinauf, in der Hoffnung, den bellenden Hund zu übertönen. Bald schon sehe ich Vaters blaues Moped vor der Haustür stehen, und mein Herz sinkt immer tiefer.

Als ich keuchend vor meinen Eltern stehe, bemerke ich ihre weißen Gesichter. Ich beginne zu erzählen und strecke ihnen währenddessen das Magenbrot und die gebrannten Mandeln entgegen, doch das interessiert sie nicht.

Vater fragt mit schneidendem Ton: »Corinne, wann, hat Mutter gesagt, sollst du zu Hause sein?«

»Ja, zwanzig Uhr, aber ich hatte …« – weiter komme ich nicht.

»Geh mir aus den Augen, du Rumtreiberin, sonst vergesse ich mich! Solange du die Füße unter meinen Tisch streckst, hältst du dich an die Regeln!«, brüllt Vater los, und dabei rollen seine Augen gefährlich weit aus den Augenhöhlen, und eine Ader an der Stirnseite scheint zu platzen. Mutter versucht zu beschwichtigen, aber es nützt nichts. Ihr kullern die Tränen über die Wangen, während meine kleine Schwester laut aus dem Elternschlafzimmer weint.

Bevor ich mir eine Ohrfeige fange, ducke ich mich an Vater vorbei, stürze in unser Kinderzimmer und schmeiße mich auf mein Bett.

»Du gehst dieses Jahr nicht mehr auf den Jahrmarkt. Du hast Ausgehverbot und kommst nach der Schule sofort nach Hause«, höre ich Vater noch schimpfen.

Das ist gemein! Ich hätte so gerne noch mal am Verkaufsstand gearbeitet. Wie zum Trost liegt meine Katze Negi im Bett und schnurrt zufrieden vor sich hin, während sie mich mit ihren gelben Augen anblinzelt. Wenigstens sie scheint mich zu verstehen.

Meine Brüder fragen flüsternd: »Warum bist du so spät gekommen? Die sind ja fast ausgerastet. Du hättest ja mal von einer Telefonzelle aus anrufen können, schließlich haben wir ja jetzt einen Apparat!«

Genervt antworte ich, dass ich an einem Süßwarenstand gearbeitet habe und deshalb gar keine Zeit zum Anrufen hatte. Zudem hätten Vater und Mutter eh kein Verständnis gehabt, und somit hätte es auch nichts gebracht.

»Ja, ja, *am Verkaufstand gearbeitet!* Sagt man das jetzt so?«, spottet mein älterer Bruder.

Idiot, denke ich, habe an diesem Tag definitiv genug und will von meiner Familie nichts mehr wissen.

Damals verstand ich den Aufstand, den meine Eltern machten, nicht wirklich. Ich selbst sah nur die Möglichkeit, hinter einem Stand zu stehen und Geld zu verdienen. Doch es ging mir nicht nur ums Geld, sondern auch um das mir entgegengebrachte Vertrauen dieser fremden Frau. Und natürlich um das Gefühl, wie eine Erwachsene behandelt zu werden. Plötzlich stand ich nicht mehr vor der Ware, sondern hinter der Auslage. Die Kundschaft wollte etwas von mir! Ich war nützlich. Wurde ernst genommen und erntete neben dem Geld sogar Dankbarkeit. Ich fühlte mich eben richtig erwachsen. Ein herrliches Gefühl! Welche Ängste man als Eltern haben kann, darüber habe ich damals nicht nachgedacht. Zu aufregend war der Moment, und ich wollte die mir gebotene Chance einfach nur nutzen.

Erst viele Jahre später konnte ich mich in meine Eltern hineinversetzen, als ich selbst Mutter einer Tochter war und eine ähnliche Situation erlebte. Meine Tochter, damals ein Teenager von etwa sechzehn Jahren, ging mit einer Freundin in der Stadt aus und sollte um 23 Uhr zu Hause sein. Damals kam gerade auf, dass jeder ein Mobiltelefon besaß, so auch Napirai. Um 23.10 Uhr rief sie an und berichtete, dass sie noch vom Vater des Mädchens, der sie beide nach Hause bringen sollte, in eine Disco-Bar eingeladen wurde und ob sie ausnahmsweise erst um Mitternacht zu Hause sein dürfe. Ich wollte ihr den Spaß nicht verderben und stimmte zu, schließlich konnte ich mich an meine eigene Jugend erinnern. Ich wusste, dass es erst später so richtig Spaß machte. Wobei in meiner Pubertätsphase die Ausgehzeiten noch normaler waren. Man traf sich um 19.30 oder 20 Uhr. Da war die vereinbarte Location schon gut besucht, und um 21 Uhr war die Party in vollem Gange. Aber leider musste ich um 22 Uhr zu Hause sein – wohlverstanden: zurück auf dem Berg! Für mich hieß es also immer noch früher als für alle anderen, den schönen Abend abzubrechen und mich auf den Heimweg zu machen.

Meine Tochter Napirai, die immer zuverlässig war und mich auch mit schwierigen Pubertätszickereien verschonte, kam nun in dieser besagten Nacht nicht wie vereinbart um Mitternacht nach Hause. Um 0.15 Uhr bemerkte ich, wie mich ein Unwohlsein beschlich. Daraufhin versuchte ich sie mehrmals telefonisch zu erreichen – vergebens. Als sie schon eine halbe Stunde überfällig war, drehte ich langsam durch. Die Minuten des Wartens, das Lauschen, ob draußen ein Auto vorfuhr, und das gespannte Verharren mit dem Blick zur Uhr machten mich fast verrückt. Sie war noch nie zu spät nach Hause gekommen. Was war passiert??? Man hörte ja immer, die Täter sind im Bekanntenumfeld zu suchen … Ja, solche Gedanken zerfraßen plötzlich mein Hirn, während ich ständig ihr Telefon anwählte. Noch fünfzehn Minuten, dann würde es ein Uhr nachts sein. Ich schrieb ihr eine Nachricht, dass, wenn sie um ein Uhr nicht zu Hause sei, ich in die Disco käme und einen riesigen Aufstand machen würde, da sie keine achtzehn Jahre sei. Sollte ich sie dort nicht antreffen, würde ich die Polizei informieren!

Ich war mittlerweile, muss ich gestehen, selbst außer Kontrolle. Wütend auf diesen Vater, über den ich ja auch nichts wusste, und wütend auf mein Kind, das sich einfach nicht meldete. Die Message fruchtete, sie rief mich erschrocken an.

»Mami, was ist denn los mit dir? Du drehst ja durch. Der Vater meiner Freundin hat noch einen Bekannten getroffen, und deshalb wird es später«, versuchte sie mich zu beruhigen und ergänzte: »Ich dachte, du weißt ja, mit wem ich unterwegs bin.«

»Du kommst soooooofort nach Hause, ich will nichts mehr hören!«, schrie ich hysterisch in den Hörer und legte auf.

Als Napirai nach Hause kam, befand ich mich in einem ähnlichen Zustand wie damals meine Eltern und vor allem mein Vater. Auch ich hätte ihr in meinem Ausnahmezustand fast eine Ohrfeige verpasst, doch Gott sei Dank konnte ich mich noch zusammennehmen. Stattdessen packte ich sie an den Schultern und drückte sie auf den Küchenstuhl und begann zu erzählen ...

Glück gehabt

Ich war damals nur ein Jahr älter als du und ging noch in die Lehre, als mir etwas Ungeheuerliches passierte, und es war nicht das einzige Mal in meinem Leben. Aber vielleicht verstehst du schon nach dieser Geschichte meine Reaktion etwas besser«, begann ich.

Ich schloss einen Moment die Augen, und sofort war die Szene wieder da – sie blieb ein Leben lang mal mehr, mal weniger präsent.

»Ich bin siebzehn Jahre alt und befinde mich gerade in meinem zweiten Lehrjahr bei dem großen Lebensmittelgeschäft, zu dem ich nach dem ersten Jahr in einem kleineren Laden gewechselt bin. Das Firmenfest, das einmal im Jahr gefeiert wird, steht an. Dazu werden alle Mitarbeiter eingeladen, auch wir Lehrlinge. Es gibt ein reichhaltiges Büfett, und eine Volksmusik-Kapelle spielt zum Tanz auf. Da es klar ist, dass nach dem Fest keine Züge mehr fahren werden, hat der Personalchef im Vorfeld Mitfahrmöglichkeiten für alle organisiert, die anders nicht mehr nach Hause kommen. Ich werde einem Familienvater zugeteilt, der im Betrieb als Metzger arbeitet. Er kommt bei der Kundschaft gut an, da er immer flotte Sprüche draufhat.«

Ich setzte mich der verblüfften Napirai gegenüber auf einen Küchenstuhl und fuhr fort: »In jener Zeit bin ich selbst in einer schwierigen Phase, da zu Hause der Haussegen mehr als schiefhängt und ich deswegen in eine Art Rebellion getreten bin. Das heißt, viel erzähle ich zu Hause nicht mehr, und vom Sport habe ich mich verabschiedet. Dafür habe ich einen Freund und bin froh, wenn ich nicht zu Hause sein muss. Sobald die Lehrzeit abgeschlossen ist, werde ich ausziehen und auf eigenen Füßen stehen, auch wenn ich noch nicht volljährig bin. So ist mein Plan.«

Napirai schaute mich mit wachsendem Interesse an und hörte aufmerksam zu, als ich weitererzählte.

»Für uns junge Lehrlinge ist das Firmenessen mit den Chefs und den älteren Angestellten eher langweilig, aber es ist Pflicht. So hocken wir zusammen um einen Tisch, essen und lachen, während mittlerweile schon fast jeder von uns an einer Zigarette zieht, denn es gehört einfach dazu, wenn man cool sein will.

Kurz vor Mitternacht brechen die meisten auf, und so kommt auch meine ›Mitfahrgelegenheit‹ auf mich zu und sagt: ›So, Corinne, wollen wir mal? Ich muss dich ja schließlich noch durch den ganzen Kanton fahren.‹

Also machen wir uns auf den Weg. Ein kurzes Stück nimmt er noch eine ältere Angestellte mit, die aber schon im nächsten Dorf wohnt. Danach fordert der Metzger mich auf, ich soll auf den frei gewordenen Beifahrersitz wechseln. Ich bin froh, denn auf der Rückbank wird mir meistens übel. Statt auf die Kantonsstraße zurückzufahren, schlängelt er sein Auto durchs Dorf und nimmt die Bergstraße, die Richtung Klöntalersee führt. Ich kenne diese Strecke sehr genau, denn viele Male bin ich dort entlang ins Klassenlager gefahren.

Als ich bemerke, dass er falsch fährt, sage ich: ›Nein, nein, ich wohne doch nicht auf diesem Berg, wir müssen weiter Richtung Näfels, Oberurnen fahren!‹ Etwas verunsichert sehe ich ihn an, aber der Metzger erwidert gar nichts, während er unbeirrt weiter die Bergstraße hochfährt.

Erst als wir die letzten Straßenbeleuchtungen hinter uns gelassen haben, legt er plötzlich seine Hand auf meinen Oberschenkel und raunt: ›Ach, komm, Corinne, tu nicht so. Wir wollen es ja nur ein bisschen schön haben zusammen – du willst es doch auch!‹, und dabei fährt er ungerührt weiter, während seine Finger sich durch meinen dünnen Rockstoff bohren. Mir wird sofort klar, was er jetzt vorhat, und versuche ihn abzuhalten, indem ich erwidere: ›Mensch, mach keinen Scheiß, du hast Frau und Kinder zu Hause, dreh um, und wir vergessen alles!‹

Er schaut mich an und grinst: ›Das hat nichts mit uns beiden zu tun. Die müssen es ja auch nicht erfahren, und außerdem hast du ja auch einen Freund, und mit dem hast du es sicher auch schon getrieben. Also, komm, was spielt es denn für eine Rolle? Ich kann dir noch einiges mehr beibringen!‹ Dabei lacht er jetzt gierig, während seine rötlichen schwulstigen Finger am Steuerrad drehen.

Mir wird klar: Den kann ich nicht mehr beruhigen, und in meinem Kopf überschlagen sich die Gedanken. Wie komme ich hier raus? Die Straße ist eng und kurvenreich, und ich muss so schnell wie möglich handeln, denn wir entfernen uns immer weiter von der Zivilisation. Mein Gott, der bringt mich vielleicht hinterher um, damit ich nichts erzählen kann, schließlich ist er Metzger, schießt es mir durch den Kopf.

In der mondhellen Nacht erkenne ich die Straße und weiß, dass wir kurz vor einer sehr engen S-Kurve sind. Seine Finger auf meinem Schenkel fahren rauf und runter und werden feucht und schwitzig. Einfach nur eklig. Die Linkskurve naht, und er muss die Geschwindigkeit herunterbremsen. In Sekundenschnelle ergreife ich diese Chance, öffne die Wagentür und lasse mich mit Schwung seitlich aus dem fahrenden Wagen in das Waldtobel rollen, dabei umkralle ich meine kleine graue Handtasche fest. Durch den Sturz aus dem erhöhten Autositz fliege ich noch einige Meter tiefer in das steile Tobel hinunter und bleibe an einem dickeren Baumstamm hängen, hinter dem ich mich sofort verkrieche. Die Schulter schmerzt, aber darum kann ich mich jetzt nicht kümmern.

Ich starre nach oben, wo ich neben dem Auto die Umrisse des Metzgers erkennen kann. Meine Wagentür steht immer noch offen, und die roten Rücklichter brennen, der Motor läuft.

›Hey, Corinne, verdammt noch mal, mach keinen Scheiß! Komm zurück! Es war doch alles nur Spaß. Komm hinauf! Hast dich hoffentlich nicht verletzt? Wo bist du?‹, höre ich ihn säuseln.

Einen Dreck werde ich tun, denke ich wütend, aber auch ängstlich.

Er ruft und lockt immer wieder, bis er schließlich droht: ›Ich werde jetzt zurückfahren, und du kannst selber schauen, wie du nach Hause kommst.‹

Nur nicht antworten, sagt mein Bauchgefühl. Einfach tot stellen.

Nach einer gefühlten Ewigkeit steigt er endlich in seinen Wagen und braust den Berg hoch, um eine Wendestelle zu finden. Ob er vorbeifährt oder ob er mich weiter suchen wird?, überlege ich fieberhaft. Langsam merke ich, wie die Feuchtigkeit des Waldbodens durch meine Kleider dringt. Doch ich bleibe liegen, da ich erst sicher sein will, dass das Schwein vorbeifährt.«

Mit aufgerissenen Augen schaute mich meine Tochter mittlerweile an, und ich ergriff ihre Hand, als ich weitererzählte.

»Erneut sehe ich die Wagenlichter durch den Blätterwald näher kommen. Das Auto hält und leuchtet nun mit den Scheinwerfern über mich hinweg in den Wald. Der Metzger steigt erneut aus und ruft ärgerlich: ›Corinne, zum letzten Mal, du kommst jetzt herauf, oder ich lasse dich hier zurück. Und wehe, du erzählst im Geschäft etwas. Ich werde es abstreiten und behaupten, dass du dir das alles nur ausgedacht hast. Ich arbeite schon lange dort und bin sehr beliebt. Wer glaubt schon einer kleinen Schlampe wie dir, und außerdem weiß ich schon, wie ich dich mundtot machen kann …‹

Mein Herz pocht laut, und ich versuche, flacher zu atmen, während es in meinem Kopf hämmert: Hau endlich ab, du Idiot! Erst etwa zehn Minuten nach seiner Abfahrt hangele ich

147

mich an den Büschen zurück zur Straße. Ich klopfe die Erde und den Dreck von meinen Kleidern, so gut es geht, und renne mit zitternden Beinen die Strecke von anderthalb Kilometern zum Dorfeingang zurück. Erst jetzt sehe ich, wie schmutzig und zerkratzt ich wirklich bin.

Entsetzt überlege ich: Um Gottes willen, so kann ich nicht einmal versuchen, mit Autostopp die restlichen fünfzehn Kilometer bis an unseren Berg zurückzulegen. So nimmt mich niemand mit. Und es fahren ja auch fast keine Autos mehr um diese Zeit. Vielleicht kommt auch plötzlich der Metzger wieder zurück zur Hauptstraße und sucht mich erneut? Aber wie komme ich nur nach Hause? Alle diese Fragen überschlagen sich in meinem Hirn, während mir Tränen der Wut und Hilflosigkeit über das Gesicht kullern. Dass ich von einer Telefonzelle aus die Polizei anrufen könnte, kommt mir überhaupt nicht in den Sinn. Vielleicht liegt es an der Drohung des Metzgers oder doch eher daran, dass ich im Unterbewusstsein den Eindruck habe, dass alles noch schlimmer werden wird, wenn ich die Polizei rufe und sie mich im Streifenwagen weit nach Mitternacht auf den Berg fährt. Ich weiß es heute nicht mehr.

Stattdessen höre ich aus einem Dorfrestaurant männliche Stimmen grölen. Soll ich hineingehen, überlege ich kurz, oder sind die alle besoffen? Ich weiß in dem Moment nicht mehr, was gut und was schlecht ist in so einer Situation. Plötzlich fällt mein Blick auf ein altes Damenfahrrad, das an der Wand des Wirtshauses steht. Kurz entschlossen entwende ich das Zweirad. Ich trete in die Pedale, so fest ich kann. Nur weg hier, und zwar so schnell wie möglich, hämmert es in meinem Kopf, während sich gleichzeitig ein schlechtes Gewissen breitmacht. Schließlich habe ich soeben einen Diebstahl begangen.

Es ist sehr kühl, als ich endlich vor der Überführung das Bahnhofsrestaurant erreiche. Hier scheint alles bereits geschlossen zu sein. Ich vergewissere mich, dass mich niemand sieht, und stelle das Fahrrad in den dafür vorgesehenen Ständer, nicht ohne vorher mit meinem Taschentuch die Fingerabdrücke wegzuwischen. Zu sehr sitzt mir wohl Vaters Predigt angesichts der Schwarzenbach-Abstimmung immer noch im Nacken: ›Benehmt euch anständig, damit uns niemand etwas zur Last legen kann, wir sind hier Ausländer!‹

Endlich daheim, schleiche ich mich ins Haus, wo alle schon tief schlafen. Und wie immer versuche ich mit dem Problem selbst fertigzuwerden, indem ich tags darauf meinen Zustand durch einen Mofasturz erkläre, damit Mutter sich nicht auch noch Sorgen um *mich* machen muss, sie hat ja schon genug um die Ohren.«

Ich beendete meine Erzählung für meine erschrockene Tochter mit den Sätzen: »Siehst du, man hat diesem Mann auch nichts Böses zugetraut, und ich kannte ihn schon acht Monate. Nie hätte ich ihn so eingeschätzt. Wegen dieser, aber auch noch wegen anderer negativer Erfahrungen, die ich selbst gemacht habe, bin ich wohl heute so ausgeflippt – es tut mir leid.«

Napirai schlang ihre Arme um mich und sagte tröstend: »Ist ja gut, Mama, bei mir ist ja nichts passiert, und ich würde es dir sofort sagen. Komm, lass uns endlich schlafen gehen, ich bin so müde …«

Als ich nun dieses Erlebnis wieder hervorhole und niederschreibe, merke ich, wie tief es noch in meiner Erinnerung sitzt und mich sogar jetzt noch emotional bewegt. Nach so vielen Jahrzehnten frage ich mich natürlich auch: Warum habe ich geschwiegen und mich nicht mal meiner Mutter anvertraut?

Deshalb, Mama, möchte ich mich heute, im Nachhinein entschuldigen, wenn du nun auf diesem Wege davon erfährst. Ich denke, deine erste Frage wird sein: »Warum um Himmels willen ist sie damals nicht zu mir gekommen? Warum hat sie kein Vertrauen gehabt? Und weshalb habe ich selbst nichts bemerkt?«

Liebe Mama, ich kann dir darauf aber keine Antwort geben.

Ich weiß es bis heute nicht, obwohl du in vielen anderen schwierigen Situationen oft hinter mir gestanden hast.

Ich möchte mit dieser Geschichte und weiteren sehr intimen Einblicken aufzeigen, dass ich in meinem Leben nicht immer alles richtig gemacht habe. Heute, aus der Sicht einer erwachsenen Frau, die selbst Mutter einer Tochter ist, sehe ich den Fehler ein, dass ich den Vorfall nicht gemeldet und, noch schlimmer, mich meiner Mutter nicht anvertraut habe. So musste vielleicht zu einem späteren Zeitpunkt ein anderes Mädchen ebenfalls Schlimmes erleiden. Der Trieb wird in diesem Mann weiter bestehen geblieben sein, und nicht alle Opfer werden die Kraft gehabt haben, aus einem fahrenden Auto zu springen oder die letzten drei Monate der Lehre zu Ende zu bringen, als wäre nichts geschehen.

Wenn ich heute mit Frauen meines Alters spreche, die in ähnlichen Verhältnissen wie ich groß geworden sind, stelle ich fest, dass zwei von drei Frauen in irgendeiner Form körperlich missbraucht oder zumindest belästigt worden sind. Und da spreche ich nicht von den Belästigungen, die sich die jungen Frauen in den zahlreichen Gaststätten gefallen lassen mussten, wenn sie das Bier servierten. Damals erlaubten sich die Herren bei ihren *Jass*-Runden oder sonstigen Treffen, der Serviertochter einen Klaps auf den Hintern zu geben, als wäre dies das Normalste der Welt und im Preis des Biers inbegriffen.

Ich möchte allen Betroffenen Mut zusprechen, jeden Missbrauchs- oder Belästigungsfall sofort anzuzeigen, um weitere mögliche Verbrechen zu verhindern. Heute gibt es das Internet, wo man sich erkundigen kann. Man findet Anlaufstellen, die Opfer unterstützen und begleiten. In meiner Jugendzeit hat man nicht einmal über solche Vergehen gesprochen. Da wir lange Zeit kein Fernsehgerät hatten, erfuhren wir kaum, dass es solche Übergriffe überhaupt gab. Jedes Mädchen, ich inklusive, dachte, es passiert wohl nur ihr. Die generell fehlende Aufklärung ließ viele von uns »hinterm Mond« steckenbleiben. Das Einzige, was ich relativ früh mitbekam, war die Botschaft: »Pass auf, dass dir nichts passiert, nicht alle Männer meinen es gut mit einem Mädchen!« Oder Vater drohte gleich: »Wehe, du kommst mit einem dicken Bauch nach Hause, dann fliegst du hier raus!«

Was sie aber genau meinten, mit »nicht gut«, wusste ich wie viele andere Mädchen lange Zeit nicht. Zuerst muss man ja auch mitgeteilt bekommen, was genau zwischen Mann und Frau passiert, wenn es »im Guten« passiert, und darauf aufbauend dann die Aufklärung zur möglichen schlechten Variante, damit man als junges Mädchen weiß, was überhaupt auf einen zukommen könnte.

Da erinnere ich mich an den ersten »schlechten Fall«. Meine Freundin Lisbeth und ich, damals vierzehnjährig und beide wirklich »hinterm Mond«, wollten per Anhalter in das vor kurzem eröffnete erste, riesige Einkaufszentrum nach Pfäffikon fahren. Es lag etwa dreißig Autominuten entfernt von unserem Wohnort und war unter uns Freundinnen das Gesprächsthema Nummer eins. So ein Einkaufsparadies kannten wir nicht. Es gab bei uns nur die Dorfläden und die zwei bekannten Lebensmittelgeschäfte, damit hatte es sich.

Mit der Eröffnung des »Seedamm-Centers« in Pfäffikon entstand ein neuer »Sport«, und zwar per Anhalter in dieses Einkaufscenter zu fahren, um die tollen Auslagen sowie die neue, blinkende Welt zu bestaunen. Es war aufregend, und das Center wurde manchmal zu einem richtigen Treffpunkt. Natürlich hätten unsere Eltern uns niemals erlaubt, dorthin per Autostopp zu fahren. Aber in unserem abgelegenen Tal war diese Transportmöglichkeit gang und gäbe, da die Verbindungen nicht sonderlich gut waren und es so außerdem nichts kostete. Wir machten es also heimlich.

Etliche Male verlief die Fahrt per Anhalter problemlos, denn wir hatten uns zur Regel gemacht, immer nur zu zweit zuzusteigen und nur bei einem einzelnen Herrn. Noch lieber stiegen wir bei Frauen ein, aber viele Familien hatten damals, wenn überhaupt, nur ein Auto – und so saßen meist dann doch die Männer am Steuer.

Eines Tages ist es wieder so weit, und meine Freundin Lisbeth und ich stehen am Straßenrand mit dem Daumen nach oben. Ein großer BMW hält, worauf ich unser Wunschfahrziel nenne. Der bärtige Unbekannte erwidert: »Kein Problem, da fahre ich vorbei, steigt ein!«

Lisbeth setzt sich hinten in den Wagen und ich vorne, da es mir ansonsten wieder übel wird. Wir freuen uns, dass es schnell geklappt hat und wir zudem noch so ein schickes Auto erwischt haben. Der Mann fährt los, bis zur soeben fertiggestellten Autobahnauffahrt ist es noch ein gutes Stück.

Wir fahren gerade durch den Nachbarort, als der Mann mich auffordert: »Kannst du bitte das Handschuhfach öffnen und mir daraus mein Taschentuch reichen?«

Ich tue wie geheißen und öffne. Sofort bemerke ich erstaunt die vielen Hefte mit nackten Frauen, die in komischen Posen gefesselt und geknebelt sind. Darauf ein fein säuberlich zusammengefaltetes weißes Stofftaschentuch. Dieses nehme ich mit spitzen Fingern heraus und denke mir dabei: Corinne, tu einfach so, als hättest du diese Hefte nicht bemerkt. Doch als ich mich ihm zuwende, um das Taschentuch zu überreichen, sehe ich, wie der Bärtige in der Zwischenzeit seinen Mantel zur Seite geschoben hat. In seiner grauen Anzugshose klafft im Schritt ein Loch, aus dem sein steifer Penis ragt. Wääääää, unglaublich! Ich habe noch nie ein erigiertes Glied gesehen trotz meiner zwei Brüder, und mein Bauchgefühl schreit förmlich: »Corinne, raus hier!«

Reflexartig drehe ich den Kopf weg und schaue aus dem Fenster. Wir sind auf der Höhe des Museums, wovor sich einige Menschen versammelt haben. Kurz dahinter befindet sich die

Auffahrt auf die Autobahn. Jetzt geschieht alles automatisch. Ich klopfe gegen das Seitenfenster und möchte es gleichzeitig herunterdrehen, was aber nicht klappt, da der Hebel dafür fehlt. Gleichzeitig sage ich in bestimmtem und lautem Ton: »Halt, halt! Sie müssen sofort anhalten, da stehen Freunde von uns, und deshalb wollen wir doch nicht weiter! Hallo, hallo!«, brülle ich nun, während ich aufgeregt und auffällig mit den Armen schwenke.

Tatsächlich winkt eine Person zurück, während sie verwundert versucht, mich zu erkennen. Natürlich sind es keine Freunde, sondern irgendwelche Fremden.

Lisbeth versteht erst nicht, warum ich mich so seltsam benehme, und möchte gerade etwas erwidern, als der überraschte Fahrer hält und im selben Moment auch seinen Mantel schließt. Ich stoße die Autotür auf, springe hinaus, um anschließend Lisbeth fast aus dem Auto zu zerren. Die verwirrte Freundin versteht gar nichts mehr und fragt: »Sag mal, Corinne, bist du nicht mehr ganz bei Trost? Was soll dieser Aufstand?«

Aufgeregt erkläre ich ihr kurz die Situation und bemerke dabei, wie ihre Augen vor Ekel größer und größer werden. Die herumstehende Menschengruppe mustert uns befremdet, während der Typ mit quietschenden Reifen davonfährt. Die Sache ist für uns noch einmal glimpflich ausgegangen …

Fahrtwind und Glotze

Am Anfang der Sommerferien finden immer die Dorf-Fußball-Grümpelturniere statt, was jedes Jahr ein großes Ereignis ist. Dabei bilden verschiedene Schüler eine Fußballmannschaft, melden sich an und müssen dann gegen gleichaltrige Gegner antreten. Als wir hören, dass wir erstmals auch eine Frauenmannschaft aufstellen können, organisieren wir sogleich ein Team. Es ist das Jahr 1975. Damals ist Damenfußball noch nicht so populär, wie es später der Fall sein sollte. Ein »Lausbubenmädchen« in unserer Klasse kann eh schon toll spielen, und den Rest – wie die Regeln funktionieren und das Zuspielen bis zum Torabschluss gehandhabt wird – bringt uns unser Sportlehrer an freien Schulnachmittagen bei. Nach der Anmeldung bekommen wir sogar von einem großen Sponsor rosa T-Shirts mit einem Werbeaufdruck sowie dazugehörende Schirmmützen. Adidas-Fußballschuhe werden leihweise zur Verfügung gestellt. Somit sind wir gerüstet für die erste Dorf-Damenfußballmannschaft.

Erst bin ich im Sturm eingeteilt, da ich nach wie vor eine schnelle Sprinterin bin. Aber als ich mir schon im ersten Spiel beinahe Knochenbrüche zuziehe, da die Gegnerinnen offenbar Beine und Ball nicht auseinanderhalten können, beschließe ich, ins Tor zu wechseln. Bewaffnet mit Skihandschuhen, Trainingshose und Mütze stehe ich im großen Tor und verfolge nun die teils ungelenken Manöver aus der Ferne. Durch meine Größe schnappe ich mir so manchen Ball, da ich auch vor schmerzhaften Hechtsprüngen nicht zurückschrecke. Endlich hilft es, groß zu sein! Angefeuert von vielen Zuschauern am Spielfeldrand geben wir unser Bestes. Mal fällt bei uns ein Tor, mal auf der Gegenseite. Mal ist Abseits, weil die Regeln vergessen wurden, oder beim Einwurf steht das eine Bein schon im Spielfeld, was auch wieder für Aufregung sorgt. Doch endlich ist es geschafft: Wir haben gewonnen! Stolz, aber von Kopf bis Fuß verdreckt, stellen wir uns dem Dorffotografen, damit unser Foto im kommenden Wochenmagazin steht. Ein gutes Gefühl.

Die Schule geht unterdessen ihren gewohnten Gang. Die ersten Mitschülerinnen haben ihre »Schulschätze« und laufen dementsprechend händchenhaltend über den Pausenplatz. Auch meine Freundin Lisbeth hat sich mit einem Jungen angefreundet. Ich hingegen bin froh, dass sich bei mir langsam, aber sicher Rundungen abzeichnen. Meine Brüste scheinen endlich erwachen zu wollen, denn sie schmerzen oft. Fast täglich schließe ich mich ins Badezimmer ein und kontrolliere im Spiegel, ob sie schon größer geworden sind. Auch die Haare sprießen nun nicht nur auf dem Kopf, was mich beruhigt. Es fehlt nur noch die Monatsblutung, und dann bin ich endlich eine Frau, bin ich überzeugt. Einige der Mädchen sind schon so weit, denn beim Sport sitzen sie an jenen Tagen abseits und schauen zu. Das geht nur mit einer schriftlichen Notiz der Mutter an den Sportlehrer. Somit weiß man natürlich sofort, wer schon so weit ist und wer nicht.

Zum einen möchte ich auch dazugehören, zum anderen würde es mich natürlich ärgern, wenn ich dann nicht beim Schwimm- oder Leichtathletiktraining mitmachen könnte. Wir tagen alle ein Trikot, das aus heutiger Sicht eher an einen Badeanzug erinnert und es somit unmöglich macht, mit einer Binde zwischen den Beinen am Reck zu turnen. Die damaligen Tampons sind noch enorme Stücke, und es wird gemunkelt, dass man nach deren Gebrauch nicht mehr Jungfrau sei. Wer will das schon riskieren wegen der Monatsblutung!

Zudem beklagen sich die Mädchen auch über schlimme Bauchschmerzen, was mich auch nicht wirklich reizt. Und wenn dann noch die Pickel im Gesicht der Geplagten sprießen, bin ich ganz froh, dass der liebe Gott noch keine hundertprozentige Frau aus mir machen möchte. Ich bin ihm wohl noch zu dürr.

Auch hat der Klassenlehrer, wenn er schlechter Laune ist, eine unmögliche Art, einen bloßzustellen. Sitzt etwa ein Schüler oder eine Schülerin mit aufgestütztem Kopf in der Schulbank, schleicht er sich von hinten an, um dem Betroffenen den Arm seitlich vom Kopf wegzuschlagen, und dabei äußert er möglichst laut: »Hände weg vom Gesicht, oder willst du noch mehr Pickel bekommen?« Denselben Satz kann er auch von seinem Lehrerpult aus durchs ganze Klassenzimmer posaunen. Die Jungs werden durch seinen unerwartet auf ihr Pult geschmissenen Schlüsselbund schon mal aus den Träumen gerissen, oder wenn's gar nicht anders geht, bekommen sie die Ohren langgezogen. Im schlimmsten aller Fälle verteilt er eine Kopfnuss.

Ja, ich muss gestehen, wir hatten strenge Lehrer und waren deshalb ziemlich diszipliniert. Die Eltern beschwerten sich in den wenigsten Fällen, meistens hieß es: »Der wird schon wissen, warum er dir eine Lektion verpasst hat!«

Aus heutiger Sicht sind solche Methoden nicht mehr denkbar, und trotzdem haben sie den Effekt gehabt, dass man sich zusammenriss, damit man nicht zur Zielscheibe wurde. Besonders in der aufmüpfigen Pubertätsphase half es schon, wenn man etwas eingeschüchtert wurde. Die Lehrer waren Autoritäten, denen man zu gehorchen hatte. Heute sind die Kinder ihnen gegenüber teilweise respektlos, da sie nichts zu befürchten haben. Beklagt sich ein Kind zu Hause, rennen die Eltern gleich in das Lehrerzimmer und verteidigen ihren Sprössling, egal, was er auch angestellt haben mag – wie ich von befreundeten Lehrerinnen immer öfter zu hören bekomme.

Ich möchte nicht beurteilen, was besser ist, aber ich bin froh, dass in unserer Sekundarschulzeit Respekt einen sehr hohen Stellenwert hatte. Mein Klassenlehrer stand auch immer im dunklen Anzug, in Hemd und Krawatte vor uns und legte großen Wert auf Sauberkeit. Da wurde auch schon mal einer nach Hause geschickt, wenn er dreckige Fingernägel hatte oder nach Schweiß stank. Ich bekam die Härte auch zu spüren, als ich eines Tages bei hochsommerlichen Temperaturen das Gefühl hatte, barfuß, dafür aber mit lackierten Fußnägeln zur Schule kommen zu müssen – schließlich war die Hippiezeit erst gerade abgeklungen. Ich musste tatsächlich den Heimweg unter die (bloßen) Füße nehmen und vor Schulstundenende dem Lehrer erneut unter die Augen treten – mit unlackierten Nägeln, die in Sandalen steckten. Da war ich wirklich sauer und verstand auch nicht, was diese Aktion sollte, schließlich lernte ich mit dem Kopf und nicht mit den Füßen! Aber eben: Es ging um Anstand und Respekt.

Bei uns zu Hause steht eine Veränderung an. Mein älterer Bruder Marc hat die Sekundarschule beendet, wird nach den Sommerferien in Basel eine Chemielaborantenausbildung antreten und somit in ein Lehrlingsheim einziehen. Irgendwie doch ein komisches Gefühl, dass er plötzlich so weit entfernt sein wird. Auf der anderen Seite bin ich somit plötzlich die Älteste zu Hause und muss mich ihm nicht mehr unterordnen. Jetzt kann ich die Regeln bestimmen. Doch mehr Platz im Zimmer gibt es nicht, denn meine kleine Schwester, die bislang noch im Elternschlafzimmer geschlafen hat, rückt nach. Eric mit seinen bald zwölf Jahren zieht auf die obere Etage im Stockbett und meine Schwester darunter. Da der Altersunterschied zwischen uns dreien sehr groß ist, wird es nun schwieriger für mich und meinen Bruder. Sabine als Kleinkind muss natürlich wesentlich früher ins Bett als wir. Das heißt, ich kann keine Musik mehr hören auf meinem Kassettenrekorder, den ich noch von unserer

»Hürbizeit« habe, und mein Bruder Eric kann seine Spielsachen nach 19 Uhr auch nicht mehr benutzen. Meistens lerne ich für die Schule sowieso am Schreibtisch im Wohnzimmer, aber nervig ist es schon, wenn man immer leise ins Bett schleichen muss. Damit wir wenigstens noch etwas Licht benutzen können, hat Mutter einen zuziehbaren Vorhang gefertigt, der Sabines untere Abteilung am Stockbett verdunkelt.

Doch nun stehen die Sommerferien vor der Tür und lassen mich die neue Situation zu Hause etwas vergessen. Erstmals habe ich mich um einen Ferienjob beworben. Laut Gesetz darf man ab vierzehn Jahren zwei Wochen im Jahr leichte Arbeiten verrichten. Ich bekomme die Chance und kann bei einem Lebensmittelgeschäft die Regale einräumen, sortieren, putzen und umräumen, Aktionsware aufstellen und einfach Mädchen für alles sein. Ich erledige das Gewünschte, denn zum Ende winken mir 200 Franken. Dieses Geld brauche ich auch dringend, denn seit Juni bin ich alt genug, um ein Mofa fahren zu dürfen, und ein solches zu besitzen wäre natürlich mein allergrößter Traum! Ein angesagtes Puch-Töff mit großem schönen ovalen Tank und natürlich höhergestellter Lenkgabel. In meinem Kopf existieren bereits die ganzen Details zu meinem zukünftigen Fortbewegungsmittel. Zwar bekomme ich, da ich nun schon in der zweiten Klasse der Sekundarschule bin, mittlerweile ein Taschengeld von zwei Franken im Monat, aber das daraus Ersparte reicht für den Mofa-Kauf bei weitem nicht. Mein Ziel rückt nur mit Eigeninitiative näher. Und so stört es mich nicht, wenn die Klassenkameraden in den Ferien in die neu eröffnete Badeanstalt gehen und ich die zwei Wochen arbeiten muss. Noch radele ich täglich mit meinem Klapprad zur Arbeit, aber bald werde ich mit flatternden Haaren auf einem Mofa durchs Dorf düsen, da bin ich mir ganz sicher.

Der Ferienjob gefällt mir, und bisweilen besuchen mich nach der Arbeit auch meine Freundinnen, um mir den neuesten Klatsch und Tratsch zu erzählen. Die Sommerzeit ist die Phase, wo sich die meisten neuen Paare bilden. So kommt es schon mal vor, dass Lisbeth vorbeischaut, und dann hört es sich folgendermaßen an:

»Corinne, stell dir vor, wer nun zusammen ist, das errätst du nie!«

Ich schaue sie fragend an.

»Also, ich verrate dir jetzt mal den Mädchennamen – es geht um Silvia …«

»Um Silvia?«, frage ich neugierig zurück: »Die ist doch mit Peter zusammen.«

»Nein, eben nicht mehr, sie haben Schluss gemacht, und jetzt habe ich sie mit Ruedi in der neuen Badi beim Knutschen erwischt. Stell dir vor, kaum getrennt, schon hat sie einen Neuen«, erzählt mir meine Freundin verschwörerisch.

Natürlich stelle ich mir neuerdings auch öfter vor, wie es wäre, einen richtigen Freund zu haben, anstatt nur heimlich für einen Jungen zu schwärmen. Wieso hat diese Silvia bereits ihren zweiten Freund, und ich hatte noch nie einen? Und wie wohl ein richtiger Zungenkuss schmecken wird?, frage ich mich oft. Diejenigen, die Jungs haben, kleben ja ständig aneinander, und so muss es wohl etwas absolut Umwerfendes sein, geküsst zu werden. Na ja, für mich interessiert sich aus meiner Klasse gerade noch keiner, und somit legt sich für kurze Zeit die Neugier von selbst wieder.

In der kommenden Zeit steht aber erst einmal der Mofakauf im Mittelpunkt meines Interesses. Schon Tage vor meiner bevorstehenden Lohnzahlung war ich beim einzigen Fahrrad- und Mofahändler im Ort, um mich nach einem guten Angebot aus zweiter Hand zu erkundigen. Da aber der Mopedhype so richtig im Gange ist, wird es mit Sonderwünschen nicht ganz einfach. Sogar meine Mutter hatte sich schon vor einiger Zeit ein solches Gefährt gekauft, um bequemer die Einkäufe erledigen zu können. Doch ich versuche es in den folgenden Wochen und Monaten immer wieder aufs Neue, indem ich später nach der Schule zum Händler radle, um auf meine Gelegenheit zu warten. Im Herbst endlich habe ich Glück, und genau wie in meiner Vorstellung steht eine Maschine zum Verkauf da. Sie kostet etwas mehr, als ich mir leisten kann, auch wenn der Geschäftsmann sogar mein Rad als Anzahlung nehmen würde. Aber ich möchte dieses Moped und kein anderes. Der gute Mann kennt mich mittlerweile und fragt: »Können dir deine Eltern nicht etwas vorschießen, in zwei Monaten ist doch eh Weihnachten?«

Wenn der wüsste, wie spärlich bei uns die Geschenke ausfallen, vor allem für uns Größere, da für meine kleine Schwester alles neu angeschafft werden muss. Sie kam dreizehn Jahre nach mir und elf Jahre nach Eric zur Welt, somit ist von unseren Sachen zum Weiterreichen nichts mehr da, keine Kleider, kein Kinderwagen, kein Spielzeug etc. etc.

Ich schaue den Händler an, der ständig an einem Fahrrad herumhantiert, und antworte: »Bitte, ich warte schon so lange, können Sie mir nicht eine Woche Zeit geben? Ich werde mit Vater sprechen und versuchen, die fehlenden vierzig Franken aufzutreiben.«

Tatsächlich bekomme ich eine Woche Aufschub. Von Mutter kann ich nichts erwarten. Sie arbeitet wegen Bienchen zurzeit ja nicht und hat deshalb jenseits der Haushaltskasse kein eigenes Geld mehr zur Verfügung. So frage ich Vater. Er aber antwortet: »Corinne, eines musst du dir merken, und zwar fürs Leben: Man kann den Franken nicht ausgeben, den man noch nicht in der Hosentasche hat. Und außerdem ist der Kauf *eine* Sache, die zweite ist das Nummernschild mit der Versicherung, was mit zehn Franken ja noch günstig ist, und das Dritte ist das Benzin. Das sind alles Mehrkosten, die ebenfalls einkalkuliert werden müssen.« Damit ist seine Rede und damit auch das Thema beendet.

Wieder einmal bin ich enttäuscht und fühle mich missverstanden, denn viel Geld fehlt mir ja nicht. Vater hat sicher recht mit den weiteren Kosten, aber jetzt steht ja erst mal der Kauf an, und dann schaue ich weiter, denke ich störrisch. Vielleicht könnte ich einen Vorschuss bei der Witwe verlangen, überlege ich kurz. Doch diesen Gedanken verwerfe ich sofort wieder, denn die Frau ist zu geizig, und außerdem brauche ich später die fünf Franken für den Benzinkauf.

Als ich meiner Freundin Theres von meinem Traum erzähle, sagt sie aufmunternd: »Corinne, ich habe etwas Geld in meinem Sparschwein und könnte dir aushelfen. Wenn du es mir in ein paar Wochen zurückgibst, ist das für mich kein Problem.«

Zuerst freue ich mich riesig über ihre Hilfsbereitschaft, aber dann schaltet sich sogleich Vaters Standpauke ein: »Geld, das du nicht besitzt, kannst du nicht ausgeben«, und so lasse ich das gutgemeinte Angebot sausen.

Heute bin ich für die harte Lebensschule durch meinen Vater dankbar. Bis heute habe ich nie Geld ausgegeben, das ich nicht hatte. Auch später, als ich mit knapp achtzehn Jahren meine erste kleine Wohnung bezog, habe ich nur Secondhand-Sachen gekauft, die mein bescheidenes Budget nicht gesprengt haben. Auf einen Telefonanschluss hatte ich anfangs verzichtet, weil ich das für eine Ausländerin erforderliche Depotgeld nicht besaß. Somit konnte ich mich nach meinem Auszug von zu Hause bei meiner Mutter und den zurückgebliebenen Geschwistern nur von einer Telefonzelle aus melden. Und sie hatten gar keine Möglichkeit, mich zu erreichen. Zudem gönnte ich mir mittags nur das günstigste Kantinenessen, wenn überhaupt, und verzichtete auf ein Getränk, denn Wasser aus der Leitung tat es auch und kostete nichts. Abends ging ich oft mit Freundinnen aus. Doch wenn am Monatsende das Geld nicht mehr reichte, bestellte ich mir eben keinen Drink und wollte auch keinen ausgegeben bekommen, was wiederum viele nicht begreifen konnten. Ich blieb stur bei dem, was ich hatte oder eben nicht hatte. Immer streckte ich mich bis zur Decke, aber nie darüber hinaus. Diese Unabhängigkeit habe ich mir bis heute bewahren können, und ich verpflichte mich deshalb zu so wenig wie nur möglich.

Das zweite Wichtige, was ich damals von unserem Patriarchen mit auf den Weg bekommen habe, war: »Nur, was du dir selbst erarbeitet hast, wirst du richtig schätzen lernen!« Und auch dem kann ich heute zustimmen. Ich denke, jeder kennt das von sich selbst. Wenn man lange auf etwas hingefiebert hat und alles in Bewegung setzt, damit man sein Ziel erreicht, freut man sich umso mehr, wenn man es alleine geschafft hat. Danach ist man enorm stolz auf sich, und dies wiederum stärkt das Selbstvertrauen. Natürlich ist es einfacher, wenn einem die Eltern die Wünsche erfüllen, aber die daraus entstehende Freude und die Selbstachtung haben nicht denselben Stellenwert. Ich habe es viele Male erleben können. Jede erklommene Sprosse auf der Erfolgsleiter habe ich aus eigener Kraft geschafft und bin stärker und stärker geworden, wie auch das Erlebnis zeigt, das ich im Folgenden erzählen möchte.

Nachdem klar ist, dass ich die fehlenden vierzig Franken nicht auftreiben kann, marschiere ich trotzdem wieder zum Mopedhändler und teile ihm mit, dass ich zwar leider kein weiteres Geld von zu Hause bekomme, aber diesen Puch-Töff unbedingt kaufen möchte. Den ganzen Nachmittag verbringe ich in der Werkstatt und lasse mein Wunsch-Moped nicht mehr aus den Augen. Ich schlage ihm vor, er könnte mir doch mit dem Preis entgegenkommen oder mehr für mein Klapprad zahlen, schließlich würde ich die späteren Ersatzteile auch immer wieder bei ihm besorgen. Lange Zeit erwidert er nichts auf mein Jammern. Endlich abends um 18 Uhr, kurz vor Feierabend, streckt er mir seine ölverschmierte Hand entgegen und murrt: »Also Mädchen, du hast einen Dickkopf, so was ist mir ja noch nie unter die Augen gekommen.« Dabei schüttelt er den Kopf und fährt fort: »Das Moped gehört dir, wenn du mir die Erlaubnis deines Vaters bringst, dein Geld und dein Klapprad!«

Ungläubig starre ich in sein verwittertes Gesicht und würde ihm am liebsten um den Hals fallen, stattdessen drücke ich meine Hand in die seine und bedanke mich, bevor ich mit einem Freudengefühl im Körper, welches mich fast trunken macht, nach Hause radle. Mein Traum geht in Erfüllung, ich kann es kaum erwarten.

Da Vater nie für das Schriftliche zuständig ist, sondern Mutter das alles macht, steht sie natürlich auf meiner Seite und schreibt mir die schriftliche Erlaubnis. Der Händler kennt meine Eltern, da auch sie ihre Mofas bei ihm gekauft haben, als endlich die Straße bis zu unserem Haus gebaut wurde. Manchmal bin ich jetzt schon mit Mutters Mofa die neue Bergstraße hoch- und runtergefahren, aber auf die öffentliche durfte ich ja erst mit dem Vollenden des vierzehnten Lebensjahres, was jetzt vor vier Monaten der Fall war. Und zudem ist ihr Mofa eher ein automatisch geschaltetes »Lahmrad« als ein angesagter »Feuerstuhl«.

Dann kommt der heißersehnte Moment, an dem ich dem Händler Geld und elterliche Erlaubnis überreiche und mein Klapprad verabschiede. Stolz schwinge ich mich auf meinen Puch, übe erst noch mal kurz das Umschalten mit der Kupplung, Bremse und Gas. Und dann geht's los. Selbst der Händler freut sich über mein strahlendes Gesicht und ruft mir hinterher: »Junges Fräulein, pass aber auf die Autos und vor allem die Laster auf!«

Ich fahre erst verhalten um die Kurven, um dann mit Vollgas durchs Dorf zu düsen, wohlverstanden: mit dreißig Stundenkilometern. Trotzdem fühle ich mich plötzlich wahnsinnig cool.

Vierzig Jahre später kann man sich gar nicht mehr vorstellen, was es für uns im Jahre 1974 bedeutet hat, im Besitz solch eines Mopeds gewesen zu sein. Man war cool, man gehörte dazu, besaß Unabhängigkeit, Freiheit und vieles mehr. Fahrprüfungen gab es nicht. Helmpflicht existierte damals ebenfalls nicht.

Nicht einmal für die wirklich großen Maschinen! Mit der Zeit schloss man sich zu richtigen Mofagangs zusammen. Je cooler der Tank, der Sattel oder das Lenkrad waren, desto angesagter warst auch du.

Wenn heute noch so ein Moped durch die Straßen schleicht, belächelt man es als langweiliges Hindernis. Die heutige Jugend fährt auf Motorrollern durch die Gegend, und es scheint, dass zumindest in meiner neuen Heimat Lugano fast jeder einen besitzt. Aber es wird ihnen nicht einfacher gemacht mit den ganzen Prüfungen und Vorschriften, so berechtigt diese beim heutigen Verkehrsaufkommen auch sind. Wir hingegen erlebten in dieser Hinsicht noch »wilde Zeiten«, die heute längst vorbei sind.

Natürlich ist zu Hause meine Errungenschaft das Thema Nummer eins. Eric ist nicht ganz glücklich, da er nun der Einzige ist, der den Schulweg noch laufen muss. Unsere Schwester ist mit ihren kaum zwei Jahren sowieso noch zu klein. Vater bestaunt meine »Maschine« auch kurz und kommentiert halb lachend, halb spottend: »Aber denk dran, der Benzintank muss aufgefüllt werden, sonst gehst du schnell auch wieder zu Fuß!«

Abends fahre ich in meine Vereine und bin dementsprechend nun natürlich auch schneller wieder zu Hause, um für die Schule zu lernen. Dies ist auch bitter nötig, da der Schulstoff immer mehr an meinen Nerven zehrt. In Mathe bin ich auf dem Tiefpunkt angelangt. Auf keinen Fall möchte ich sitzenbleiben, sondern will so schnell wie nur möglich die ganze Schule hinter mich bringen. Im kommenden Frühling steht die Versetzung ins letzte Schuljahr an, und die muss ich erreichen. Zu Hause kann mir Mutter nur bei Deutsch und Französisch helfen. Mathe sowie die immer komplizierter werdende Geometrie sind auch nicht ihre Stärke, und mein älterer Bruder ist weit weg in Basel.

Er hat seine Lehre in einem Chemiekonzern begonnen, lebt

im Lehrlingsheim und lässt eher selten von sich hören. Das Telefonieren aus den Telefonzellen kostet auch Geld, was er aber dringend braucht, da er mit seinem spärlichen Lehrlingslohn alleine durchkommen muss. Zudem war die letzte Phase zu Hause nicht einfach. Er und Vater hatten viele Auseinandersetzungen – über Erziehung, Freizeit, lange Haare, Rauchen, ja, eigentlich über alles.

Mutter leidet mehr als alle anderen darunter, dass sie von ihrem sechzehnjährigen Sohn nicht viel hört. Ich erfahre ihre Sorgen bei unseren gemeinsamen Mopedausflügen, die wir manchmal bei schönem Wetter mit unserer kleinen Sabine unternehmen. Ich packe Windeln, Essen und Spielsachen auf meinen »Feuerstuhl«, sie den Kindersitz mit der Kleinen auf ihr Gefährt. Wenn wir dann am Waldrand in der Sonne liegen, Bienchen glücklich mit den Tannenzapfen, Steinen und dem grünen Moos spielt, erzählt Mutter mir von ihren Ängsten um meinen älteren Bruder, der doch jetzt auf sich alleine gestellt sei, und dass sie überhaupt nicht wisse, wie alles ausgehen wird. So höre ich oft den Satz: »Weißt du, Corinne, ihr Kinder habt ja gar keine Stadterfahrung. Ihr kommt aus unserem verschlafenen Landleben, und dann ist so ein plötzlicher Umzug in die Großstadt eine riesige Umstellung. Viele Gefahren lauern da, von schlechter Gesellschaft bis zu gefährlichen Drogen oder Alkohol.« Sie seufzt tief. Darauf habe ich natürlich auch keine Antwort und schäme mich auch gleich ein wenig, da ich mir um Marc weiter keine Gedanken mache, sondern es einfach genieße, nun die Älteste in unserem Kinderzimmer zu sein.

Diese Weihnachten werden etwas ganz Besonderes sein, lassen unsere Eltern durchblicken. Wir wissen zwar noch nicht, warum, sind aber trotzdem neugierig. Unser Bruder Marc kommt für die Feiertage das erste Mal seit seinem Auszug wieder nach Hause, und wir sind natürlich sehr neugierig, was er von der großen weiten Welt aus Basel zu berichten weiß.

Es ist Tradition, dass wir erst in unserem Zimmer warten, während Mutter den Baum schmückt und die paar Päckchen darunter verteilt. Wir dürfen erst dann ins Wohnzimmer kommen, wenn die Kerzen am Bäumchen brennen, die Weihnachtsmusik aus dem Plattenspieler ertönt und Mutter das anschließende Essen bereits im Römertopf schmoren lässt. Wir schleichen dann um die bunten Päckchen und erhaschen einen Blick auf die Namensschildchen.

Natürlich ist unsere kleine Schwester schon besonders aufgeregt, wir Älteren hingegen erwarten eigentlich nicht allzu viel. Seit ich meine Schlittschuhe bekommen habe, hatte ich keine sehnlichsten Wünsche mehr; und mein Moped habe ich mir ja nun erarbeitet. Doch an diesem Tag fallen die Geschenke noch spärlicher aus als sonst, wohl nur Schokolade oder Kekse. Unruhig singen wir: »O du fröhliche«, was ich früher sogar noch mit der Flöte begleitet habe. Doch mit vierzehn Jahren und als Besitzerin eines coolen Töffs verspüre ich an diesem Tag dazu keine Lust mehr.

Nach dem dritten Weihnachtslied steht Mutter auf und sagt: »Kinder, diesmal seht ihr nicht viele Geschenke, aber wir haben euch dafür einen Wunsch erfüllt, mit dem ihr uns schon lange in den Ohren gelegen habt.« Dabei steht sie auf, geht zum Bücherschrank und zieht dort an einem dunklen Tuch, das uns vorher gar nicht aufgefallen ist. Plötzlich schauen wir auf ein Fernsehgerät und können es kaum glauben. Wir haben einen Fernseher, zwar nur ein Schwarzweißgerät, aber immerhin doch ein echter Fernseher! Mit dem haben wir gar nicht mehr gerechnet. Doch Vater hat eine höhere Gehaltsstufe erreicht, und somit wurde diese Anschaffung überhaupt möglich.

Sofort versuchen meine Brüder, das Gerät anzuschließen, was gar nicht so einfach ist. Gespannt schauen wir immer wieder auf den kleinen Bildschirm, auf dem aber nur ein weißes Flimmern zu sehen ist. Die Zimmerantennen werden mal nach rechts, mal nach links gedreht, mal flimmert es mehr, oder für einen kurzen Moment erscheint verschwommen ein Mann im Bild. Die Aufregung und Anspannung ist groß, und nach einer erfolglosen Weile schimpft Vater los: »Ich hab's ja gewusst, dass das rausgeschmissenes Geld ist – die ziehen einen über den Tisch! Das Mistding funktioniert gar nicht – ich hab denen doch gesagt, wir wohnen außerhalb des Dorfes!«

Mutter schlägt vor, dass wir jetzt erst mal unser Weihnachtsessen verzehren, welches ja auch zugleich ihr Geburtstagsessen ist. Doch die Jungs stöpseln immer noch an den Kabeln herum, bis Mutter ebenfalls schimpft: »Jetzt kommt endlich an den Tisch, wir wollen essen, was soll denn das für ein Weihnachten sein!«

Die Stimmung ist schon wieder angespannt, aber wir Kinder wollen nur eines: so schnell wie möglich essen, um das Fernsehgerät in Gang zu bringen. Alles andere interessiert uns nicht mehr. Mein älterer Bruder schafft es schließlich, dass das schwarzweiße Bild zumindest einigermaßen zu erkennen ist. Aufgeregt setzen wir uns aufs Sofa und versuchen, dem Geschehen zu folgen, das doch ziemlich weit von unseren Augen entfernt auf dem Bücherregal stattfindet. Auf dem Bildschirm geht es gerade ziemlich wild zu, eine Frau wird erwürgt.

Mutter mischt sich sofort ein und meint: »Also, Kinder, es ist Weihnachten, und das stelle ich mir anders vor als mit Mord- und Totschlaggeschichten, und außerdem ist Bienchen auch noch da.«

Aber wir größeren Kinder wollen jetzt unser Geschenk ausprobieren, und zudem haben wir gar keine andere Wahl, als dieses Programm anzuschauen, denn wir können ja nur das Schweizer Fernsehen empfangen. Ein Gezeter entsteht zwischen Mutter und uns, und schließlich beendet Vater das Ganze, indem er den Fernseher einfach ausschaltet. Wir finden das natürlich ungerecht, schließlich ist es unser Weihnachtsgeschenk; und so kommt es, wie es kommen muss: Statt große Freude zu verbreiten, ist der Fernseher Anlass zu einem großen

Streit, und wir Kinder werden frühzeitig ins Bett geschickt. Weihnachten ist somit gelaufen.

Ein paar Tage später dasselbe Spiel. Wir erkennen einen dunkelhaarigen Mann, der von ungelösten Verbrechen berichtet. Hinter ihm lesen wir »Aktenzeichen XY ... ungelöst«. Eine kurze Weile schauen wir zu und finden es natürlich aufregend. Mutter ist anderer Meinung und murrt erneut: »So was schauen wir nicht an, und schon gar nicht in der heiligen Jahreszeit!« Wieder kommt es zu Protesten unsererseits.

Auch in der Folgezeit kommt es immer wieder zu Auseinandersetzungen mit unseren Eltern. Immer dürfen wir einen Film anfangs schauen, müssen dann aber um 21 Uhr ins Bett, also mittendrin. Natürlich versuchen wir immer ein paar Minuten herauszuschinden, weil es gerade spannend ist, aber meistens enden unsere Fernsehabende mit Ärger. Fragen wir dann tags darauf, wie der Film zu Ende ging, wissen unsere Eltern es selten, was noch ärgerlicher ist.

Jahrzehntelang hat Eduard Zimmermann »Aktenzeichen XY ... ungelöst« moderiert, und wann immer ich mir die Sendung später anschaute, wurde ich unweigerlich jedes Mal an unsere erste Fernsehzeit erinnert.

Rebellion

Der Winter ist manchmal auf dem Moped nicht einfach zu bewältigen. Die Naturstraße ist nicht völlig vom Schnee geräumt und somit sehr rutschig. Außerdem bläst mir ein eisiger Wind ins Gesicht. So kommt es vor, dass ich immer mal wieder mein Training bei den Vereinen sausenlasse. Aus dem Schwimmclub trete ich ganz aus, da mir dafür inzwischen die Zeit fehlt.

Mittlerweile habe ich mich in die dritte Sekundarklasse gehangelt. Auf die Englischstunden, die damals noch kein Pflichtfach sind, freue ich mich sehr, denn davon verspreche ich mir mehr als vom sehr anstrengenden Französisch. Außerdem möchte ich endlich die Musiktexte verstehen können. Es gibt mittlerweile Lieder, zum Beispiel von den Beatles oder von Elvis Presley, die ich auf meinem einfachen Rekorder, den ich auf der Hürbi gefunden habe, rauf und runter höre, aber leider nicht verstehen kann. Ich schreibe mir jeweils die Texte so auf, wie ich sie höre, um anschließend überhaupt mitsingen zu können.

Auch habe ich über meinem Bett die Poster von Roy Black, Maffay und Co. durch solche von den obengenannten Stars ausgetauscht. Dazu kommen noch Suzi Quatro im heißen Lederoutfit, Ike & Tina Turner sowie die Les Humphries Singers. Alles Künstler, die ihre Hits in Englisch singen und deren Texte ich endlich verstehen möchte. Ja, und überhaupt, wenn ich dann in zwei oder drei Jahren arbeite und mir vielleicht meinen Traum von der Afrika-Safarireise leisten kann, den ich auch als Heranwachsende weiterhin pflege, muss ich doch Englisch verstehen.

Mein Klassenlehrer macht mir einen gewaltigen Strich durch die Rechnung, indem er mir gehässig mitteilt: »Corinne, erst lernst du mal richtig Französisch, bevor ich mich mit dir auch noch in Englisch herumärgere. Du hast wirklich nichts in diesem Freifach zu suchen!«

Jetzt bin ich sauer, ja, wirklich sauer. Ich trete auch gleich aus dem nervigen Stenounterricht aus, damit ich bei ihm keine weiteren Freifächer habe außer dem Maschinenschreiben. Mit dem Lehrer bin ich fertig! So wenig wie nur möglich möchte ich noch in seinen Unterricht. Trotzig melde ich mich dafür im Italienischkurs an, der bei einem neuen Lehrer stattfindet. Da habe ich dann Ende des Jahres die zweitbeste Note erzielt!

Wir von der dritten Sekundarschulklasse sind nun die Ältesten im Schulhaus, und automatisch werden wir von den jüngeren Schülern in den anderen Klassen respektiert. Mein Bruder Eric ist nun auch zwei Stufen unter mir, in der ersten.

Mehr oder weniger sind wir Mädchen mit unseren fünfzehn Jahren nun alle in der Pubertät, was man bei einigen auch an der unreinen Haut erkennen kann. Gott sei Dank muss ich mich damit nicht herumplagen, sondern kann mich erfreuen, dass meine Brüste gedeihen und ich endlich mit Mutter zum Büstenhalterkauf marschieren kann. Das empfinde ich schon als großes Ereignis, denn unweigerlich fühlt man sich nun älter und erwachsener.

Mittlerweile klemme auch ich mir einmal im Monat für ein paar Tage die unbequemen Binden zwischen die Beine, und beim Schulsport sitze ich abseits und gehöre nun auch zu den »Frauen«. Genau an jenen Tagen bin ich aber ziemlich unausstehlich und streite mich oft mit meiner Mutter, oder von Vater gibt's auch schon mal eine Ohrfeige wegen pampiger Antworten. Überhaupt weiß ich gar nicht richtig, was mit mir plötzlich los ist. Auf meine Sportvereine habe ich keinen Bock mehr, und so verlasse ich auch noch mein Leichtathletiktraining, was natürlich meinen Trainer überrascht und für Vater eine Riesenenttäuschung ist, schließlich halte ich immer noch in meiner Altersklasse im Glarnerland den Rekord im Hochsprung. Aber warum bin ich ihm nur wichtig, wenn ich Leistung erbringe, geht es mir ärgerlich durch den Kopf, während er mir vorhält: »Du hast ja nur noch dein Moped im Kopf und das Rumhängen mit Freunden. Eine Karriere im Sport hättest du machen können, aber jetzt bin ich mal gespannt, ob überhaupt noch mal etwas aus dir wird!«

Ich lasse es mir nicht anmerken, aber sein Vorwurf trifft mich sehr. Nie kann ich es ihm recht machen! Selten bekomme ich ein Lob, ja, eigentlich kann ich mich kaum daran erinnern, jemals eins von ihm erhalten zu haben. Er legt immer nur Wert auf Arbeit oder Schule oder eben Sport! Alles andere zählt nicht. Aber jetzt möchte ich an den Wochenenden auch mal an den See oder in die neue Badeanstalt fahren, um mich mit Gleichaltrigen zu treffen. Ich habe plötzlich keine Lust mehr, mit der Familie durch die Gegend zu *tschumpeln,* wie ich das Wandern neuerdings nenne.

Alles, was mir vorher viel bedeutete, interessiert mich innerhalb einiger Monate nicht mehr, kein Sport außer Volleyball, keine Wanderungen, keine Natur. Ja, manchmal kann ich mich selbst kaum mehr aushalten und projiziere meinen Frust wohl auf die Eltern und ihre Verbote. Die wollen einfach nicht verstehen, dass sich die Zeiten gegenüber früher geändert haben. Wenn sie noch nie in einem Club mit Discomusik waren, kann *ich* doch nichts dafür und verstehe auch nicht, dass sie es mir verwehren, wenn ich etwas länger wegbleiben möchte! Wenn ich dann maulend einwende: »Aber als Marc mein Alter hatte und in der letzten Klasse war, durfte der viel länger im Dorf unten bleiben und ausgehen!«, lautet die immer gleiche Antwort: »Das ist nicht dasselbe, er ist ein Bursche!« Oh, wie ungerecht ich das finde und wie ich solche Antworten nicht mehr hören kann! Meistens verkrieche ich mich darauf ins Zimmer, aber Ruhe habe ich da ja auch nicht. Wenn meine Katze Negi zu mir aufs Bett springt und ihren Kopf an meinen schmiegt, dabei leise schnurrt, bin ich froh, dass wenigstens sie mich versteht und sich freut, dass ich da bin.

In Gedanken gehe ich an solchen Tagen voller Streit zu Hause mein bisheriges Leben durch und stelle fest, dass ich eigentlich nur bei Großvater wirklich glücklich bin. Ich meine nicht, dass ich zu Hause ständig unglücklich bin, aber ich fühle mich so oft unverstanden – und ja, manchmal auch benachteiligt. Marc hatte immer mehr Rechte als ich, und Eric war, bis unsere kleine Sabine dazukam, immer Mutters Sonnenschein. Er hing an ihrem Rockzipfel oder saß beim Hörspiellauschen und an Weihnachten oder wann auch immer stets auf ihrem Schoß. Nie durfte ich dazwischen, denn sonst war er beleidigt und schmollte, was Mutter wiederum veranlasste, mir zu sagen: »Ach, Corinne, lass ihn doch, du bist doch die Große.« So bekommt er fast immer die ganze Aufmerksamkeit unserer Mutter.

Ich erinnere mich, dass ich als Acht-, Neun- oder sogar noch als Zehnjährige manchmal eifersüchtig werde und mich zu rächen versuche, indem ich Sachen anstelle, die aussehen, als sei es mein kleiner Bruder gewesen. Einmal kritzele ich auf Mutters Lieblings-Blumenkasten seinen Namen, und zwar so, dass das große E in die verkehrte Richtung schaut, wie er es immer anstellt, wenn er seinen Namen schreibt. Mutter schimpft bei der Entdeckung fürchterlich mit ihm, obwohl er weinend beteuert, dass er unschuldig sei, was Mutter noch wütender macht und sie veranlasst, ihm »die Ohren langzuziehen«. Ich stehe da, beobachte das Ganze und kann nur kurz schadenfroh sein, da mein schlechtes Gewissen größer ist. Aber ich schweige trotzdem.

Einmal esse ich die letzte Orange auf, die noch für unser Grießbreiessen aufbewahrt wird, und lege die Schalen in sein Bett. Erneut muss er es ausbaden und ist für einmal wieder nicht Mutters Liebling. – Na ja, in all den Jahren kommt es nur zu diesen zweien mir noch bewussten Zwischenfällen. (Lieber kleiner Bruder, sorry!)

Jetzt, da meine Schwester noch dazugekommen ist, habe ich Gott sei Dank keine solchen Anwandlungen mehr, da wohl der Altersunterschied zwischen uns doch zu groß ist und ich mich wirklich über die weibliche »Verstärkung« sehr freue. Sie hat es nicht einfacher, denn sie wächst schon fast wie ein Einzelkind auf, da wir in der Schule sind, während sie alleine mit Mutter auf dem Berg bleibt.

Verkrochen in das Kinderzimmer, kreisen meine Gedanken weiter, während ich die Konterfeis meiner Popstars betrachte. Ja, und Vater, wann hat er mir eigentlich mal den Arm um die Schultern gelegt? Ich kann mich nicht erinnern. Entweder er arbeitet, oder er ist alleine auf Wandertouren unterwegs, während mit Mutter und uns das Leben seinen gewohnten Gang nimmt. Es ist nicht das Schlechteste, wenn er weg ist, denn dann stehen wenigstens keine Streitereien an. Krampfhaft überlege ich, wann ich eigentlich Vater wirklich mal wichtig war, außer wenn ich gut war im Sport. Den Blumenverkauf am Bahnhof hatte er nicht goutiert, bei den Schulbesuchstagen lässt er sich auch nicht blicken, und das Wort Geschenk existiert nicht in seinem Vokabular. Ja, nicht mal Mutter bekommt an ihrem Geburtstag eine Aufmerksamkeit. Einmal hat er mir Geld gegeben, damit *ich* für sie Pralinen kaufe.

Während ich meine Katze Negi kraule, fällt mir doch noch eine Begebenheit ein, bei der sich Vater einmal wirklich um mich gekümmert hat, und sogleich fühle ich mich besser. Wir waren in den Flumserbergen Ski fahren. Wie gewohnt fuhren wir Kinder mit den Punktekarten zwei-, dreimal hoch, um anschließend in der Mittagspause unsere mitgebrachten Sandwichs unter den Tannen zu verzehren, während Mama und Papa nochmals auf eine längere Abfahrt gingen. Wir drei Kinder saßen auf einem schneefreien Bett aus Tannennadeln. Doch die vorbeiziehenden Wolken verdeckten die Sonne immer wieder. Meine Füße wurden in den schon fast zu kleinen Wanderschuhen kälter und kälter. Bis die Eltern zurückkamen, weinte ich fürchterlich, denn meine Zehen kribbelten und meine Zähne klapperten.

Als Vater meine Schuhe öffnete, waren meine kleinen Füßchen schon leicht blaulila angelaufen. Er rieb sie kurz mit Schnee ein, und jetzt tat's richtig weh. Er packte mich kurzerhand auf seine Schultern und fuhr mit mir in das nahe gelegene Gasthaus, welches sich auf der Skipiste befand. Schnell bahnte er sich mit mir auf den Armen einen Weg durch die vielen Menschen, setzte mich auf die Bank, kniete vor mir nieder, öffnete wieder die Schuhe und nahm meine eisigen Füße, die nun knallrot waren, in seine warmen Hände. Nun rieb er jeden Fuß einzeln zwischen seinen Handflächen, während er seinen warmen Atem dazu pustete. Obwohl es schmerzhaft kribbelte, haben sein Einsatz und seine offensichtliche Sorge um mich mir gutgetan. Als Mutter mit den Brüdern dazukam, durfte ich alleine eine heiße Schokolade vom Restaurant trinken, denn normalerweise konnten wir uns solche Extras nicht leisten.

Noch während ich meinen Gedanken nachhänge und es mir nach dem Streit wieder etwas besser geht, streckt sich Negi in die Länge, leckt sich kurz übers Gesicht und springt vom Bett.

Ich überlege kämpferisch, dass es nur eine Möglichkeit gibt, um schnell frei zu sein, auch wenn ich noch bis zu meinem zwanzigsten Lebensjahr minderjährig bin. Ich muss so schnell wie möglich gut Geld verdienen, um auf eigenen Beinen stehen zu können. Bald muss ich mir Gedanken machen, wie es nach der Schule weitergehen soll. Das wird auch immer häufiger das Thema in der Schule. Viele meiner Klassenkameraden wollen ins Kaufmännische einsteigen. Ich definitiv nicht, zum einen ist das nicht meine Stärke, zum andern dauert mir die Lehrzeit mit drei Jahren zu lange. Ich möchte schnell einen richtigen Lohn haben. Alternativ zur erträumten Floristenlehre, die nur zwei Jahre dauern würde, denke ich an eine Ausbildung als Chemielaborantin, denn in Chemie bin ich gut, und das Fach interessiert mich auch. Außerdem könnte ich dann, wie schon mein älterer Bruder, der ja die gleiche Ausbildung macht, in die Großstadt Basel ziehen, was sicher aufregend wäre. Doch Marc möchte auf keinen Fall, dass ich in seine Fußstapfen trete, was er mir unmissverständlich klarmacht. Als dann noch der Satz fällt, dass ich mich jahrelang mit fürchterlichen Tierversuchen an Affen, Hunden und Mäusen beschäftigen muss, bin ich auch selbst nicht mehr so begeistert. Noch habe ich Zeit bis zum Herbst, zum Glück.

Eines Morgens lässt mich mein geliebtes Moped im Stich, als das Kupplungskabel reißt. Ich kann ja einiges reparieren und instand setzen, wie die Zündkerzen putzen oder die verstopfte Benzinzufuhr selber reinigen, damit mein Taschengeld nicht unnötig durch teure Werkstattbesuche belastet wird, aber mit dem Kupplungskabel bin ich überfordert.

Nun erreiche ich mit meinem defekten Moped den Händler, und dieser versetzt mich sogleich in einen Schockzustand, als er achtundzwanzig Franken verlangt. Wie soll ich die nur bezahlen? Ratlos stehe ich vor der Werkstatt und merke, wie sich langsam meine Augen mit Tränen füllen wollen, was mir natürlich sehr peinlich ist. Wieder fehlen mir nur ein paar Fränkli. Den Einkaufsjob bei der Witwe habe ich geschmissen, da es sich nicht rechnet, wegen fünf Franken mit dem Moped zusätzlich durch die Gegend zu fahren. Früher mit dem Fahrrad war das anders, und zudem habe ich damals ja noch kein Taschengeld bekommen. Jetzt steckt mir Mutter monatlich drei Franken zu, und Eric bekommt einen Franken.

Aus dem angrenzenden Wirtshaus erscheinen zwei Typen, die ich vom Sehen her kenne, da sie letztes Jahr die Schule beendet haben.

»Hoi du, wo ist dein Problem?«, fragt mich der eine, während der andere den Fuchsschwanz an meinem Mofa-Lenker beäugt.

»Das blöde Kabel ist gerissen, und mir fehlen grad mal noch acht oder zehn Franken zum Bezahlen«, gebe ich möglichst lässig zur Antwort.

»Du kannst ja dein Glück beim ›Black Jack‹ versuchen, vielleicht gewinnst du ja«, ermuntert mich der dunkelblonde Schlaksige und Größere der beiden.

»Was ist das?«, frage ich wieder möglichst gelangweilt, um cool zu wirken.

»Komm mit, wir gehen zurück ins Wirtshaus, da sind noch einige am Spielen, und wir erklären es dir. Aber es geht um Geld, der Mindesteinsatz ist zwei Franken.«

Na ja, zwei Franken geht ja noch, denke ich, und lasse mich in die Gaststätte locken. Dass eine Spielrunde sehr schnell vorbei ist, weiß ich da natürlich noch nicht. Zuerst werde ich den anderen am Tisch vorgestellt. Da sind der Peppi, ein René, ein Walter und noch zwei weitere junge Männer sowie ein blondes Mädchen, etwas älter als ich und schon ziemlich ordentlich geschminkt.

Mir wird erklärt, dass ich mit zwei oder drei Karten die Punktzahl von 21 nicht übersteigen darf, aber trotzdem möglichst nahe daran sein muss, um zu gewinnen. Es gilt noch zwei, drei weitere Tücken zu beachten.

Kann ja nicht so schwer sein, denke ich mir, und bin die ersten Runden erst mal Zuschauer. Es geht Schlag auf Schlag, und immer räumt einer ein Häufchen mit Münzen ab. Das sind dann gleich zehn oder zwölf Franken. Ich müsste nur einmal gewinnen, überlege ich, und dann hätte ich den fehlenden Betrag. Ich denke an das Glück, das ich mit meinem Bruder vor drei Jahren auf der Kirmes hatte. Wir erbeuteten ja unglaubliche 120 Franken an dem Geldautomaten.

Nach kurzer Zeit versuche ich mein Glück, setze mein erstes

Zweifrankenstück, und dabei ist mein Bauchgefühl nicht glücklich. Schwups, weg ist es, da ich über die 21 gezogen habe. Die nächsten beiden Male verliere ich wieder, und mir schwant Böses. Meine Hände schwitzen, aber ich will noch weiterspielen, denn das ist momentan meine einzige Chance, zu Geld zu kommen. Und tatsächlich ist mir mein Glück hold, und ich kann gleich zweimal hintereinander das Häufchen Geld auf meine Seite ziehen. Nach Abzug der Verluste reicht es mir gerade noch für die Bezahlung der Moped-Reparatur.

Erfreut springe ich auf und ignoriere die protestierenden Mitspieler, da man offensichtlich nach so kurzer Zeit nicht aus dem Spiel aussteigt. Mir ist es egal, ich will mein Moped noch schnell reparieren lassen, bevor der Händler schließt, und muss nach Hause. »Hey, ich komme wieder, wenn ich Zeit habe«, gebe ich selbstbewusst zur Antwort, während ich die Cola austrinke, die man mir ausgegeben hat, mich verabschiede und das Wirtshaus verlasse.

Na ja, vielleicht werde ich nächste Woche wirklich noch mal vorbeischauen, denke ich auf der Heimfahrt und bedanke mich Richtung Himmel für mein Anfängerglück. Auch gehen mir die Jungs nicht aus dem Kopf. Es ist ein aufregendes Gefühl, dass sie sich für mich interessieren, obwohl sie doch älter sind. Und besonders einer schwirrt mir noch im Kopf herum. Er ist groß, hübsch, hat einen Schnauzbart, was ja zu jener Zeit viele Jungs haben, und dunkelblonde, halblange Haare.

Zu Hause darf ich natürlich von alldem nichts erzählen, und schon gar nicht, dass die Spielrunde im Wirtshaus stattgefunden hat. Nicht einmal Vater geht in die Kneipe. Er trinkt sein einziges Bierchen immer zu Hause.

Allerdings weihe ich meine Freundin Lisbeth ein und erzähle ihr von den coolen Typen im Wirtshaus und dass ich mit einem neuen Kartenspiel sogar Geld gewonnen habe. Erstaunt fragt sie: »Haben die dich in der Gaststätte nicht gefragt, wie alt du bist?«

»Nö, ich sehe doch mit meiner Größe eh älter aus«, gebe ich zur Antwort. Wir planen, in den nächsten Tagen oder Wochen einmal gemeinsam hinzugehen.

Wieder stehen Sommerferien an, und ich arbeite in demselben Lebensmittelladen wie im Sommer zuvor, damit ich zu Geld komme. Da ich das ganze Taschengeld für das Benzin verbrauche, kann ich mir wirklich nichts leisten. Es kommt sogar vor, dass ich nun manchmal aus Mutters Tank etwas Benzin abzwacke, indem ich einen kleinen Schlauch in ihren Tank halte und mit dem Mund am anderen Ende ansauge. Bevor dann das Benzin meine Mundhöhle erreicht, stecke ich den Schlauch schnell in meinen Tank. Natürlich habe ich ein schlechtes Gewissen, da ich Mutter bestehle. Aber ich achte auch darauf, dass immer noch genügend bei ihr drinbleibt. An Vaters Moped wage ich mich nicht, denn ich will keine Prügel riskieren. Als ich es vor acht Monaten neu hatte, war mein Moped noch der Renner, und ich konnte Geld verlangen, wenn ich es einigen Schülern für ein paar Runden ums Schulhaus borgte, aber mittlerweile scheint es für die meisten an Attraktion verloren zu haben. Damit ich den Benzinklau nicht übertreiben muss, warte ich sehnlichst auf meinen Ferienjob.

Da ich zum zweiten Mal antrete, darf ich jetzt sogar draußen am Früchte- und Gemüsestand aushelfen. Mir macht es großen Spaß, Zwetschgen, Trauben, Aprikosen und auch das vielfältige Gemüse feilzubieten. Mit einer Waage mit Gewichtstücken messe ich das Gewünschte in braune Papiertüten ab. Auch dass ich von vielen Wespen umschwirrt werde, kümmert mich nicht. Ich mag den Kontakt mit den Kunden, die frische warme Luft um die Nase und die Aussicht auf baldiges Bargeld. Der Job gibt mir Bestätigung und sorgt insgesamt dafür, dass ich die Situation zu Hause besser ertrage und selbst erträglicher bin.

Der erste Kuss

Neuerdings gibt es samstags abends im Pfarrhaus der reformierten Kirche einen Treffpunkt für Jugendliche, wo sie sich nach Bedarf mit unserem Pfarrer austauschen können. Nach der Diskussionsrunde ertönt Musik aus den Lautsprechern, und es wird getanzt und gealbert, während der Pfarrer sich diskret zurückzieht. Alkohol und Zigaretten sind strengstens verboten, da unter den Achtzehnjährigen schon einige an Zigaretten ziehen. Der Treff steht allen Minderjährigen offen, also allen, die keine zwanzig Jahre alt sind.

Auch ich mit meinen fünfzehn Jahren darf vorbeischauen, muss aber bereits um 22 Uhr auf dem Berg zurück sein. Die meisten Teenager sind hier, damit sie einen Ort haben, wo sie sich mit ihrem Schatz ungestört treffen können. Wenn langsame Musik wie Presleys *Can't help falling in love with you* ertönt, wird nicht nur getanzt, sondern auch gedrückt und geknutscht. Langsam bin ich verzweifelt, denn irgendwie habe ich das Gefühl, alle haben schon gewisse Erfahrungen und können mitreden – nur ich nicht.

Als ich wieder einmal samstags mit ein paar Freundinnen im Pfarrhaus bin, erscheinen kurz vor 21 Uhr zwei der etwas älteren Jungs vom Black-Jack-Spiel. Als ich sie erblicke, bin ich wild entschlossen, an diesem Tag geküsst zu werden. Jetzt will ich es auch wissen. Seit ich die letzte Schulklasse besuche, meine Freundin Lisbeth und vor allem meinen heißen »Feuerstuhl« habe, bin ich nach außen viel selbstbewusster geworden – aber eben im Innersten doch sehr unsicher, da ich wenig weiß, wie eine Beziehung zu einem Jungen wohl aussähe und vom Praktischen noch gar keine Ahnung habe.

Die mir schon bekannten Jungs begrüßen mich und fragen sogleich nach, warum ich nicht mehr zum Black Jack gekommen sei.

»Keine Zeit gehabt«, gebe ich lächelnd zurück, während ich den größeren mit einem kecken Augenaufschlag anschaue. Natürlich entgeht es mir nicht, dass sie bereits die Mädchen abchecken. Doch ich habe mein Ziel fest vor Augen: küssen.

Und ohne genau zu wissen, wie mir geschieht, befinde ich mich plötzlich tatsächlich mit Walter, wie der große Blonde mit dem Schnauzbart heißt, auf der Tanzfläche. Ich merke nur, wie er mich an sich drückt, während ein langsamer Beatlessong aus dem Lautsprecher ertönt, und dabei spüre ich seinen Atem an meinem Hals, was wirklich nicht unangenehm ist. Etwas unbeholfen tanzen wir, und dabei fährt seine Hand an meinem Rücken leicht hoch und runter. So nahe bin ich noch keinem Jungen gekommen. Obwohl ich nicht wirklich verliebt in ihn bin, finde ich es doch aufregend. Die Zeit läuft davon, und schon bald müsste ich mich auf mein Mofa schwingen, um nach Hause zu gelangen. Doch vorher will ich endlich mein Ziel erreichen!

Trauen tue ich mich nicht, da ich gar nicht weiß, wie und was genau bei einem Zungenkuss passieren soll, und dabei bin ich doch schon gute fünfzehn. Als ich Walter nach Ende des Liedes mitteile, dass ich bald nach Hause muss, begleitet er mich nach draußen.

Kurz vor meinem Moped passiert es. Er legt seine Arme um mich und zieht mich zu sich, während plötzlich seine Zunge in meinem Mund, nein, fast schon in meinem Hals steckt. Der Schnauzer sticht mich fürchterlich in die Nase, und ich bekomme kaum noch Luft, während sich seine dicke Zunge in meinem Mund immer weiter dreht. Oh Gott, wie fürchterlich!, denke ich erschrocken und will nur noch weg. Ich stoße Walter von mir und versuche die Fassung zu bewahren, während sich mein Mund immer noch anfühlt, als hätte ich soeben einen Ameisenhaufen verschluckt. Ich hauche ein »Ich muss jetzt mal gehen«, und schmeiße mein Moped an, um Sekunden später davonzubrausen. Doch nach 500 Metern halte ich an, spucke und speie die Speichelflüssigkeit aus dem Mund. Mit meinen Fingern versuche ich die Zunge zu reinigen, die sich geschwollen anfühlt. Mein Gott, war es das? Plötzlich spüre ich, wie mir warme Tränen über die Wangen kullern, vor Enttäuschung, vor Scham – ich weiß es nicht. Nur – so habe ich mir das Küssen definitiv nicht vorgestellt!

In diesem Moment verstand ich nicht, was Küssen so aufregend machen soll, ich fand es nur fürchterlich. Aber es war auch reichlich naiv von mir, dies mit einem älteren Jungen auszuprobieren, der mir so gar nichts bedeutete. Alles nur, damit ich mitreden konnte und cool war. Heute denke ich, wie schade, so einen wichtigen Moment sinnlos zu verschenken! Ich habe mich unnötig gestresst und von meinem Umfeld unbewusst gedrängt gefühlt. Was ist schon dabei, mit fünfzehn noch nie geküsst zu haben? Aber eben, man sieht die anderen und vor allem, man hört auf die anderen, obwohl so manches angeblich Erlebte sich dann letztlich doch als Luftschloss entpuppt.

Dass auch ich einmal einen Mann mit Küssen überfordern könnte, hätte ich mir damals natürlich nie vorstellen können. Doch als ich mit siebenundzwanzig Jahren und um einige positive Erfahrungen reicher meinem späteren Mann, dem Samburu-Krieger, begegnete, hatte ich keine Ahnung, dass in seiner Kultur Küssen nicht existiert. Ich war damals so verzaubert von diesem schönen, makellosen Mann mit seiner außergewöhnlichen Aura, dass ich mir nichts sehnlicher wünschte, als mit der Liebe meines Lebens zu verschmelzen. Ich verzehrte mich nach einem Kuss und konnte mir nichts Schöneres vorstellen. Als er nach einem wunderbaren Abend in der warmen, tropischen

Luft von Mombasa mich mit seinen glühenden Augen betrachtete, aber gleichzeitig keine weiteren Anstalten machte, mir näherzukommen, wagte ich den Vorstoß und legte zart meine Lippen auf die seinen. Doch in derselben Sekunde wich er erschrocken zurück und fragte nur irritiert: »Was machst du da?« Vor Scham hätte ich damals im Boden versinken können, denn ich deutete das Ganze als Ablehnung. Erst später erfuhr ich, dass der Mund in seinem Stamm nur zum Sprechen und zur Nahrungsaufnahme dient. Doch diese bittere Erfahrung konnte mich schlussendlich nicht abhalten, diesen Mann zu heiraten, was das größte Abenteuer meines Lebens werden sollte.

Nachdem ich den Ferienjob beendet habe und wieder Geld zur Verfügung steht, düse auch ich in die Badeanstalt und treffe mich mit Freundinnen. Wir quatschen und albern miteinander, lesen die *Bravo* oder springen als Mutprobe vom Drei- oder gar Fünf-Meter-Turm. Manchmal werden wir von den Jungs geneckt, indem sie uns ins Wasser werfen oder gar ganz untertauchen. Es geht auf der einen Seite ganz schön rauh zu, auf der anderen Seite sind diese Rangeleien ein Miteinanderflirten und -schäkern.

Wenn ich mein Moped vor dem Eingang der Badeanstalt parke, weiß ich nie im Voraus, wer da sein wird und wer nicht kommt. So ist es aufregend, abzuwarten und Ausschau zu halten, ob diejenigen erscheinen, die man gerne erblicken würde. Immer wieder wandert der Blick zum Eingang oder zur Uhr, um abschätzen zu können, ob der oder die noch aufkreuzen werden. Und wenn dann die Erwarteten oder heimlich Angebeteten kommen, sitzen wir Mädchen unter unserem schattenspendenden Baum und spähen ihnen entgegen, in der Hoffnung, dass sie uns sehen und sich zu uns gesellen. Die Herzen pochen, und die Anspannung steigt.

Mit der heutigen Technologie geht viel an positiver Aufregung verloren. Wenn ich sehe, wie abhängig unsere Gesellschaft von ihren Smartphones ist, bin ich fast schockiert. Da sind die jungen Menschen, die sich bis fünf Minuten vor dem Treffpunkt noch telefonisch austauschen und sagen: »Also, ich bin jetzt da und komme gleich rein, wo sitzt du?« Oder da sind ganze Familien, deren Mitglieder beim gemeinsamen Abendessen nur auf ihre Handys schauen, statt miteinander zu reden. Wenn die Eltern dieses Verhalten so vorleben, wieso sollen dann die Kinder anders sein?

Oder im Zug, wenn man lesen will, muss man sich ausführlich anhören, was der Sitznachbar gestern gegessen hat und wie das Essen zubereitet wurde – von der Methode des Zwiebelschneidens bis zum genauen Namen des Bratfetts wird alles ausgeplaudert. Warum um Himmels willen müssen die Menschen solche Belanglosigkeiten vor lauter genervten Mitreisenden in ein Handy sprechen? Andere wiederum retten sich vor dem Handygerede mit den iPod-Kopfhörern und lassen Musik in ihre Ohren dröhnen, so dass auch ich mitbekomme, welche Gruppe ihr Favorit ist. Und dann wundert man sich, wenn niemand mehr miteinander redet und kein Blickkontakt zwischen den Menschen mehr stattfindet.

Die Leute eilen durch die Welt und schauen nur noch hinunter auf ihre Geräte und sind ohne diese kopflos und aufgeschmissen. Ja, junge Menschen geben zu, dass sie ohne diese Dinger kaum mehr leben können trotz Nackenbeschwerden und schlechtem Schlaf. Sogar in der eigenen Stadt werden die Straßen damit gesucht, die Geschäfte oder die Sehenswürdigkeiten. Ich denke, es ist eine neue Form von Spielsucht und Abhängigkeit. Ich selbst bin gewohnt, Menschen persönlich anzusprechen, wenn ich etwas suche, und werde darauf auch nicht verzichten. Wir haben doch früher auch überleben können – ohne iPhone und Co.! Aber wenn ich Ausschau halte nach jemandem, der mir den Weg weisen könnte, muss ich erst einmal eine Person finden, die keine Kopfhörer trägt, was bei Menschen in der Altersgruppe unter fünfundvierzig kaum mehr der

Fall ist. Zudem denken die Angesprochenen auch gleich, ich wolle Geld von ihnen erbetteln. Warum wohl sonst sollte man noch eine Person ansprechen, wenn jeder ein Handy besitzt und Google alles weiß?

Aber es gibt Gott sei Dank auch noch lustige, angenehme und skurrile Momente. Anfang Dezember 2014 fuhr ich von Leipzig nach Berlin. Der Zug war ungewöhnlich voll, und ich hatte gerade noch einen Fensterplatz mit Tisch ergattern können. Ich liebe es, beim Zugfahren aus dem Fenster zu schauen und zu sehen, wie Dörfer und Städte an mir vorbeiziehen, wie die Landschaft an unglaublicher Weite gewinnt, und das größte Glück ist für mich, wenn ich eine Gruppe Rehe im Feld stehen sehe. In solchen Momenten würde ich am liebsten aussteigen und zu Fuß durch die Wiesen, Felder und Wälder weiterziehen, denn ich liebe die Natur.

Der Zug setzte sich schon in Bewegung, um aus dem Leipziger Bahnhof auszufahren, als ein etwas fülliger Mann keuchend vor mir stand und mit angenehmer Stimme fragte: »Ist bei Ihnen noch ein Platz frei?«

»Selbstverständlich, bitte schön«, antwortete ich und wies auf den freien Platz gegenüber.

Er stellte seinen Laptop auf den Tisch, öffnete ihn, und dabei schaute er mich an und fragte: »Fahren Sie auch bis nach Berlin?«

Ich bejahe.

Er ergänzte: »Ich halte heute Abend eine Lesung, morgen fahre ich nach Basel, und da habe ich meine letzte Veranstaltung für dieses Jahr.«

Jetzt war ich natürlich interessiert und fragte nach, was sein Thema war, da er mir mit seinen Tätowierungen am Arm doch einen ungewöhnlichen Eindruck hinterließ.

Die Antwort kam prompt und stolz: »Wissen Sie, um diese Jahreszeit trete ich mit Weihnachtsgeschichten auf, aber keinen gewöhnlichen, es ist vielmehr Satire. Ich nehme das ganze kommerzielle Geschäft aufs Korn. Denn ich bin richtig gut, ja sogar perfekt, und meine Pointen sind stimmig.«

»Ja, toll, das freut mich für Sie. Wie viele Zuhörer erwarten Sie denn jeweils zu Ihren Lesungen?«, fragte ich zurück.

»Es sind immer zwischen dreißig und sechzig Personen. Wissen Sie, meine genialen Texte versteht auch nicht jeder. Ich rege mich auf, wenn ich sehe, was für einen Mist die Leute kaufen, welche Titel die Bestsellerlisten anführen, von Autoren, die nichts verstehen, nur kommerziell schreiben, dabei hätte ich es verdient, Millionen zu bekommen«, beendete er für kurze Zeit seine Rede und lächelte mich bewunderungsheischend an.

Kurz überlegte ich, ob er mich womöglich erkannt hatte, doch dem war nicht so. Nach ein paar Minuten, in denen wir über dies und jenes plauderten, fragte er mich, ob er mir eine Weihnachtsgeschichte vortragen dürfte. Ich bejahte erneut, denn neugierig war ich schon, obwohl ich auch kurz überlegte, dass sich natürlich die anderen Gäste gestört fühlen könnten. Doch er fuhr seinen Laptop hoch und fing mit angenehmer, dunkler Stimme zu lesen an. Die Nikolausgeschichte begann erst harmlos, aber in sehr elitärem Deutsch, das für mich als normal intelligenten Menschen nicht immer klar zu verstehen war, und endete mit sieben toten, im eigenen Blut liegenden Nikoläusen.

»Wie finden Sie es?«, fragte er neugierig.

»Tja, ich weiß nicht, wer ihre Zuhörer sind, aber sicherlich nicht das normale Publikum – oder?«, gab ich zur Antwort.

»Nein, nein, die verstünden das auch nicht. Es handelt sich um Geschäftsleute, eine kleine, aber feine Gesellschaft, die wirklich viel Geld ausgibt, damit sie mich anhören darf, manchmal bis zu 100 Euro pro Karte. Es ist aber eine Schande, dass ich kaum davon leben kann, denn ich gehöre in diesem Genre zu den Besten«, gab er mir zu verstehen.

Als ich mich als Schweizerin zu erkennen gab und nachfragte, wo er denn in Basel lesen würde, antwortete er kurz: »Es ist ein privater Ort und nur für geladene Gäste.«

»Ach so«, erwiderte ich, scheinbar enttäuscht.

Als wir in Berlin einfuhren, wünschte ich ihm trotzdem viel Erfolg mit der Geschichte der toten Nikoläuse und dachte mir dabei: Wenn du wüsstest, wem du gerade gegenübergesessen hast – deinem Feindbild unter den Autoren! Er antwortete stattdessen: »Ich habe mich schon lange nicht mehr so gut unterhalten, und die Zeit ist wie im Fluge vergangen, vielen Dank und gute Heimreise!«

Enfants terribles

Das letzte Schulsemester ist angebrochen, und manchmal liegen bei den Lehrern die Nerven blank, da immer mehr Schüler ihre Grenzen austesten – ich inklusive. Mittlerweile bin ich schon ein paarmal mit Lisbeth zum Black Jack gegangen, wenngleich wir mangels Geld nicht immer mitspielen konnten. Doch wir hängen in der Gaststätte ab und unterhalten uns mit den etwas älteren Jungs. Walter, mein »Kussflop-Typ«, nimmt unsere nicht ganz so glücklich verlaufene Begegnung bei dem Tanzabend ebenso gelassen wie ich, so dass wir dieses Thema nicht mehr ansprechen. Stattdessen rauchen wir – aus heutiger Sicht leider – immer mal wieder eine Zigarette.

Es gehört in der Zeit einfach dazu, an einer *Mary Long* oder *Marlboro* zu ziehen. Unser Klassenlehrer raucht schließlich auch und ist kurz vor den Pausen immer besonders nervös und leicht reizbar. Natürlich werden wir eines Tages erwischt, vor der ganzen Klasse gerügt und bloßgestellt, was aber nicht den gewünschten Erfolg bringt. Lisbeth und ich sowie ein weiteres Mädchen gelten aufgrund solcher Zwischenfälle in den letzten verbleibenden Monaten als die *Enfants terribles* der Klasse, dabei haben wir außer Rauchen und Ab-und-an-in-der-Gaststätte-Herumsitzen vorläufig gar nichts angestellt.

Wieder einmal tauchen Lisbeth und ich an einem Samstag spätnachmittags im Stammlokal auf und treffen auf unsere »Freunde«. Kurz vor 20 Uhr wollen an diesem Tag alle ins Kino hinüber, denn es soll ein toller Film laufen. Wir haben keine Ahnung, worum es geht, auch war ich vorher noch nie im Kino. René, einer der älteren Jungs, fordert uns auf: »Kommt, Mädels, ich lade euch ein, sonst hockt ihr alleine hier herum.«

Ich betrete das erste Mal im Leben einen Kinosaal und staune über die vielen roten Plüschsessel und die riesige Leinwand. Wir sitzen zwischen den jungen Männern, essen Popcorn und schauen uns die Werbung an. Erst kommt der Marlboro-Mann, der durch die Prärie reitet, dann eine Werbung für Alkohol und schließlich verschiedene kleine Werbungen für Firmen aus unserem Dorf. Dann endlich geht's los. Ich bin ja so gespannt, wo der Unterschied zwischen Kino- und Fernsehfilm liegt!

Der Titel des Films, »Das große Fressen«, ist irgendwie ungewöhnlich, denke ich und weiß da noch nicht, was alles auf mich zukommt. Da sind die älteren Herren, die offensichtlich lebensmüde sind und sich in Gesellschaft von Prostituierten zu Tode fressen wollen. Es geht immer rüder zu. Die Darsteller stopfen und schmieren sich Essen ins Gesicht oder klatschen es sich auf den Körper. Die Frauen werden immer nackter und die alten Herren immer geiler, und das auf dieser großen Leinwand vor mir. Es erschlägt mich fast. Bald bin ich angewidert und weiß gar nicht mehr, wie ich mich verhalten soll, zumal ich den Sinn dieses Geschehens nicht nachvollziehen kann. Ich habe natürlich auch weder das erforderliche Mindestalter für diesen Film noch Kinoerfahrung. Lisbeth scheint es ähnlich zu gehen. Die Jungs hingegen amüsieren sich prächtig.

Mir aber dreht sich der Kopf, und ich bin froh, als endlich der erlösende Pausengong ertönt. Nur noch weg, denn so habe ich mir Kino nicht vorgestellt. Die Jungs finden den Film aufregend, genial und außergewöhnlich. Während sie lauthals lachen, leuchten ihre Augen. Ich verabschiede mich mit einer Kopfweh-Ausrede, schwinge mich auf mein Moped und fahre nach Hause. Meine Gedanken schwirren unruhig umher, und auch nachts träume ich von herumfliegenden Torten, nackten dicken Brüsten und Schlachtplatten mit Spanferkeln, auf die sich alte Männer und fette Weiber stürzen und sich gegenseitig das Essen in den Mund stopfen. Mehrmals wache ich nachts schweißgebadet auf. Auch tags darauf kann ich mit niemandem über das Gesehene reden, und so träume ich noch einige Nächte so weiter.

Bis heute hat sich dieses erste negative Kinoerlebnis so in mein Gedächtnis gebrannt, dass ich mich nicht erinnern kann, wann ich den ersten wirklich schönen Film im Kino gesehen habe. Ich weiß nur noch, dass ich viele Jahre später mit meiner Tochter und meiner Mutter zusammen den Zeichentrickfilm »König der Löwen« anschaute und diesen so rührend fand, dass sich auch dieses Erlebnis tief eingeprägt hat und bisweilen das negative übertrifft. Doch zu einer regelmäßigen Kinogängerin wurde ich nie. Ob es mit dem »Großen Fressen« zu tun hat, weiß ich nicht.

Wie allgeimen üblich, steht im letzten Schuljahr das einwöchige Klassenskilager auf dem Programm. Alle müssen mit, entweder ausgestattet mit Skiern oder mit dem Schlitten. Ich bekomme Mutters Ausrüstung, denn mit meinen alten Brettern möchte ich dort partout nicht auftauchen. Die Aufregung ist groß, denn zum ersten Mal übernachtet die ganze Klasse in einem Ferienhaus in Graubünden. Zu diesen außergewöhnlichen Ferien werden wir von zwei oder drei zusätzlichen jungen angehenden Lehrern begleitet. Wir Mädchen finden die natürlich viel spannender als unsere Mitschüler. Im Ferienhaus werden die Aufgaben aufgeteilt, der Köchin beim Gemüseputzen geholfen, der Abwasch erledigt, und die Ämter für Toilettenputz etc. werden zugewiesen. Alles klappt so weit gut, bis die Nacht hereinbricht.

Es gibt einen Mädchen- und einen Jungen-Trakt, allerdings

beide auf derselben Etage. Dazwischen liegen die Toiletten und Waschräume. Die Zimmer sind akribisch getrennt und dürfen auch nicht vom jeweils anderen Geschlecht aufgesucht werden. In unserer Klasse gibt es bereits zwei oder drei Paare, auf die ein besonderes Auge geworfen wird. Auch abends bei der Disco achten die Lehrer genau, dass nicht zu eng getanzt wird. Wenn ein Mädchen zu lange die Augen geschlossen hat und der Kopf zu nahe am Partner liegt, wird sie schon mal unsanft von einem Lehrer aus den romantischen Gefühlen gerissen, indem er ruft: »Beatrice, wenn du müde bist, geh schon mal ins Bett!«

Nach dem gemeinschaftlichen Zähneputzen, bei dem gekichert und gealbert wird und bei dem schon mal ein Junge die verboten Türe aufreißt und so alle Mädchen zum Kreischen bringt, müssen wir ins Bett. Die Lehrer kontrollieren genau, ob alle in ihren eigenen Betten liegen, bevor sie sich unten im Gasthof noch um den runden Tisch setzen, um in Ruhe ihren Wein zu trinken. Diese Unachtsamkeit, gepaart mit grenzenlosem Vertrauen, nutzen einige meiner Schulkameradinnen aus, lassen Jungs ins Zimmer kommen oder schleichen selber in deren Zimmer. Ich bin nicht dabei, da der Junge aus der Parallelklasse, für den ich schwärme, nichts von meiner Schwärmerei weiß.

Am dritten Abend fliegt das Ganze auf, und es gibt mitten in der Nacht ein Riesengeschrei. Türen fliegen auf und zu, und wir hören nur noch: »Morgen reist ihr nach Hause, wir werden eure Eltern informieren!« Uff, ausnahmsweise bin ich unschuldig und nicht dabei. Tatsächlich müssen, soweit ich mich erinnere, drei Jungs nach Hause reisen, während von nun an jeden Abend einer der Lehrer zwischen den Zimmern Wache schiebt, damit nicht noch einmal ein solcher Zwischenfall vorkommt.

Doch auch da haben einige noch den Mut, den Lehrer abzulenken. Während einer von ihnen Zahn- oder Bauchschmerzen vortäuscht und sich der Lehrer um diesen Schüler kümmert und Medikamente zur Linderung sucht, hüpfen die Pärchen wieder munter von einer Tür zur nächsten, bis die in der Toilette aufgestellte Wache den Lehrer wieder erblickt und das vereinbarte Zeichen von sich gibt. Bis dieser zurück auf seinem Posten ist, sind alle wieder in ihren eigenen Betten. Ja, liebe Lehrer, so war das eben …

Rockerbraut

Liebe Eltern, das, was ich jetzt niederschreiben werde, fällt mir auch heute, nach vierzig Jahren, noch schwer – ist das nicht verrückt? Doch auch ich will wohl immer die gute Tochter sein, egal wie alt ich schon bin, und deshalb nicht enttäuschen.

Ich habe mich damals falsch verhalten und damit einen großen Streit ausgelöst, der dir, Vater, gegenüber wirklich nicht gerecht war. Und dich, Mutter, habe ich belogen und getäuscht. Du hast voll zu mir gestanden und mich gegenüber Vater heftig verteidigt, was mich in Anbetracht der Situation aber nicht wirklich glücklich machte. Aber ich wollte meinen Kopf und meine Freiheit retten und dachte auch, dass ich so einen Streit vermeiden könnte, was leider nicht der Fall war. Mir ist es ein Anliegen, aufzuzeigen, wozu man fähig ist, wenn man Angst vor den Folgen hat und einem die vermeintlichen »Freunde« wichtiger sind als die Eltern und ihre Sorgen, die sicherlich ehrlich gemeint sind. Selbst aber empfindet man die elterlichen Regeln in diesem Moment einfach nur als lästige Einschränkung und Schikane der »altmodischen« Erwachsenen. Sie, die noch nie in einem Lokal waren, keine Bar von innen gesehen haben und die heutige Musik als Lärm empfinden, wissen ja gar nicht, was da draußen abgeht, unterstellen uns aber das Schlimmste; und das führt zu solchen Trotzreaktionen und Unaufrichtigkeiten, was diese aber nicht entschuldigt.

Ich habe mir damals schon vorgenommen: Sollte ich jemals Kinder haben, möchte ich toleranter sein und offen für ihre

Sorgen und Wünsche. Ich würde vor allem mehr erlauben, damit meine Kinder die Dinge nicht heimlich tun müssen so wie ich. Und tatsächlich habe ich mit meiner Tochter diese Probleme praktisch nicht gehabt. Ich hatte aber den Vorteil, dass ich einer Generation moderner Mütter angehöre, die auch heute noch ab und an gerne eine Cocktailbar oder ein Tanzlokal besucht. Die Zeiten haben sich geändert, und wir 50-plus-Jährigen sind heute mindestens gefühlte zehn Jahre jünger als unsere Eltern, die den Krieg miterlebt haben und erst einmal ein Land und ihr Leben aufbauen mussten. Ich hingegen gehöre zu der ersten Elterngeneration, die selbst keinen Krieg mehr miterlebt hat, sondern langsam in den Wohlstand hineinwachsen durfte. Nun aber zu meinem Erlebnis …

Die Schule tröpfelt dem Ende entgegen, und die meisten haben eine Lehrstelle gefunden. Auch ich habe mich auf die in Aussicht gestellte Floristenlehre gefreut – bis sie mir kurzerhand wieder abgesagt wird, weil ich keine Schweizerin bin. Das ist eine Riesen-Enttäuschung für mich, und meine pubertären Ausbrüche fallen in der Folgezeit noch krasser aus als ohnehin schon. Ich stehe also da ohne meinen Ausbildungsplatz, obwohl ich mit der Sekundarschule für diese Art von Beruf sogar überqualifiziert gewesen wäre. Mutter spürt meine Wut und versteht sie auch. Nur, wie komme ich zwei Monate vor Schulende noch zu einer Lehrstelle? Alle sind doch längst vergeben!

In dieser Zeit lernen meine Freundin Lisbeth und ich in der Black-Jack-Gaststätte, die mittlerweile zu unserem Stammlokal geworden ist, einige Rocker kennen. Sie sehen ziemlich wild aus mit ihren langen Haaren, den Bärten sowie den Lederjacken mit den entsprechenden Jeanswesten darüber, welche wiederum mit Emblemen verziert sind. Schon vor dem Betreten des Lokals haben meine Freundin und ich ihre großen Maschinen zur Kenntnis genommen. Da standen eine 500er Honda, eine 750er BMW und zwei schwere Moto Guzzis. Natürlich fallen wir zwei Sechzehnjährigen auf und kommen auch bald mit den Rockern ins Gespräch. Einer von ihnen meint: »Wenn ihr mal mitfahren wollt, müsst ihr ordentliche Klamotten anziehen, am besten Jeans, eine Jacke sowie eine Sonnenbrille.«

Lisbeth und ich sind bei der Vorstellung, mit den schweren Maschinen mitfahren zu können, begeistert. Nur wie stellen wir es an, dass unsere Eltern davon nichts erfahren? Und wie komme ich zu einer coolen Jacke? Ich habe zwar noch etwas Geld von meinem Ferienjob, da ich sehr sparsam bin, aber wo soll ich mir ein solches Teil besorgen, ohne dass Mutter es mitbekommt? Ich muss mir etwas einfallen lassen.

Nach kurzer Besprechung mit den Rockern vereinbaren wir, dass sie uns am Samstag nach der Schule für einen Ausflug abholen. Irgendwie ist es aufregend, aber gleichzeitig habe ich auch Angst davor, gesehen zu werden. Denn wenn meine Eltern, allem voran mein Vater, mich mit diesen Typen sehen würden, bekäme ich ordentliche Prügel, da bin ich mir sicher.

Da wir bis Samstag noch etwas Zeit haben, entschließen wir uns, wieder mal per Anhalter ins große Einkaufszentrum nach Pfäffikon zu fahren, um Ausschau nach geeigneten Klamotten zu halten. Wir wollen schließlich auf diesen heißen Öfen nicht enttäuschen.

Schnell und unproblematisch erreichen wir am Mittwochnachmittag das Einkaufsparadies, und ich finde schon bald eine stabile, kurze moosgrüne Stoffjacke, die cool aussieht und im Preis gesenkt ist, und ein Paar dunkelrote Kunststoffstiefel mit Plateauabsatz, die ebenfalls nicht viel kosten, aber mit der züngelnden Flammenprägung toll aussehen. Ich sehe auch einen Gürtel mit großem silberfarbenen Löwenkopf sowie eine Weste aus kurzem hellem Fell. Mein Geld reicht gerade für all meine Schätze, und als ich sie schließlich in einer Tüte aus dem Einkaufscenter trage, komme ich mir supercool vor.

Lisbeth findet eine kurze Lederjacke und einen Cowboyhut. Jetzt hoffen wir nur noch auf schönes Wetter und dass die

Typen zuverlässig sind und auch erscheinen werden. Meinen Plastikbeutel mit den erstandenen Gegenständen verstecke ich gut im kleinen Holzschuppen unten am Berg, wo wir früher unsere Fahrräder und Schlitten eingestellt hatten. Niemand darf sie sehen.

Der Samstag des geplanten Rockerausflugs kommt, und ich erzähle zu Hause, dass ich nach der Schule gleich zu Lisbeth fahre und den Nachmittag mit ihr verbringe, um anschließend am Abend direkt an einem Volleyballmatch teilzunehmen. Da ich diesen Sport immer noch ausübe, wenn auch nur noch sporadisch, ahnt Mutter nichts von meiner Lüge. Wie üblich muss ich um 22 Uhr zu Hause sein. Ich packe meine Sporttasche wie sonst und verstaue alles auf meinem Mofa. Dann düse ich direkt zum Schuppen, um meine Trainingssachen gegen meine neuen »Rockerklamotten« auszutauschen. Direkt nach der Schule geht's zu Lisbeth nach Hause, wo wir uns im Kellerabteil ihres Wohnblocks herrichten. Es soll uns ja niemand sehen.

Am vereinbarten Ort vor der Gaststätte warten wir mit der Aufregung im Bauch, ob die Rocker auch tatsächlich kommen, und der Angst im Nacken, dass wir vielleicht von einem Lehrer oder von unseren Mitschülern gesehen werden. Wir sind ja schon ohne diese Rocker die *Enfants terribles!*

Plötzlich hören wir ein lautes Dröhnen, und die bärtigen Männer mit ihren Maschinen erscheinen. Mein Gott, machen die einen Höllenlärm, denke ich und spähe gleichzeitig von links nach rechts, ob uns niemand sieht. Wir werden freundlich begrüßt und auf zwei Maschinen verteilt, während die beiden Moto-Guzzi-Männer bereits Beifahrerinnen haben. Wie gesagt, schön sind unsere Rocker nicht, aber viel freundlicher, als sie den Anschein machen. Ich schätze sie so ungefähr auf Mitte zwanzig, also fast zehn Jahre älter als wir. Sie bestimmen, dass wir Richtung Chur fahren, um auf der neuen Autobahn auch mal ordentlich Gas geben zu können. Ich schwinge mich auf die BMW-Maschine von Bruno, wie mein Fahrer heißt, und empfinde es schon als sehr aufregend, plötzlich einen wirklichen »Feuerstuhl« zwischen den Beinen zu spüren.

Die Männer lassen die Motoren nochmals ordentlich aufheulen, bevor wir losbrausen. Ich muss mich sofort an Bruno festklammern, damit ich nicht vom Sitz fliege. Unglaublich, dieses Feeling! Wenn ich schon auf meinem Moped ein Freiheitsgefühl empfunden habe, so ist es jetzt unbeschreiblich. Fast alle fahren ohne Helm, da diese Pflicht noch nicht besteht. Nur einer der Moto-Guzzi-Typen hat einen Halbschalenhelm auf, die restlichen tragen einfach große metallene Brillen. Meine Haare fliegen mir um den Kopf, während wir in den Kurven ziemlich in die Schräglage kommen, was mir ein nervöses Bauchkribbeln verursacht. Da ich keine Brille besitze, muss ich meinen Kopf nahe hinter Brunos Rücken halten, damit mir keine Fliegen ins Gesicht knallen, was ziemlich schmerzen kann.

Auf der Autobahn geht es richtig ab. Ich habe das Gefühl, ich fliege, während meine Schenkel und mein Hintern bei jedem Geschwindigkeitsschub vibrieren. Überall, wo wir anhalten, werden wir beäugt und begafft. Es ist ein komisches, aufregendes Gefühl, aber gleichzeitig wird mir dadurch auch bewusst, dass wir uns außerhalb der Norm befinden.

Als wir in Chur angekommen sind und schließlich in einer Gaststätte sitzen, stellen sich die anderen beiden Mädchen vor. Eine ist Kindergärtnerin und die andere Zahnarzthelferin. Na also, das sind doch ordentliche Berufe, und wenn die mit denen befreundet sind, können wir es doch auch sein, beruhige ich mein schlechtes Gewissen. Natürlich wird Bier getrunken, werden Zigaretten geraucht, und wir machen mit, denn es gehört sich offensichtlich so. Die Rocker unterhalten sich untereinander, und Lisbeth und ich tauschen uns mit den Mädels aus. Die beiden Frauen sind natürlich erstaunt, als sie unser Alter erfahren, und warnen die Fahrer gleich, dass wir noch ordentlich minderjährig seien und sie keinen »Scheiß« anstellen sollen. Doch zur Sorge gibt es keinen Anlass. Die Männer geben sich damit zufrieden, uns »Bräute« ausfahren zu können – zumindest macht mir das zu Beginn den Eindruck.

Pünktlich wie vereinbart werden wir wieder vor unserem Stammlokal abgeladen und haben schon einen Termin für den folgenden Freitag ausgemacht.

An dem Tag fahren wir schon um 15 Uhr los; und somit lassen wir die letzte Schulstunde sausen. Mittlerweile begrüßen die Rocker und wir uns schon mit Küsschen auf die Wangen, bevor wir losbrausen. Einer der Männer muss noch Zigaretten besorgen, und wir fahren mit den Maschinen zum Bahnhof. Ich bete natürlich, dass Vater keine Schicht hat, denn ich habe Bruno nicht erzählt, dass er hier arbeitet. Noch während Lisbeth, die ja Vater ebenfalls kennt, mit ihrem Typen Zigaretten kaufen ist, kommt jener doch tatsächlich um die Ecke gebogen und späht zu uns herüber. Wir sind nur etwa zwanzig Meter entfernt. Ich drehe mich weg und zische erschrocken: »Bruno, sofort abhauen, mein Vater kommt, der darf mich nicht sehen.«

Ohne große Umschweife startet Bruno durch, und wir brausen davon. Kurze Zeit später folgen uns die anderen drei Motorräder. Um Himmels willen, Vater hat mich bestimmt erkannt, und jetzt weiß ich nicht, was passieren wird!

Bruno beruhigt mich, indem er vage meint: »Ich glaube nicht, dass er dich wirklich erkannt hat. Wir waren doch sehr weit weg, und ich bin sofort gestartet.«

Kann schon sein, denke ich, besonders, da Vater meine neue »Rocker-Kleidung« ja nicht kennt und mich deswegen vielleicht wirklich nicht erkannt hat. Doch Freude empfinde ich an diesem Nachmittag nicht mehr.

Später am Abend wechsle ich wieder meine Klamotten im Schuppen und ziehe mir die Sportsachen über, um anschließend wie gewohnt mit meinem Moped nach Hause zu fahren. Zuvor verstecke ich meine Plastiktüte mit den Kleidern in einem nahe gelegenen kleinen Fuchsbau, da ich befürchte, dass Vater sie suchen könnte. Da Ostern vor der Tür steht, die Rocker in einer Woche ihr traditionelles Ostertreffen am Walensee abhalten wollen und wir dazu eingeladen sind, muss ich schauen, dass es zu Hause keine Aufregung mehr gibt.

Doch ich habe mich umsonst gefreut. Als ich zur Tür hereinkomme, höre ich schon eine laute Diskussion, und Vater brüllt zu Mutter: »Deine Tochter treibt sich mit Rockern herum! Ich habe sie mit eigenen Augen auf dem Motorrad gesehen. Aus der wird nie etwas, und dann hat sie die Frechheit, sich auch noch mit denen am Bahnhof zu zeigen. Was für eine Blamage!«

Oh Gott, was mach ich jetzt, überlege ich fieberhaft. Ich komme zum Schluss, dass ich es nur abstreiten kann, denn alles andere ließe die Situation außer Kontrolle geraten.

Meine kleine Schwester erscheint im Türrahmen und ruft: »Corinne ist nach Hause gekommen!« Schon stehen meine Eltern vor mir. Mutter fragt: »Corinne, wo kommst du her?« Ich antworte mit klopfendem Herzen: »Vom Volleyball.« Vater fragt schneidend: »Wo warst du am Nachmittag?« »In der Schule«, antworte ich scheinbar überrascht und frage nach: »Wieso, was ist denn los?«

Mutter erklärt mir, dass Vater steif und fest behauptet, er habe mich mit fürchterlichen Typen auf einem Motorrad gesehen.

»Stimmt das? Bist du heute Nachmittag auf einem Motorrad gesessen?«, fragt sie mich eindringlich.

»Nein«, gebe ich resolut zur Antwort. Vater lässt es nicht dabei bewenden und brüllt weiter: »Ich bin doch nicht blöd, ich erkenne doch meine eigene Tochter!«, doch meine Mutter stellt sich hinter mich und brüllt zurück: »Wenn meine Tochter nein sagt, ist es so – ich glaube ihr!« Sie verteidigt mich, und ich schäme mich zu Tode. Doch ich kann nicht mehr von meinem Kurs abweichen. Mutter nimmt mich oft in Schutz, obwohl ich zurzeit nicht immer einfach bin. Doch so wie an diesem Tag hat sie mich noch selten verteidigt, und ausgerechnet an diesem Tag ist Vater im Recht. Ich fühle mich ganz elend und ziehe mich ins Zimmer zurück.

Eric ist bereits im Bett und lernt für die Schule. Plötzlich fragt er mich: »Sag mal, Schwester, hast du etwa Kleider in einer Tüte im Holzschuppen deponiert?«

Jetzt schwant mir Böses.

»Hast du jemandem davon erzählt?«, frage ich aufgebracht.

»Nein«, gibt er zur Antwort, »aber ich denke, das hängt mit der Motorradgeschichte zusammen.«

»Ach, lass mich in Ruhe! Und wehe, du erzählst etwas!«, drohe ich ihm. Meine Welt scheint langsam einzustürzen, und dabei will ich unbedingt bei dem Rocker-Treffen an Ostern auch mit dabei sein.

Am nächsten Tag spricht Mutter das Thema nochmals an, doch ich bleibe bei einem Nein; und somit ist die Geschichte vom Tisch.

Als Mutter an diesem Tag zum Einkaufen fährt, bleibe ich mit meiner kleinen Schwester zu Hause und spiele mit ihr. Irgendwie habe ich, seit ich mich in der Rebellionsphase befinde, einfach zu wenig Zeit für sie. Alles hat sich verändert, seit ich meine Vereine aufgegeben habe und ich mich mit den neuen »Freunden« zum Black Jack treffe.

Als Mutter vom Einkaufen endlich zurück ist, streckt sie mir einen Lehrvertrag unter die Nase. Wie sie dies noch hinbekommen hat, weiß ich bis heute nicht. Doch ich kann nach dem Schulende in einem Lebensmittelgeschäft eine zweijährige Verkaufslehre beginnen. Ich starre auf das Papier und kann es kaum glauben. Sie aber nimmt mich in den Arm und sagt: »Es ist zwar nicht dein Traumberuf als Floristin, aber du hast doch schon immer gerne verkauft. Und Hauptsache, du hast später eine abgeschlossene, anerkannte Berufslehre.«

Ich fühle mich schlecht, da sie mir ausgerechnet jetzt, da ich sie gestern heftig angelogen habe, aus der Patsche hilft. Mir laufen Tränen über die Wangen, und ich schäme mich, dass ich manchmal so pampig zu ihr bin. Sie versteht meine Tränen falsch. »Es wird schon alles gut, glaube mir«, tröstet sie mich. Ich nicke und verziehe mich mit dem Lehrvertrag in mein Zimmer.

Mutter ist die Beste, mir tut es einfach leid, dass sie es mit mir und erst recht mit Vater so schwer hat. Es kommt immer wieder zu wüsten Auseinandersetzungen. Ich denke dann für mich jedes Mal: Niemals werde ich einen eifersüchtigen Mann heiraten, nie! Oh, wie ich mich getäuscht habe! Mein späterer Samburu-Mann entpuppte sich als ein noch größerer Eifersuchts-Tyrann. Es ging so weit, dass er mich zu den Toilettengängen im Busch begleitete, weil er mich verdächtigte, dass ich mich ansonsten in dieser kurzen Zeit mit anderen Männern treffen würde. Er unterstellte mir ein Verhältnis mit dem Missionar und dem Arzt im Spital, der mich mehrmals wegen Malaria behandeln musste. Wenn ich auch todkrank war, dachte mein Mann ständig, dass ich ihn betrügen würde, so wie seiner Auffassung nach alle Frauen ständig ihre Männer betrügen. Ich könnte noch seitenlang weitere Beispiele aufzählen …

Ende März 1976, knapp sechzehnjährig, beende ich die Sekundarschule mit einem mittleren Notendurchschnitt. Ich freue mich enorm, als ich zum letzten Mal alle Klassenzimmer betrete. Jeder der drei Lehrer bittet uns zu einem kurzen Einzelgespräch, in dem sie uns ihre Meinungen zu den letzten Noten mitteilen und schließlich ihre guten Wünsche mit auf den Weg geben. Ich kann kaum hinhören, denn in Gedanken bin ich schon weg und überzeugt, dass mein Leben nun endlich beginnen kann. Zwar wird es härter, aber irgendwie auch freier, bin ich überzeugt. Da mein Mofa ausgerechnet am letzten Schultag wieder einmal den Geist aufgegeben hat, bin ich mit Mutters Töff zur Schule gefahren, um alle meine Sachen von dort mit nach Hause transportieren zu können. Allerdings muss ich es für sie unten im Schuppen abstellen, da sie mit Bienchen unterwegs ist und es später braucht. Als ich ihr Mofa parke, schaue ich im Fuchsbau nach meinen Klamotten – sie sind Gott sei Dank noch da.

Kommendes Wochenende ist Ostern, und ich muss mir noch etwas einfallen lassen, damit ich zwei Tage abhauen kann. Jetzt packe ich zuerst meine ganzen Schulhefte und Ordner, steige in das Bachbett nahe unserem Holzschuppen hinunter, schichte sie zu einem Haufen und zünde alles an. Während ich genüsslich an einer Zigarette ziehe und dabei in die Flammen starre, fliegt in meinem Kopf im Schnelldurchgang meine Schulzeit noch einmal vorbei: Die schwere Phase in der fünften und sechsten Klasse der Primarschule, als ich mit allem Mühe hatte und zudem unter meinem schnellen Wachstum litt und den Hänseleien einiger Schüler wie »Giraffenhals«, »Bohnenstange« und »Flacharsch«. Das ewige Zittern beim Kopfrechnen oder Vorlesen. Die Bloßstellung nach dem Französisch-Vokabeltest. Die Zeiten, als die Jungs mein Klapprad auseinandernahmen und mich damit ärgerten. Aber ich hab es geschafft und nun endlich die letzte Klasse der Sekundarschule beendet, und zwar nicht mehr als gehänseltes Opfer, sondern schon selbstbewusster und eigenständiger – so empfinde ich es jedenfalls und stoße einen befreienden Seufzer aus. Wie schön, dass ich nicht mehr diesem Zwang ausgesetzt bin, Sachen zu pauken, von denen ich schon im Vorhinein weiß, dass ich sie nie mehr brauchen werde! Man hätte so viel Sinnvolleres lernen können – wie zum Beispiel mit den sturen Eltern umzugehen ist, wie man eine richtige Partnerschaft angeht oder was im Berufsleben auf uns zukommt …

Das Feuer lodert, und ich schiebe mit einem Stock die letzten Buchdeckel in die Flammen. Nur ganz wenige Sachen behalte ich noch und stecke diese in meine rote Schulmappe zurück, bevor ich mich zu Fuß wieder einmal auf den Heimweg begebe. Komisch, anfangs musste ich immer zur Schule laufen, und am letzten Tag beende ich die Schule auch zu Fuß, stelle ich schmunzelnd fest.

Als ich mich auf den Weg nach Hause mache, bellt der Hund

beim Bauernhof wie erwartet, und einmal mehr drücke ich mich an seinen fletschenden Zähnen vorbei. Kurz darauf springt mir meine Katze Negi entgegen und freut sich offensichtlich, dass sie mich wieder einmal zu Fuß antrifft. Sie springt wie früher auf meinen Rücken, und wir laufen zusammen die letzten Meter nach Hause, wobei wir an dem Birkenbäumchen vorbeikommen, welches mir früher etliche Male Trost spendete, wenn ich keine Lust hatte, nach Hause zu gehen. Stundenlang konnte ich mich darunterlegen, den Kopf an den zarten, weißen Stamm lehnen und den im Wind tanzenden Blättern zuschauen, während darüber die weißen Wolkenknäuel weiterzogen und ich von der fremden, unbekannten Welt zu träumen begann.

Auch an diesem Tag halte ich kurz an, setze mich darunter und schaue hinüber auf die noch schneebedeckten Glarner Alpen. Am Vrenelisgärtli blinkt mir der auf 2900 Metern liegende Gletscherfirn zu. Auch darüber haben wir in der Schule gesprochen, und so habe ich von den verschiedenen traurigen Sagen gehört. Ob die wohl stimmen? Da soll ein keusches Mädchen namens Vreneli auf den hohen Berg gestiegen sein, weil sie da ein Gärtchen anlegen wollte. Alle Menschen im Tal warnten sie, das sei »Gott herausfordern«, doch Vreneli stieg unbekümmert Richtung Gipfel, ihr Ziel vom eigenen Garten fest im Blick. Oben angekommen, legte sie ein Gärtchen an, indem sie den Schnee beiseiteräumte und ihre Blumen einpflanzte. Als es zu schneien begann, stülpte sie ihren Kupferkessel über den Kopf, doch dieser wurde durch den Schnee schwerer und schwerer, Vreneli wurde eingeschneit und soll noch da oben unterm Schnee und Eis begraben liegen.

Auch eine zweite Sage existiert um diesen mysteriösen Flecken, die mir damals im Unterricht weit mehr imponierte, und so erzähle ich sie meiner Negi, die sich neben mich gelegt hat, noch einmal: »Es war einmal ein schönes Mädchen namens Vreneli. Ihr Vater war ein mächtiger Berggeist und herrschte über die Alpen. Das Mädchen besaß auf dem Gipfel des Glärnisch einen kleinen Garten, in dem die allerschönsten Alpenblumen blühten. Damit niemand einen Blick auf das Mädchen werfen konnte, hatte der Vater einen Kranz aus steilen Felsen um das Gärtchen errichtet. Jedoch wussten einige Gämsenjäger von dem Mädchen, und so erfuhr ein kühner Junge von ihr und machte sich auf, den Gipfel zu erklimmen. Und tatsächlich erreichte er Vrenelis Gärtchen. Als die beiden sich sahen, war es Liebe auf den ersten Blick. Da ihr Vater aber nichts von dem Jungen wissen durfte, versteckte Vreneli ihn. Der alte Berggeist aber kam hinter Vrenelis Geheimnis und ertappte das Paar eines Tages, als es sich zärtlich umarmte. Aus Wut stieß er den Jungen über die hohe Wand hinab und verwandelte seine weinende Tochter in einen grauen Klotz aus Fels. Das Gärtchen selbst bedeckte er mit Schnee und Eis. Und die Sage erzählt, dass nur, wer in Liebe dreimal den richtigen Stein küsst, das schlafende Vreneli wieder zum Leben erwecken kann. Es gibt allerdings Tausende von Steinen, die auf dem Gärtchen liegen, und sie alle sind bedeckt vom ewigen Schnee. Der Kranz aus Felsen, den der Vater um das Gärtchen errichtet hat, steht noch heute. Jeder, der auf den Glärnisch klettert, kann ihn mit eigenen Augen sehen.«

Während mein Blick sich vom Berg löst und wieder auf meine Katze richtet, die sich ihr glänzendes, schwarzes Fell leckt, frage ich sie: »Und, Negi, was sagst du dazu? Ist jetzt Vreneli noch da oben oder nicht?« Doch meinem schwarzen Stubentiger ist das egal – sie leckt einfach weiter ihr Fell.

Im September 2007, also circa dreißig Jahre später, stand ich nach einer anstrengenden Tour selbst auf dem Vrenelisgärtli und dachte zurück an jene Zeit, als ich als Kind immer hinaufschaute und mich an die Sagen erinnerte. Aber den erwähnten Steinkranz um ein Gärtchen habe ich unter dem Neuschnee auch nicht gefunden.

Ostern. Die Rocker werden die vier Tage am Walensee campieren und Lisbeth und ich sollen mitkommen. Vier Tage sind unmöglich, das würden meine Eltern nie akzeptieren. Doch vielleicht schaffe ich es, zumindest für die Zeit von Karfreitag auf Samstag eine einleuchtende Ausrede zu erfinden. Irgendwie klappt es, da meine Eltern mich bei einer Freundin wähnen, und zudem sind sie großzügiger, da ich nach diesen Osterferien sowieso mit meiner Lehre beginnen muss.

Am Karfreitag hole ich mein Rockerbraut-Outfit aus dem Fuchsbau und mache mich auf den Weg zu Lisbeth. Meine Freundin hat zwei Schlafsäcke, die ebenfalls eingepackt werden, und schon bald befinden wir uns wieder hinten auf den heißen Öfen. Kurze Zeit später sind wir an einem lauschigen Plätzchen am Ufer des Walensees. Ich kenne die Gegend sehr gut, da ich vor nicht allzu langer Zeit hier mit meinen Eltern öfter entlangspaziert bin.

Zwei der Männer laufen zum nicht weit entfernten Restaurant hoch und kommen mit Bierkästen zurück, während die anderen ihre kleinen Zelte bereits aufgestellt haben. Aus einem Radiorekorder kreischen Janis Joplin und andere Rockmusiker, als die ersten Bierflaschen die Runde machen. Anklang findet meine beige Weste, die jetzt auf dem Rücken mit einem großen roten Totenkopf verziert ist, mit akribischer Genauigkeit habe ich ihn aufgemalt. Während die Männer trinken, rauchen, Musik hören und herumliegen, quatschen wir Mädchen noch miteinander. Doch nach einigen Stunden frage ich mich, ob es richtig war, dass wir zu diesem »Rockertreffen« gefahren sind.

Die Stimmung unter den Männern und die Musik werden immer lauter, während immer mehr Wanderer nahe an uns vorbeiziehen, nicht ohne abwertende, wenn nicht gar ängstliche Blicke auf uns zu richten. Irgendwie werde ich das Gefühl nicht los, es könnte alles außer Kontrolle geraten. Oder jemand informiert die Polizei, und dann sind wir als Minderjährige aufgeschmissen. Ich habe nicht mal einen Ausweis dabei.

Mittlerweile ist es Abend geworden, das Lagerfeuer, und Unmengen von Fleisch werden gegrillt. Immer mehr leere Bier- und Weinflaschen liegen verstreut auf dem Kieselstrand herum. Zudem werden die ersten Joints herumgereicht. Ich ziehe ebenfalls an einem, bald überfällt mich ein Lachanfall nach dem anderen, und kurz darauf verspüre ich einen riesigen Appetit auf alles Essbare. Mittlerweile ist es weit nach Mitternacht und der Lärmpegel hoch. Hier wohnt zwar niemand in unmittelbarer Nähe, aber das Wasser trägt die Musik sicher über den See hinweg ans andere Ufer. Wenn nur alles gutgeht!

Langsam wird es kühl, schließlich haben wir erst April, und so kriechen wir in unsere Schlafsäcke und legen uns in der Nähe des Feuers nieder. Die kleinen Zelte sind noch unbenutzt, denn momentan sind alle noch wach. Toilettengänge müssen im angrenzenden Wäldchen erledigt werden, und von Waschen ist keine Rede, auch wenn der See vor der Nase liegt. Meine anfängliche Begeisterung verfliegt langsam immer mehr, doch nach Hause können wir nicht, denn die Typen sind nun besoffen, und keiner kann mehr ein Motorrad fahren. Und zudem, was soll man nachts um zwei Uhr zu Hause auch erzählen? Als Bruno mich auch noch an sich zieht und küssen möchte, gefällt mir die Situation gar nicht mehr. In seinem betrunkenen Zustand fragt er lallend, was schon dabei sei, wenn wir ein bisschen schmusen.

»Du bist zu betrunken«, gehe ich mutig an das Thema heran. Doch er versucht mich erneut zu küssen, so dass ich seinen fürchterlichen Bart schon wieder im Gesicht habe.

Die Zahnarzthelferin schimpft: »Bruno, lass mal gut sein, Corinne ist minderjährig, das hast du schon vorher gewusst.«

»Ja, ja, ist ja gut«, grölt er und lässt mich tatsächlich in Ruhe. Lisbeth amüsiert sich eher, doch auch sie ist nicht hundert Prozent happy mit ihrem Rocker.

Es ist kalt, der Morgen noch lange nicht in Sicht, und die meisten der Männer sind nun ziemlich besoffen und bekifft.

Irgendwann wird es doch noch hell, und während die einen noch in ihren Schlafsäcken liegen und die anderen in den Zelten, begebe ich mich zum See hinunter, um mein Gesicht einigermaßen zu waschen und die Zähne zu putzen. Die Enten schwimmen eiligst herbei und denken wohl, ich wolle sie füttern. Doch ich möchte weg hier, denn irgendwie gefällt mir die ganze Lage nicht. Wenn wir mit den Motorrädern durch die Gegend düsen, ist es viel aufregender, und die Männer halten ihren Bierkonsum in Grenzen. Aber hier, nein, so will ich mit ihnen doch nicht gesehen werden.

Als die Sonne auf die Zelte scheint, werden so langsam alle wach. Da die Zigaretten ausgegangen sind und jeder gerne einen ordentlichen Kaffee haben möchte, beschließen einige, nach Weesen zu fahren, während andere das Lager bewachen. Lisbeth und ich kommen zum Schluss, das Ganze abzubrechen, da wir an jenem Abend sowieso zurück sein müssten. Nach einem kurzen Wortwechsel, bei dem Bruno und sein Freund einsehen, dass sie bis zum Abend wieder zu viel Alkohol zum Fahren intus hätten, bringen sie uns die wenigen Kilometer bis zu Lisbeths Hochhaus zurück. Sie wollen die restlichen Tage am See bleiben, und Bruno meint cool: »Hey, ihr wisst ja, wo ihr uns finden könnt.« Dabei blitzen seine Zähne zwischen dem Bart auf. Während er den Motor seiner BMW aufheulen lässt, ruft er: »Okay, ciao, bella!«

Schnell ziehen wir uns im Kellerabteil um, und ich fahre mit meinem Moped nach Hause. Krampfhaft überlege ich mir, wie ich mein verfrühtes Heimkommen begründen soll. Doch die Entscheidung wird mir abgenommen, denn das Haus ist leer, alle sind ausgeflogen. Ich brauche erst mal eine Dusche von Kopf bis Fuß, die ich in unserer Badewanne nehme, da wir keine separate Dusche besitzen. Meistens können wir nur einmal die Woche baden; die restlichen Tage waschen wir uns einfach nur. So ist das eben in der Zeit, denn es gibt nicht immer genügend warmes Wasser. Wir haben auch keine Ölheizung, sondern einen Kohleofen. So muss morgens immer erst das Haus eingeheizt werden, um anschließend die Kohleeier aufzuschütten, die dann für mehrere Stunden wärmen. Doch seit vor zweieinhalb Jahren die Ölkrise ausgebrochen ist und die Preise sich verdoppelt haben, ist Vater stolz auf sein Heizsystem, denn die schwarze rußige Kohle bekommen wir immer noch und frieren so nur morgens statt wie manche derzeit den ganzen Tag.

Gegen Abend höre ich Mopeds und die Stimmen meiner Familie. Mutter ist überrascht, als sie mich schon zu Hause vorfindet: »Ja, hallo, Corinne, du bist schon da? Hast du dich etwa mit Lisbeth verkracht?«, fragt sie besorgt.

»Nein, nein, es war uns nur langweilig«, antworte ich so gelassen wie möglich. »Und was habt *ihr* so gemacht?«, erkundige ich mich im Anschluss arglos.

»Wir waren am Walensee in Betlis spazieren und wollten mit Bienchen am Kieselstrand spielen, aber der war besetzt von einer Gruppe von betrunkenen Rockern, die dort lagerten«, gibt Mutter von sich, während mir das Blut in den Adern gefriert.

Mein Bruder ergänzt: »Stell dir vor, überall lagen Kisten und Bierflaschen herum, während es nach Haschisch roch. Alle Leute haben sich fürchterlich über die laute Musik geärgert. Da wird sicher bald noch die Polizei vorbeischauen«, beendet er seinen Bericht. Vater schaut mich durchdringend an, während ich so gleichgültig wie möglich dasitze und in Gedanken mal wieder dem Himmel danke, dass er mich rechtzeitig nach Hause geschickt hat.

Es ist das letzte Mal, dass ich Bruno und seine Clique getroffen habe, und so endet meine Zeit als »Rockerbraut« glücklicherweise schon wieder nach etwa zwei Monaten.

Mädchen für alles

Freudig trete ich die mir zugewiesene Lehrstelle in dem Lebensmittelladen an und bekomme von der älteren, teilweise zahnlosen Chefin eine Einführung. Ich habe Glück, denn der Laden befindet sich nicht allzu weit von zu Hause entfernt. So kann ich bei jedem Wetter mit dem Moped die fünfzehnminütige Strecke zurücklegen, wenn es mich nicht gerade im Stich lässt.

Da ich mit der Chefin alleine arbeite und nur an Samstagen jeweils noch eine Aushilfe dazukommt, muss ich schon sehr schnell alles erlernen. Vom Schreiben der Bestellungen bis zur Kontrolle, wenn die Ware angeliefert wird, bis zum Bedienen der Kasse und hinter dem kleinen Wurststand, wo wir Fleischkäse, Schinken und Salami anbieten sowie Sandwichs für die Arbeiter.

Ja, in einem kleinen Laden ist man schnell Mädchen für alles, was mir richtig Spaß macht, denn ich kann auf diese Weise selbständig arbeiten. Aber es fehlt mir die Tiefe der Fachkenntnisse, denn meine Chefin hat mir nicht viel Lernbares mitzuteilen, weil sie es selber nicht besser weiß oder sich keine Zeit nimmt. Es kommt schon mal vor, dass sie sich im Laufe des Nachmittags in ihre Wohnung zurückzieht, um ein Nickerchen zu halten, während sie mir, der Lehrtochter im ersten Lehrjahr, den Laden anvertraut. Sie mag mich, da ich schnell begreife und auch zupacken kann, schließlich habe ich in meinen Ferienjobs ja auch schon im Lebensmittelbereich gearbeitet, und so sind mir viele Handgriffe bekannt. Doch hier schleppe ich Getränkekisten genauso wie die Brot- und Gemüsekartons. Die tägliche Bestellung ist das Schwierigste, denn bis ich den Kundenstamm kenne, dauert es schon einige Wochen. Wir versuchen abzuschätzen, was die Leute mögen, und bestellen kundengerecht, gerade bei den verderblichen Waren wie Brot, Gemüse und Früchten. Die Chefin, die ungefähr Anfang fünfzig ist, aber aussieht wie Mitte sechzig, möchte explizit mit »Fräulein« angesprochen werden, da sie eine ledige Jungfrau sei. Dafür kennt sie die Kundschaft überaus gut und weiß fast über jeden etwas zu berichten. Da sind die normalen Hausfrauen, die täglich vorbeikommen, dann die Italiener von der Baustelle wegen der Sandwiches und des Biers, und vor allem im Sommer die vielen Camper vom nahe gelegenen Zeltplatz. Da sind schon mal ganz nette Jungs aus verschiedenen Ecken der Schweiz dabei. Dann erscheinen für einige Wochen die »Zigeuner«. Bei diesen ist das Fräulein Chefin immer sehr aufgeregt und mahnt mich: »Corinne, lass keinen aus den Augen, denn bei denen weiß man nie, was die so alles mitgehen lassen, vor allem die Zigarettenstangen oder die Flaschen mit hartem Alkohol.«

Während ich die Fahrenden bediene und beobachte, holt die Chefin ihre alten Messer und Scheren aus ihrer Wohnung, welche sich über dem Laden befindet, und lässt sie vom Scherenschleifer bearbeiten. Dieser sitzt den ganzen Nachmittag an einer Maschine vor unserem Geschäft. Das Gerät hat ein Schleifband, das er mit Hilfe eines Fußpedals bedient, wie bei den alten Nähmaschinen. Daneben stehen selbstgeflochtene Körbe in jeder Größe zum Verkauf. Die Hausfrauen tragen ihre Töpfe zum Flicken und Messer zum Schleifen herbei. Weitere Mitglieder der Gruppe fahren mit ihren riesigen Amerikanerschlitten heran, kaufen kistenweise Bier und bestellen Unmengen von Fleisch, während ihre Sprösslinge durch den Laden fegen und mit Süßigkeiten und Schokolade wieder vor der Kasse stehen. Wenn Frauen dabei sind, tragen diese meistens lange bunte Röcke und ein Kopftuch, die Männer eher längere kohlenschwarze Haare und ab und an einen Silber- oder Goldzahn sowie protzige Fingerringe und Halsketten.

Ihr Camp liegt etwas außerhalb des Dorfes, aber unweit des Flusses und der Hauptstraße. Wenn ich morgens mit dem Töff ins Geschäft düse, kann ich den Lagerplatz von der Straße aus erblicken. Da stehen einige Wohnwagen, dazwischen sind die hellblauen und rosafarbigen Amischlitten geparkt; und darüber flattern Unmengen von gewaschener Wäsche, und spielende Kinder in jeder Altersgruppe gibt es zuhauf. Rauchfahnen ziehen fast zu jeder Tageszeit gen Himmel.

Mir gefällt diese Truppe, wenn sie auch die ganze Umgebung in Aufregung zu versetzen scheint. Ihre coolen Autos mit den Seitenflügeln verleihen dem Ort einen Hauch von Ferienstimmung. Wenn diese Menschen vorbeikommen, herrscht viel Betrieb, und der Umsatz schnellt in die Höhe. Denn entgegen der Sorgen der Chefin bezahlen sie alle ganz regulär, und ich habe nie mitbekommen, dass sie jemals etwas geklaut hätten.

Ganz anders ist es, wenn zu Beginn jedes Monats das alte Bauernmännlein erscheint. Er trägt im Winter wie im Sommer seine schwarze Zipfelmütze und hat immer zwei Rucksäcke dabei. Einen graugrünen Armee- und einen braunen speckigen Lederrucksack. Es kauft jeweils so viel ein, dass es wohl für den ganzen Monat reicht. Zusätzlich nimmt es das von uns gesammelte alte, trockene Brot mit. Sprechen tut es wenig, mit mir gar nicht. Wenn es den Laden verlässt, vorne und hinten mit je einem Rucksack behangen, schwebt sein Stallgeruch noch stundenlang im Geschäft.

Von diesem Männlein weiß die Chefin zu berichten, dass es irgendwo auf einem Berg wohnt, und zwar zusammen mit seiner Schwester. Die darf allerdings höchstens einmal im Jahr hinunter ins Dorf kommen. Man munkelt, dass sie nicht wie Bruder und Schwester zusammenleben würden, sondern wie Mann und Frau, und sie früher wohl auch schon in andere

Umstände gekommen sei. Deshalb habe der Bruder wohl vor langer Zeit entschieden, dass sie auf dem Berg zu bleiben habe. Ihre Bauernhütte sei schief und schmutzig und besitze kein fließendes Wasser im Haus. Es gäbe nur einen Brunnen, und der sei im Winter zugefroren, deshalb dürfen wir uns nicht über den Gestank im Laden wundern.

»Eigentlich weiß niemand so genau, wie die zwei so überleben können, mit den drei Kühen und den paar Ziegen, und zudem sind sie ja auch nicht die Hellsten«, beendet die Chefin diesen Tratsch und fügt dann doch noch schnell hinzu: »Na ja, wenigstens bekommen sie von uns das übrig gebliebene harte Brot für die Ziegen.«

Ja, wenigstens, denke ich, während ich dem Männlein hinterherschaue, wie es gebückt und auf einen Gehstock gestützt mit wippendem Zipfelmützenbommel aus dem Dorf schlurft.

Einmal die Woche muss ich zur Berufsschule in Glarus, unserer Kantonshauptstadt. Da ich aus der Sekundarschule komme, fällt mir das Lernen ziemlich leicht. Der Stoff ist relativ einfach, und vor allem geht es um lauter Dinge, die ich später brauchen kann, um vorwärtszukommen.

Aus meiner alten Schule gehen nur zwei weitere Mädchen ebenfalls auf die Berufsschule, sie absolvieren eine Verkaufslehre in der Modebranche und sind demnach nicht in der gleichen Klasse wie ich. Eine von ihnen ist meine Freundin Lisbeth, und so verlieren wir uns wenigstens nicht ganz aus den Augen. Ich lerne viele neue Leute kennen, darunter ein Mädchen, das mir besonders gut gefällt. Es heißt Monika, ist sehr hübsch und wie ich sehr groß. Nach kurzer Zeit schon freunden wir uns an.

Bald steht mein sechzehnter Geburtstag an, und wie jedes Jahr versuche ich, an dem Tag etwas Besonderes zu unternehmen. Als ich jünger war, war es schon besonders für mich, wenn das Wetter am 4. Juni warm genug war, so dass ich in die Badeanstalt radeln konnte, oder wenn ich zusammen mit Mutter mit dem Zug nach Rapperswil fahren durfte, um im Migrosrestaurant einen Wurstsalat zu essen. Einmal veranstaltete ich auch eine »Party« auf dem Berg, durfte also drei Mädchen aus der Schule mitbringen, und Mutter buk uns eine schöne Erdbeertorte.

Es brauchte immer Überredungskunst, die Mädchen auf den Berg zu locken. Nicht dass Mama das nicht erlaubt hätte – im Gegenteil, aber die Freundinnen waren nicht darauf erpicht hochzulaufen. Ich musste sie danach auch wieder nach Hause begleiten. Doch ich war immer sehr stolz, wenn sie sich herbemühten, und lenkte mit allen möglichen Mitteln vom langen und ziemlich steilen Weg ab. Ich erzählte Geschichten oder suchte nach Blindschleichen, die aussahen wie lange graue Schlangen, aber eigentlich Echsen waren. Die Dorfmädchen sahen den Unterschied nicht und dachten, dass ich mir eine dreißig Zentimeter lange graue Schlange in die Handflächen legte, was sie nie machen würden und dementsprechend zwar gruselig, aber spannend fanden.

Als wir einmal unterhalb des Bauernhofes standen und die Ziegen auf der Wiese grasten, erzählte ich ihnen, dass ich auf einer reiten könnte. Ich hatte dies schon einmal beim Bauernsohn miterleben können. Die Freundinnen glaubten es natürlich nicht und wollten den Beweis. Da mich die Ziegen kannten, rannten nicht gleich alle weg, sondern staunten mich neugierig aus ihren gelben starren Augen an, als ich über den Elektrozaun stieg und mit ausgestreckter Hand langsam auf sie zuging. Als meine Freundin den großen weißen Ziegenbock mit einer Handvoll frischer grüner Löwenzahnblätter ablenkte und anlockte, nahm ich die Chance wahr, hielt mich an einem seiner Hörner fest und sprang gleichzeitig auf den weißen Ziegenrücken, während ich den anderen Arm sofort um seinen Hals schlang und mich so einigermaßen bäuchlings festhielt. Meine Sportlichkeit kam mir da schon zugute. Der Bock erschrak, sprang wie ein Stier in die Höhe, ich krallte mich fest, doch es nützte nicht viel. Er schoss nach vorne, duckte sich unter dem Elektrozaun hindurch, während ich daran hängen blieb und dieser mich heftig in den Bauch zwickte. Gleichzeitig flog ich rücklings vom Ziegenbock. Alle lachten, und ich drückte meine Handflächen auf meinen schmerzhaft surrenden Hintern. Aber meine Freundinnen bewunderten die Aktion und erzählten sie anschließend auch gleich meiner Mutter, als diese uns eine Limonade zubereitete.

»Ja, Corinne macht immer mal verrückte Sachen. Wenn sie keine Schnecken durchs Zimmer kriechen lässt, rettet sie halbtote Mäuse, Vögel oder Blindschleichen, aber die Ziegengeschichte ist auch für mich neu, und mir ist jetzt auch klar, warum sie so heftig nach Ziegenbock stinkt«, gab Mutter damals lachend zur Antwort.

Ja, da war ich noch elf oder zwölf Jahre alt, aber jetzt mit sechzehn möchte ich etwas Aufregenderes erleben!

Eine Woche vor meinem Geburtstag sitze ich mit meiner neuen Freundin Monika in dem zum Treffpunkt gewordenen Café im neueröffneten Sportzentrum in Näfels. Während man im Restaurant sitzt, kann man den Badenden in der Schwimmhalle zuschauen. Dorthin bin ich bis vor einem Jahr auch noch zu meinem Schwimmtraining gegangen. Während wir dem Treiben im Schwimmbad zusehen, überlege ich gemeinsam mit Monika, wie ich meinen sechzehnten Geburtstag feiern könnte.

Auf dem Tisch liegt eine Tageszeitung, und darin befindet sich ein Artikel über den Springbrunnen in Genf, dazu ein Foto. Der Brunnen soll eine Fontäne über 140 Meter in die Luft schießen lassen und ist deswegen das Wahrzeichen dieser Stadt. Ich weiß nicht viel über Genf, außer, was wir in der Schule mitbekommen haben und dass sich dort ein Hauptsitz der UNO befindet, dass es weiterhin in der französischsprachigen Schweiz liegt und somit mindestens vier Autostunden entfernt ist – wie aufregend!

Ich fasse den Entschluss, dass ich meinen Geburtstag unter dem Springbrunnen feiern könnte. Das heißt also: per Anhalter kostenlos hinfahren, staunen, vielleicht ein Bier trinken und dann wieder nach Hause trampen. Monika ist begeistert und möchte endlich auch mal den »Zigerschlitz« verlassen, wie wir unseren Kanton wegen der *Ziger*-Käse-Produktion auch nennen. Viel Abwechslung gibt es eben nicht, außer der Kirmes, den Sportveranstaltungen und ab und an einem Dorffest in einem Festzelt.

Wir verabreden uns für kommenden Samstag hier im Sportzentrum, denn meine Freundin Monika muss am Samstag nicht arbeiten, und mein Geburtstag fällt eben auf diesen Tag. Ich entschließe mich, zur Feier des Tages ausnahmsweise einmal der Arbeit fernzubleiben. Meine Chefin hält ja auch öfter ihren Nachmittagsschlaf ab und lässt mich alleine arbeiten. Zudem weiß ich, dass an dem Tag eine Aushilfe da sein wird. Da ich aber sonst immer zuverlässig bin, fühle ich mich natürlich trotzdem nicht sehr wohl mit meinem Entschluss, aber auf der anderen Seite ist es mein Geburtstag, und ich will auch etwas Außergewöhnliches erleben, denke ich rebellisch.

Der Tag kommt, ich verlasse wie an Arbeitstagen schon um sieben Uhr früh das Haus und fahre ins nahe Näfels, wo ich mich mit Monika treffe. Wir trinken eine Ovomaltine, und ich schreibe auf ihre mitgebrachten Papierbogen einmal *Zürich*, auf einen weiteren *Bern* und dann *Genf,* während sie bei meiner Chefin anruft, sich als meine Mutter ausgibt und mich krankmeldet.

Kurz darauf stehen wir an der Autobahnauffahrt und halten das »Zürich«-Schild in die Höhe. Es dauert eine ganze Weile, bis jemand hält. Doch es klappt, und wir können bei einer Frau zusteigen, die uns bis zu einer Autobahnraststätte bei Zürich mitnimmt.

Während der Fahrt fragt mich Monika unsicher: »Und wie

kommen wir da wieder weg, wir dürfen doch nicht auf der Autobahn stehen?«

»Keine Sorge, wir suchen uns bei den geparkten Autos anhand der Nummernschilder die Berner, Freiburger oder Genfer raus, und wenn's passt, fragen wir einfach, ob wir ein Stück mitgenommen werden«, antworte ich, von meiner Idee begeistert.

Wir müssen einige Fahrer ansprechen, bis wir schließlich nach zweimaligem Umsteigen unser Ziel erreichen. Als Letztes werden wir von einem Ehepaar mitgenommen, das zuerst an unserer Geschichte zweifelt und explizit nachfragt, ob wir auch wirklich keine Ausreißerinnen seien, da sie keine Probleme bekommen wollen. Monika erklärt daraufhin, während sie auf mich zeigt: »Nein, die Fahrt ist ihr Geburtstagswunsch, sie möchte so gerne einmal die Genfer Fontäne sehen, und heute Abend sind wir wieder zurück.«

Das Ehepaar schaut sich mit leichtem Kopfschütteln an, und dann sagt der Mann schmunzelnd: »*C'est fou parce que ce n'est qu'une fontaine!*« – an einem Tag vom Glarnerland bis nach Genf und wieder zurück zu fahren, sei verrückt, und alles bloß wegen eines Springbrunnens! Doch dann sind sie so nett und fahren uns sogar fast bis an die Seepromenade.

Endlich angekommen, laufen wir mit einem erleichterten Glücksgefühl an der Promenade entlang auf den Springbrunnen zu. Es ist eindrucksvoll, wie dieser immer und immer wieder eine riesige Fontäne in die Höhe schießt. Auf der Treppe sitzend beobachten wir das Spektakel, das uns aber letztlich auch nur ein paar Minuten fasziniert. Wir haben uns, respektive ich habe mir ehrlich gesagt mehr davon versprochen, als ich das Bild auf der Frontseite der Zeitung gesehen hatte. Der Hunger meldet sich ebenfalls, und mehr als einen Snack können wir uns in dieser teuren Stadt, wo wir die Menschen sowieso nur schlecht verstehen, auch nicht leisten. Wir hocken da, kauen an einem Hamburger, trinken ein Bier und schauen auf den Springbrunnen, der uns ab und an mit seinen vom Wind hergetragenen Wassertröpfchen berührt.

Die anfängliche Euphorie schwindet, und wir denken an die lange Heimreise. Als noch drei dunkelhäutige Afrikaner, die ersten, die ich in meinem Leben zu Gesicht bekomme, vor uns stehen bleiben und uns in französischer Sprache fragen, ob wir Interesse an Haschisch hätten, merken wir definitiv, dass wir wohl in dieser großen Stadt nichts zu suchen haben, und treten nach zweistündigem Aufenthalt wieder die anstrengende Rückreise an.

Zu Hause hat niemand mitbekommen, dass ich an diesem Tag mal kurz ans andere Ende der Schweiz getrampt bin. Umso mehr Aufmerksamkeit gibt es zwei Tage später in der Berufsschule, als die anderen Mädels mit staunenden Augen vor uns stehen und fragen: »Und wie sieht es dort aus? Habt ihr euch unterhalten können? Habt ihr Leute kennengelernt? Ist es eine schöne Stadt? Wie war es?« Sie wollen alles wissen, und wir haben eigentlich nichts zu erzählen – außer dem Abenteuer, weit weg gewesen zu sein, und das ohne Einwilligung der Eltern und auch noch per Anhalter – also verboten und deshalb reizvoll.

Für uns war dieser Kurztrip damals ein außergewöhnliches Ereignis, und schon allein das Vorhaben als solches versetzte uns in große Aufregung. In den siebziger Jahren ist man noch ganz anders gereist als heute, und es gab noch keine Billigflieger, mit denen man überall hinfliegen konnte. Die Flüge kosteten damals noch mehrere tausend Franken und waren wirklich nur für privilegierte Menschen. Ferien in fremden Ländern waren ein Traum, den man sich allenfalls als Flitterwochen-Urlaub erfüllte.

Wie anders war es, als knapp dreißig Jahre später meine Tochter Napirai sechzehn Jahre alt wurde. Sie trat in diesem Alter ihren ersten großen Alleingang an, und zwar nach Amerika. Ja, 2005, als der ganze Rummel um meinen Kinofilm *Die weiße Massai* startete, mein drittes Buch *Wiedersehen in Barsaloi* in den Bestsellerlisten oben rangierte und der Hype sehr groß wurde, schwebte meine Tochter hoch über den Wolken Richtung Kalifornien.

Zum einen wollte ich sie vor dem Medienrummel bewahren, zum anderen war es ihr sehnlichster Wunsch, einmal einige Zeit in Amerika zu verbringen. Wir entschieden uns für ein Auslandsjahr in Santa Barbara, wo sie eine amerikanische Schule besuchte und bei einer einheimischen Familie lebte. Dass die Amerikaner ihre Kinder eher spät als erwachsen ansehen, merkten wir bereits bei der Visumsbeschaffung, als ich mich quasi als schlechte Mutter fühlen musste, weil ich meine Tochter mit sechzehn Jahren alleine nach San Francisco reisen ließ. Ich wurde dreimal gefragt, warum ich oder ihr Vater ein so junges Mädchen nicht begleiten wollte. Ich fühlte mich plötzlich schlecht, obwohl ja alles vorbereitet war und sie am Flughafen vom entsprechenden Schulpersonal empfangen werden würde. Ich erinnerte mich damals einfach an meine Zeiten. Da hätte ich mir nichts sehnlicher gewünscht, als alleine ohne elterlichen Anhang irgendwohin reisen zu können. Und zudem war ich überzeugt, dass, wenn sie diese Sache alleine bewältigen kann, ihr das ein enormes Selbstwertgefühl geben würde.

Und sie hat es alleine geschafft! Sie bekam ihr erstes Mobiltelefon, da dies gerade in Mode kam, so dass ich wusste, im Notfall kann sie mich erreichen, und ich könnte sie per Handy durch den Flughafen lotsen. Doch unseren Abschied in Zürich werde ich nie vergessen. Es war der schlimmste – und zwar für mich! Tage- und stundenlang zuvor haben wir nur von allen positiven Aspekten der Reise gesprochen. Wie perfekt sie danach Englisch sprechen wird. Dass sie an einem Ort sein wird, wo sie vielen Menschen begegnen wird, die ebenso dunkelhäutig sind wie sie und die in guten Positionen arbeiten und ein gesundes Selbstvertrauen vorleben und vieles mehr.

Da ich am selben Tag ebenfalls – nach München – flog, konnte ich meine Tochter bis ans Gate begleiten. Alles war gut. Sie war, bedingt durch Flugangst, leicht nervös, ich hingegen tieftraurig, ohne es mir anmerken zu lassen. Den Wunsch meiner Tochter wollte ich unbedingt erfüllen: »Mama, du heulst bitte nicht, wenn ich gehe!«

Der Flug wurde aufgerufen, und wir umarmten uns das letzte Mal für die kommenden sechs Monate. Wir waren noch nie so lange voneinander getrennt gewesen. Napirai lief die Gangway hinab, kerzengerade, drehte den Kopf noch einmal zu mir, winkte und verschwand im Rumpf des Flugzeuges. In dem Moment heulte ich Tränenbäche. Mir kam es vor, als wäre mir ein Stück aus dem Leib gerissen worden. Doch mein Leben rief, und ich musste zu meinem eigenen Abfluggate zurückeilen.

Die halbjährige Trennung hat Napirai schließlich freiwillig um weitere vier Monate verlängert, da es ihr in Santa Barbara sehr gut gefiel. Es war hart, aber für beide Seiten am Ende doch eine großartige Erfahrung. Napirai erzählt heute noch, dass die Zeit in Santa Barbara eine ihrer wichtigsten Lebenserfahrungen war, und sie bereue die Reise keinen Moment, obwohl auch nicht immer alles rund gelaufen sei. In Amerika wurde sie erwachsener, selbständiger und selbstbewusster – und das mit gerade mal sechzehn.

Alle von uns haben mittlerweile ihre ersten Lohnzahlungen erhalten, und wir fühlen uns mit dem Geld in der Tasche schon richtig erwachsen. Einige müssen zwar zu Hause vom Lehrlingslohn Geld abtreten, aber ich Gott sei Dank nicht. Dafür muss ich nun für mich selbst aufkommen, bis auf das Essen, das ich zu Hause bekomme. Es gelingt mir spielend. Ich bekomme immerhin pro Monat etwas über 300 Franken und im zweiten Lehrjahr werden es sogar fast 450 sein.

Die Arbeit im Lebensmittelgeschäft gefällt mir recht gut, und so bin ich zu Hause auch langsam wieder etwas angenehmer zu ertragen, zumindest zeitweise. An schönen warmen Tagen fährt meine Mutter mit Bienchen an den Walensee ins Strandbad Gäsi zum Baden. Da es für mich mit dem Moped einfach zu erreichen ist, flitze ich in der zweistündigen Mittagspause ebenfalls hin, verzehre dort den von Mutter vorbereiteten Kartoffel- oder Bohnensalat und spiele mit meiner kleinen Schwester, bevor ich wieder zurück zur Arbeit muss. Besonders angenehm und friedlich ist es aber abends, wenn die meisten Menschen schon weg sind. Wenn Vater Spätschicht hat, kommt Mutter dann ebenfalls erst im Verlauf des Nachmittags, und ich erscheine nach der Arbeit erneut. Diese Stunden in der lauwarmen Abendsonne mit Mutter und meiner kleinen Schwester genieße ich sehr.

Ich erzähle, was gerade im Geschäft läuft, und Mutter erwähnt, dass sie gerne wieder arbeiten möchte, da sie sich doch manchmal auf dem Berg einsam fühle, und zudem gerne den Führerschein machen würde. Nur ihr Moped benutzen zu können sei schon einschränkend. Auch beim Einkaufen muss sie die Kleine auf den Sitz schnallen und ihre schweren Einkaufstaschen vorne am Lenker befestigen, was aber auf der Naturstraße schon zu Stürzen geführt habe. Ich verstehe meine Mutter und könnte mir persönlich so ein abgeschiedenes Leben später auch nicht vorstellen. Was unternehmen meine Eltern schon zusammen außer dem Wandern? Vielleicht gehen sie drei- oder viermal im Jahr ins Kino, und sonst gibt es nur das »Turnerkränzli«, das Fest vom Turnverein. Mehr Abwechslung erlebt meine Mutter nicht, wenn sie nicht arbeiten kann. Nein, so möchte ich nicht enden, denke ich mit meinen sechzehn Jahren und weiß noch nicht, dass ich mich in meiner späteren Ehe noch abgeschiedener niederlassen werde und von Kinobesuchen nicht mal die Rede ist.

Während Sabine am Seeufer im Sand spielt und Mutter und ich es uns auf dem großen Badetuch gemütlich machen, springt plötzlich ein junger Mann dazwischen und ruft übermütig:

»Hoi zämä!«, was so viel heißt wie: »Hallo, zusammen!«. Dabei schaut er von mir zu meiner Mutter und lacht, während er uns beiden seine Arme freundschaftlich um die Schultern legt. Meine Mutter ist irritiert. Ich erkenne den jungen Mann, denn er stand an jenem Mittag bei mir im Laden und hat dabei erwähnt, dass er auf dem nahe gelegenen Campingplatz Urlaub macht. Mir ist sein Auftreten peinlich, denn ich weiß, Mama ist in solchen Dingen abweisend, da sie zu Hause genügend Eifersuchtsdramen erfährt.

Sofort ergreife ich das Wort: »Sorry, darf ich vorstellen, das ist meine Mutter.« Walter, so heißt der junge Mann, springt wie von der Tarantel gestochen auf und entschuldigt sich für sein frevelhaftes Verhalten, nicht ohne zu erwähnen, dass er meine schöne Mama für meine Schwester gehalten habe. Mutter reagiert auf dieses Kompliment versöhnlich und lädt ihn ein, mit uns zu essen.

Der Siebzehnjährige gefällt mir gut, und ich genieße die Aufmerksamkeit des jungen Mannes. Er kommt aus der Nähe von Zürich und verbringt hier zwei Wochen Urlaub mit Freunden, wie er uns erzählt. Auch zwei Tage später treffen wir ihn wieder, und dabei fragt er mich, ob ich mit ihm am Sonntag eine Schlauchbootstour auf der Linth mitmachen wolle. Mutter möchte wissen, wer noch alles dabei sei, und ist beruhigt, dass seine männlichen Freunde ein eigenes Boot sowie Freundinnen dabeihaben und wir so im Konvoi die Fahrt antreten werden. Denn es gilt eine tückische Stromschnelle zu überwinden, wo schon einige Menschen ertrunken sind. Ich darf schließlich mit, denn Mutter beschwichtigt Vater. Es handele sich um einen anständigen Jungen, und man könne mir nicht immer alles verbieten, beruhigt sie ihn.

Sonntags steige ich aufgeregt ins rote Schlauchboot, und wir lassen uns kilometerweit vom Fluss treiben. Hinter uns schwimmt das zweite, etwas größere Boot mit den Freunden und den beiden Mädchen. Natürlich albern wir herum, und bald schon liegen Walter und ich uns in den Armen und knutschen. Diesmal empfinde ich es als aufregend und angenehm. Offensichtlich macht er es richtig, und ich genieße die neue Erfahrung.

Als ich abends nach Hause komme, glühen wohl meine Wangen, denn Mutter will sogleich wissen, was vorgefallen ist. »Nichts, warum?«, gebe ich ausweichend Antwort.

»Ja, siehst du Walter denn wieder?«, hakt sie nach.

»Ja, er wird im Geschäft vorbeikommen, bevor er in drei Tagen nach Zürich zurückkehrt«, gebe ich Auskunft.

Abends liege ich im Bett und denke noch mal über den aufregenden Nachmittag nach. Dabei merke ich, wie mein Herz schneller pocht, wenn ich an Walter denke, mit dem ich viel gelacht habe und der mir gesagt hat, wie toll er mich findet. Nichts von Bohnenstange, Giraffenhals oder Flacharsch – nein, er findet mich schön! Bin ich nun verliebt? Fühlt es sich so an? Wenn es sich gleichzeitig im Kopf und im Magen dreht – ist das Liebe? Solche Fragen beschäftigen mich, während ich versuche, Schlaf zu finden.

Tags darauf stehe ich unruhig im Laden und warte auf Walter und warte und warte. Er kommt nicht. Er wird Dienstag kommen, denke ich mir, denn Mittwoch bin ich in der Schule, und er reist dann nach Hause.

Dienstag regnet es, und von Walter keine Spur. Ich weiß eigentlich gar nichts über ihn, wird mir schlagartig bewusst. Wir hatten Spaß. Es war schön. Wir haben uns berührt, geküsst, es war angenehm, und nun soll alles vorbei sein? Sein freches Lachen und seine blitzenden, lustigen, grünen Augen – soll ich die etwa nie mehr sehen?

Hier ein Trostpreis, dort ein prächtiger Kopfschmuck

Ja, so ist es. Walter geht aus meinem Leben, so schnell wie er hineingestürzt kam, und lässt in mir eine große Wut und Unsicherheit zurück. Doch das Leben muss ja weitergehen. Und es geht natürlich weiter. Ich werde zu Hause wieder eher unausstehlich. Gehe öfter zum Black Jack und verspiele auch schon mal meinen halben Lehrlingslohn. Gleichzeitig ist daheim die Stimmung mal wieder auf dem Tiefpunkt, da Mutter ihren Wunsch, wieder zu arbeiten, umsetzen möchte. Vater ist damit nicht einverstanden, auch weil er meint, dass meine Schwester noch zu klein ist, um auf Mutter verzichten zu können, und so herrscht öfter dicke Luft.

Daher kommt es mir gut gelegen, dass wieder die Kirmeszeit ansteht. Ich freue mich dieses Jahr besonders auf die *Chilbi*, da ich mit ein paar Kolleginnen von der Arbeit gemeinsam hingehen will und zudem ja nun auch mehr Geld zur Verfügung habe. Jetzt, mit Mitte sechzehn, besuche ich die *Chilbi* abends. Ich muss unter der Woche um 22 Uhr zu Hause sein und samstags um 23 Uhr.

Wir sind eine Truppe von ein paar Mädels, und es bleibt nicht lange aus, dass wir auf der *Chilbi* Jungs kennenlernen. Die sind schon anders als die Rocker und Spieler, die ich bisher kennengelernt habe. Sie sind modisch angezogen und machen einen sportlichen Eindruck. Mir gefällt besonders einer gut, und ich habe den Eindruck, das Interesse ist gegenseitig – auch wenn er einen halben Kopf kleiner ist als ich. Er heißt Daniel, und wir vergnügen uns auf den verschiedenen Fahrgeschäften, trinken mal ein Bier, stehen herum, quatschen und rauchen. Die Zeit verfliegt im Nu, und schon ist wieder der Moment gekommen, wo ich mich auf den Heimweg machen sollte – immer, wenn es spannend wird! Daniel gefällt mir wirklich, und als er mich noch einlädt, im Anschluss an die Kirmes in der Dorfbar einen Gin Tonic zu kippen, bin ich dabei, obwohl ich längst nach Hause sollte. Mir ist klar, dass das Ärger geben wird. Aber ich bin doch schon fast erwachsen und arbeite hart, außerdem läuft auf dem Berg das Leben an mir vorbei, überlege ich wieder einmal trotzig.

Weit nach Mitternacht schleiche ich leise nach Hause. Auf meinem Kopfkissen finde ich einen langen Brief meiner Mama, worin sie mir ihre Enttäuschung und ihre Ängste mitteilt. Der Brief berührt mich zutiefst und straft mich mehr als jede Ohrfeige. Sie hat ja in allem recht, nur muss ich meine Erfahrungen selber machen, denn so wie sie möchte ich auch nicht enden, denke ich stur, obwohl mir Tränen in die Augen schießen.

Am nächsten Morgen erhalte ich eine Standpauke und darf natürlich an diesem Abend, obwohl Samstag ist, nicht mehr ausgehen. Ich bekomme erneut Hausarrest und muss um 20 Uhr ins Zimmer, denn für mich gibt's auch keinen Fernsehabend.

Als mein Vater dies verkündet, verspüre ich eine Riesenwut auf meine Eltern, weil sie mir schon wieder alles vermiesen wollen. Schließlich habe ich um 21 Uhr eine Verabredung mit Daniel, dem tollen Jungen. Stattdessen hänge ich schon wieder nur auf diesem blöden Berg fest. Mies gelaunt mache ich mich auf den Weg zur Arbeit.

Abends schauen meine Eltern und Eric fern, während ich verdrossen im Kinderzimmer hocke. Sabine in ihrem abgedunkelten Etagenbett schläft bereits. Plötzlich entschließe ich mich, durch das kleine Schlitzfenster abzuhauen. Es misst zwar nur gerade einmal zwanzig Zentimeter in der Breite, doch ich muss es schaffen, hier rauszukommen. Das andere Fenster ist zu hoch oben, man würde gleich merken, wenn ich dort rausspränge. Ich stopfe Kleider unter meine Bettdecke, damit es aussieht, als läge ich in meinem Bett, und stecke einen Puppenkopf so unters Kissen, dass nur ein paar Haare herausschauen, und zwar in meiner Haarfarbe. Dann ziehe ich mich leise um und quetsche mich durch den schmalen Spalt.

Draußen schiebe ich mein Moped leise und ohne den Motor anzulassen vom Haus weg. Drinnen höre ich die Stimme von Kurt Felix mit seiner Abendsendung *Teleboy,* so etwas wie *Verstehen sie Spaß?*. Wenn diese Aktion auffliegt, werden meine Eltern sicher keinen Spaß mehr verstehen, überlege ich kurz, bevor ich den Berg hinunterflitze.

Nach langem Suchen im Gewühl der Menschenmasse, die sich durch die Kirmes zwängt, entdecke ich endlich die Gruppe vom Vortag – samt Daniel. Die Jungs amüsieren sich bereits mit anderen Mädchen, was mir einen Stich versetzt. Als ich näher komme, stellt mir der überraschte Daniel seine Freundin Nadja vor. Ich falle fast in Ohnmacht. Von dieser Nadja war gestern noch keine Rede, oder er hatte sie kurzfristig einfach »vergessen«. Ich lasse mir nichts anmerken und geselle mich zur Gruppe. Daniel schaut immer mal wieder zu mir und versucht Blickkontakt aufzunehmen.

Ich weiß nicht, was ich noch denken soll. Sowohl Lisbeth als auch Monika haben seit einigen Wochen einen festen Freund und scheinen glücklich zu sein. Nur bei mir will es nicht klappen. Ich schleiche sogar von zu Hause fort, um unser Treffen einhalten zu können, und er steht plötzlich mit seiner langjährigen Freundin vor mir – ich fasse es nicht! Oder straft Gott sofort, weil ich wieder zu Hause nicht gehorcht habe?

Kurze Zeit später verschwindet Daniel mit seiner Freundin und flüstert mir im Vorbeigehen zu: »Warte auf mich, ich komme gleich zurück!« Da ich die Situation klären möchte, warte ich in der Gruppe und überlege bereits, wie ich mich ihm gegenüber verhalten soll. Als er wieder auftaucht, ziehen wir uns an einen etwas ruhigeren Ort zurück, obwohl auch da die Musik noch aus allen Richtungen auf uns eindröhnt. Er windet sich und erklärt dabei, dass mit Nadja eh bald Schluss sei, er wolle nur noch den richtigen Moment abwarten. Ich solle Geduld haben und mir keine Gedanken machen. Ich sei ihm schon lange aufgefallen, und zwar bereits zu jener Zeit, als ich noch Leichtathletik trieb. Es habe ihm imponiert, wie sportlich ich sei. Er kenne sogar meinen früheren Trainer.

Es stellt sich heraus, dass Daniel genauso sportbegeistert ist wie ich, Geräteturnen macht und im Trampolinspringen sogar an der Schweizer Meisterschaft teilnimmt. Und er liebt das Skifahren, worin er offensichtlich sehr gut ist, da er eine Skilehrerlizenz hat. Aber ich bin nicht nur angetan von seiner Sportlichkeit, mir imponiert auch seine gepflegte Erscheinung, sein modisches Outfit mit den Plateauabsätzen, seine dunkelgrüne kurze Lederjacke, seine modischen Jeans und sein Silberzahn in der Mitte der oberen Zahnreihe. Er macht etwas her, nicht so wie die Rocker noch vor ein paar Monaten. Mit denen wollte ich nicht gesehen werden, sondern nur auf den heißen Öfen mitfahren. Aber mit Daniel wäre es schön, Hand in Hand über die Kirmes zu schlendern – wenn nur seine Nadja nicht wäre. Ich verspreche zu warten, bis er frei ist.

Zum Abschluss des Abends – es ist schon wieder Mitternacht geworden – möchte er mir eine besondere Freude bereiten. Er zieht mich zum Schießstand, um mir dort ein tolles Plüschtier herunterzuschießen. Wie immer ist der Stand vollgestopft mit den farbigen Stofftieren in allen Größen und Arten. Daniel schießt – und ergattert dann doch keines dieser bunten, großen Tiere für mich, sondern nur einen Trostpreis in Form von ein paar Plastikrosen. Doch für mich sind sie dieses Mal wertvoll – denn sie sind ja von Daniel, meinem zukünftigen Freund.

Viele Jahre später, im August 2012, sah ich genau solche Plastikrosen erneut, die mich an meine Chilbizyt und an Daniel erinnert hatten – in Kenia, auf den Köpfen von stolzen Samburu-Kriegern. Ich wurde in jenem Sommer, Ende Juli, vom Missionar Pater Giuliani angerufen, den ich aus meiner Zeit in Barsaloi bestens kannte. Oftmals hatte er mir geholfen, wenn ich in Nöten war.

»Corinne, irgendwann in den nächsten Wochen findet das Stammesfest der Samburus statt«, erzählte er aufgeregt. »Du weißt doch, das wird nur alle fünfzehn Jahre gefeiert! Komm so schnell wie möglich nach Kenia, vielleicht ist es das letzte Fest, bei dem du noch mal die richtige Samburu-Tradition mit den Morans erleben kannst.« Morans – das ist die Bezeichnung für die dortigen Krieger. Pater Giuliani beschwor mich geradezu: »Du musst unbedingt kommen, denn damals hast du dieses Fest mit deinem Mann Lketinga ja nicht richtig miterleben können, du hattest doch Malaria. Wenn du aber kommst, plane unbedingt genügend Zeit ein, denn die Samburus werden den genauen Zeitpunkt für das Fest im Vorfeld nicht bekanntgeben, weil sie keine Journalisten dabeihaben möchten.«

Ich war überrascht, erstens über den Anruf und zweitens, dass ich sozusagen alles stehen- und liegenlassen sollte, um nach Kenia zu reisen. Nicht etwa als Touristin nach Mombasa. Nein, in den Norden hoch, wo ich meine vier Jahre im Busch verbracht hatte, und auch diesmal würde es kein Zuckerschlecken sein, dort hinzukommen. Zudem war ich ziemlich erschöpft von der langen Lesereise, die ich gerade beendet hatte. Auf der anderen Seite war es eine Chance, die nie wiederkehren würde, überlegte ich kurz und antwortete wie von selbst: »Pater Giuliani, ich werde kommen, wenn ich so kurzfristig noch einen Flug finde. Und ich werde meinen Filmer Klaus Kamphausen mitbringen. Denn dann können wir dieses Fest festhalten, wenn es doch vielleicht das letzte seiner Art sein wird. Napirai wird sich darüber freuen, denn sie kann momentan leider nicht mitkommen.«

Ja, und dann stehen wir, in jenem August 2012 mitten im Geschehen. Es ist das Fest, bei dem die aktuellen Krieger in den Status der Älteren übergehen und Platz für die neue Generation Morans schaffen. Hierfür wird eigens ein neues *Manyatta*-Dorf erbaut. Die Mütter der Krieger bereiten das ganze Fest vor. Sie bauen die Hütten, betreuen die Tiere und putzen sich und die Mädchen heraus. Diese sind noch schöner als sonst – geschmückt mit farbigen Perlenschnüren bis unter das Kinn, welche mehrere Kilos wiegen, und Kopfschmuck jeglicher Art. Die Oberkörper mit rotem Ocker bemalt und um die Hüften lederne Lendenschurze, bestickt mit farbigen Perlen und Ornamenten.

Ja, und dann diese Krieger! Sie kommen aus dem ganzen Distrikt hierher. Selbst die, die bereits in Nairobi studieren, erkennt man nur noch an den kurzen Haaren, die aber ebenfalls ockerrot eingefärbt und geschmückt sind. Sie haben ihre europäischen Kleider gegen die traditionelle Kriegertracht getauscht und mischen sich unter die Morans, die noch nie ihr Territorium verlassen haben und noch tief in ihrer Tradition verwurzelt sind. Täglich werden es mehr, und wenn es Abend wird, höre und sehe ich ihre Tänze, und mein Herz schlägt schneller. 250 Krieger singen und tanzen im Kreis, in deren Mitte sich die hübschen Mädchen befinden, welche sich ihnen anschließen. Es geht auch um Brautschau und -werben, und deshalb ist die Spannung und Stimmung erotisch, explosiv.

Immer mal wieder schleudert einer der Krieger seine langen, roten Haarzöpfchen seiner Favoritin ins Gesicht, um sie damit zu necken. Sie verstecken unter den Haaren eine getrocknete Blumensorte, die unglaublich aphrodisierend riecht. So viele graziöse, schöne, braune Menschen mit ihren glänzenden, nackten Oberkörpern zu sehen – Mädchen wie Krieger –, ist ein einmaliges Erlebnis und erinnert mich unweigerlich an meine Hochzeit mit Lketinga vor vielen Jahren. Auch nach diesem Fest werden die abtretenden Krieger heiraten dürfen, und demzufolge wollen sie natürlich noch einmal bei den jungen Mädchen auftrumpfen und sich auch Respekt verschaffen. Die Oberkörper der Krieger und teilweise ihre Gesichter sind mit roter Farbe verziert.

Als ich die Morans voller Bewunderung genauer betrachte, sehe ich sie plötzlich – *die Plastikrosen!* Genau diese Trostpreise von unserer Schweizer Kirmes, 6000 Kilometer oder mehr von hier entfernt! Von den mittlerweile etwa 250 Kriegern hat fast jeder in seinen Kopfschmuck diese Plastikblumen eingearbeitet, zum Teil bis zu fünf Stück. Bunt stehen sie von den prächtig geschmückten Köpfen ab, es ist einfach unglaublich!

Es ist ein aufregendes Fest, und in dieser Größe habe ich während meiner Zeit in Kenia noch keines erlebt. Da schmücken die Großmütter oder Mütter ihre Töchter und Enkelinnen mit dem Perlenschmuck und bemalen deren Rücken und die nackten Brüste mit roter Ockerfarbe. Unweit davon näht eine alte, runzlige Frau, am Boden sitzend, Perlen an einen ledernen Lendenschurz, während zwei schöne stolze Krieger danebenstehen und sich mit ihr unterhalten.

Klaus und ich wissen nicht, wann der eigentliche Höhepunkt des Festes stattfindet, denn der Zeitpunkt wird geheim gehalten. Hunderte alte Männer, die *Muzzes,* sitzen immer wieder im Kreis und besprechen sich. Es geht um die Namensfindung der neuen Kriegergeneration, und das Ergebnis muss bis zur Schlachtung des heiligen Bullen geheim bleiben. Dieser Bulle wird seit Wochen von den mutigsten Kriegern bewacht, damit ihm nichts passiert, denn das würde die kommende Generation mit einem Fluch belasten oder ins Unglück stürzen.

Wir wissen in all den Tagen nicht, wann genau der Moment kommt, an dem dieser Bulle von den waghalsigen Kriegern getötet wird, wir wissen nur: Es wird an einem der kommenden

Tage im Morgengrauen sein. Bei diesem Tötungsritual sind diverse Regeln zu beachten. Unter anderem muss der Austragungsort kreisförmig und mit Steinen eingefasst sein, und die Krieger und der Bulle dürfen auf keinen Fall aus seinem Inneren heraustreten.

Pater Giuliani, Klaus und ich sind auf diesem Stammesfest die einzigen Weißen. Und ich darf nur deshalb Fotos machen, weil Pater Giuliani im Vorfeld mit den Kriegern gesprochen und ihnen erklärt hat, dass ich selber einmal mit einem Moran verheiratet gewesen bin. Denn selbst Journalisten aus Nairobi dürfen nicht fotografieren. Als Dank für die Erlaubnis haben wir zuvor an einem geheimen Ort mehrere 20-kg-Säcke Maismehl und Reis deponiert, denn Frauen dürfen das Essen der Krieger nicht sehen oder berühren. So will es die Sitte. Erst wenn ein Mann älter wird und verheiratet ist, dürfen die Frauen sein Essen zubereiten. Doch grundsätzlich essen Frauen und Männer lieber getrennt.

Endlich, nachdem wir schon zum sechsten Mal morgens um fünf Uhr in das erwachende Dorf gekommen sind, ist es so weit. Viele der Krieger haben draußen neben dem Feuer auf ihren Kuhhäuten geschlafen und versammeln sich nun, da die Alten die Segnung vollziehen werden. Diese haben immer noch die Macht, obwohl diese durch die Schulbildung der neuen Generation langsam ins Bröckeln kommt. Aber an so einem Fest bestimmen die *Muzzes* nach wie vor alles.

Die Krieger müssen sich niederkauern, damit sie tiefer als die Alten sind, eine Form der Ehrerbietung, die vielen schon schwerfällt. Immer wieder springen einige Morans unruhig auf und lassen aufgeregte Laute ertönen, dabei schauen sie wild um sich. Es ist der einzige Moment, wo ich kein Foto machen durfte, wie mir schon vorher mitgeteilt wurde. Demutsposen mögen die stolzen Krieger nicht.

Dann kommt plötzlich der starke und wild um sich stampfende Bulle, wird von etwa fünfzehn Kriegern in den vorbereiteten Kreis gedrängt und sofort in die Knie gezwungen, um ihn zu ersticken. Sofort danach öffnen sie ihm die Halsschlagader und trinken sein noch warmes Blut. Sobald der Bulle tot ist, rufen die Alten den neuen Namen der Gruppe aus. Diese Generation Männer wird nun ein Leben lang miteinander verbunden sein. Der Gruppenname ist neben dem Familiennamen das Wichtigste, um sich später auszuweisen. Anhand des Gruppennamens kann immer sofort festgestellt werden, zu welcher Altersgruppe ein Krieger gehört. Dies ist wichtig, da sofort wieder Regeln zu beachten sind, sofern man nicht derselben Kategorie angehört.

Nach der Tötung des Bullen kommt es in den folgenden drei Tagen zur Schlachtung von mehreren hundert Tieren im ganzen Distrikt. Auch jetzt hier, im extra dafür erbauten Dorf zwei Autostunden entfernt von Barsaloi. Jeder der anwesenden Krieger hat sein bestes Tier hergebracht, sei es eine Ziege, ein Schaf, eine Kuh oder gar ein Kamel. Jeder gibt, was er hat, und ist stolz, dass es sein bestes Stück ist. Ich habe so etwas noch nie gesehen. Natürlich tun einem die Tiere auch leid, aber gleichzeitig weiß ich, wie tierlieb dieser Stamm ist und dass seine Mitglieder normalerweise nie ein Tier umsonst töten.

Für die bevorstehende Schlachtzeremonie müssen Mädchen, die noch Jungfrauen sind, in einem langen Fußmarsch auf einen Berg steigen und Feuerholz schlagen, das zuvor noch kein anderer Mensch angefasst hat. Diejenigen, die dafür ausgesucht worden sind, sind sehr stolz und schön. Auch ihre Häupter sind teilweise mit Plastikrosen geschmückt. Und diese wirken hier weitab unserer Schweizer Kirmes und getragen von diesen stolzen Menschen nicht billig, sondern edel.

Auf dem Festplatz herrscht keine Aufregung mehr, sondern die Menschen wissen, bald wird es Fleisch in Hülle und Fülle geben. Neben jedem Schlachtplatz, es sind ja an die 250, brennt ein kleines Feuerchen, mit dem heiligen Holz, das die Mädchen zuvor vom Berg gebracht haben; und eine Kalebasse mit gesegneter Milch steht dabei. Daneben sind die Frauen und ihre Kinder, die in einem gewissen Abstand den Kriegern beim Schlachten, Häuten und Zerlegen zuschauen und geduldig auf ihr zugeteiltes Fleisch warten. Und diesmal dürfen sie in ihrem selbstgefertigten Lederbeutel mitnehmen, so viel sie tragen können, denn es gibt nur alle fünfzehn Jahre Fleisch im Überfluss.

Natürlich bekommen die Frauen und Kinder hauptsächlich die Innereien, die Füße und Köpfe, wie es schon damals, zu meiner Zeit, gewesen ist. Die Männer hingegen legen die besten Fleischbrocken und Rippchen auf ein riesiges Feuer und lassen sie brutzeln. Ich habe selten so viele freudige und geduldige Mütter erlebt. Sie danken mit gegen den Himmel gestreckten Armen dem Gai, ihrem Gott, dass sie nun für mehrere Tage keinen Hunger haben müssen und ihre zahlreichen Kinder von frühmorgens bis spätabends an einem großen Stück Fleisch kauen können. Dieses Fest ist für mich eine Erfahrung, wie ich sie vorher noch nie gemacht habe. Ich bin dankbar, dass die Samburus mich daran teilnehmen lassen wie eine von ihnen. Und dass ich auf diese Weise auch noch eine unverhoffte Wiederbegegnung mit den Plastikrosen meiner Chilbi-Zeit habe, finde ich besonders lustig.

Sturmfrei

Mittlerweile ist es Oktober, und meine Eltern planen wieder einen Herbsturlaub in Italien am selben Ort, wo wir im Jahr zuvor schon hingefahren sind. Ich kann dieses Mal nicht mit, da ich ja arbeite und keine zwei Wochen Urlaub habe. Schweren Herzens reisen sie mit meinem kleinen Bruder und meiner Schwester weg und überlassen mir das erste Mal die Verantwortung über das Haus. Ich bekomme diverse Aufträge zum Erledigen. Ich muss selber heizen, kochen und aufräumen. Natürlich muss ich versprechen, pünktlich zu Hause zu sein und keinen Unsinn anzustellen. Vater mahnt: »Corinne, man wird mir am Bahnhof alles erzählen, wenn ich zurückkomme. Also wehe, es kommen mir Klagen zu Ohren!«

Ich sehe den beiden Wochen mit gemischten Gefühlen entgegen. Zum einen freue ich mich, dass ich endlich »sturmfrei« habe, zum andern beneide ich meine Geschwister ein wenig, dass sie erneut ans Meer fahren können.

Die erste Woche verläuft gut, ich gehe pünktlich zur Arbeit, denn Mutter hat mir extra einen Wecker gekauft. Abends sitze ich mit Negi vor dem Fernseher, und wir genießen zusammen die Ruhe und Einsamkeit. Oder ich gönne mir ein heißes Bad, schließlich kann ich nun baden, so viel und so lange ich möchte. Dass ich nun alleine mitten im Wald lebe, macht mir nicht viel aus.

Am ersten Wochenende könnte ich endlich einmal ohne Zeitbeschränkung ausgehen, und so mache ich mich erwartungsvoll auf in die Stamm-Gaststätte, aber ausgerechnet heute ist niemand da, und auch sonst steigt keine Party. Das Wochenende darauf sieht es besser aus. Als ich am Freitagabend wieder ins Lokal gehe, sitzen die »Freunde« dort und spielen Black Jack wie gewohnt. Als ich erwähne, dass ich sturmfreie Bude habe, wird entschieden, dass bei mir noch am selben Abend eine Fete steigen soll. Sie bringen Alkohol mit, und ich werde Spaghetti kochen.

Im Laufe des Abends erscheinen immer mehr Leute. Die einen kommen mit ihren Autos, andere mit Motorrädern. Es sind teilweise Mädchen und Jungen dabei, die ich noch nie gesehen habe. Alle lümmeln sich in unserem Wohnzimmer herum, und es wird geraucht und gekifft, während einer der Männer den Plattenspieler heißlaufen lässt mit *Creedence Clearwater Revival*, kurz CCR genannt, oder während des Kiffens gleich mal *Bob Marley* auflegt. Natürlich haben sie diese Musik selbst mitgebracht, denn bei uns gibt es außer Rebroff, Piaf und Quinn nichts Neues. Bald stehen überall Bierdosen, und einige Gäste verschütten sogar beim Öffnen die klebrige Flüssigkeit auf den Boden.

Langsam wird es mir zu bunt, doch ich habe keinen Einfluss mehr auf das Geschehen. Die »Party« läuft, und ich kann sie nicht mehr stoppen. Selbst als die älteren Nachbarsbrüder vom oberen Bauern ums Haus schleichen und nachschauen wollen, was es für einen Lärm da bei Hofmanns gibt, interessiert das keinen mehr. Ich hatte sechs Leute eingeladen, gekommen sind doppelt so viele. Natürlich ist Daniel nicht dabei, da er in einer anderen »Gesellschaft« verkehrt und sich noch nicht offiziell von Nadja getrennt hat. Dies ist wohl auch der Grund, warum ich Ablenkung in dieser Fete suche.

Das Gelage dauert bis in die Morgenstunden, und ich muss als Einzige samstags zur Arbeit. Als ich mich auf den Weg machen will, schlafen ein paar Leute noch am Boden oder auf dem Sofa und sind nicht wach zu kriegen. So fahre ich zum Arbeitsplatz mit der ausdrücklichen Bitte, das Haus später ordentlich zu verlassen, zuzusperren und den Schlüssel zu hinterlegen. Den ganzen Tag kann ich mich kaum auf die Arbeit konzentrieren, da ich zu müde bin und auch nicht weiß, was zu Hause gerade passiert. Endlich ist um 16 Uhr Feierabend, und ich kann nach Hause flitzen, obwohl es mittlerweile in Strömen regnet und ich klatschnass am Berg ankomme. Der Schlüssel steckt in der Wohnungstür. Die steht weit offen, und zwar so, dass der Regen den ganzen Eingangsbereich unter Wasser gesetzt hat.

»Diese Idioten«, entfährt es mir laut, obwohl ich weiß, dass *ich* die ganze Schuld trage.

Hätte ich bloß nicht so leichtsinnig Leute eingeladen und damit schon wieder das Vertrauen meiner Eltern missbraucht! Im Haus quellen Zigarettenstummel aus überfüllten Tellerchen und Blumentöpfen, und halbvolle Bierdosen stehen herum. Der kalte Rauch und das klebrige Restbier stinken zum Himmel. Mein Gott, wie kriege ich das alles wieder in Ordnung bis morgen Abend, überlege ich fieberhaft, denn dann kommen meine Eltern zurück.

Aufwischen, Lüften, Duftsprayen und Heizen, damit die Wohnung einigermaßen trocken wird, ist alles, was ich im Moment tun kann, und natürlich das Aufräumen.

Als am Sonntagmittag der Teppich im Eingangsbereich noch immer feucht ist, nehme ich den Haartrockner zu Hilfe und föhne noch ein paar Stunden. Plötzlich steht für mich fest: Jetzt ist definitiv Schluss mit diesen Typen, mit Black Jack und der Gaststätte! Ich bete laut zum lieben Gott im Himmel: »Wenn du mich noch einmal unterstützt und meine Eltern nichts von der vergangenen Party bemerken, werde ich mein Leben in geordnete Bahnen bringen – Amen!«

Der liebe Gott hat mich erhört. Die Eltern kommen Stunden später, braun gebrannt und nach Meersalz riechend nach Hause, und die Wiedersehensfreude ist größer als der Argwohn angesichts womöglich übrig gebliebener Partyspuren.

Ein paar Wochen später begegne ich beim Turnvereinsfest erneut Daniel, und unsere sechsjährige Freundschaft beginnt mit einem fetzigen Rock-'n'-Roll-Tanz, da er sich endlich von Nadja getrennt hat. Diese erste echte Freundschaft bedeutet mir sehr viel. Seine Küsse gefallen mir sehr gut, und so langsam verstehe ich, warum die anderen Mädchen davon nie genug bekommen können. Ich verbringe nun so viel Zeit wie möglich mit ihm, und gleichzeitig neigt sich meine zweijährige Rebellionsphase gottlob dem Ende zu.

Mein letztes Aufbegehren findet drei Monate nach Beginn des zweiten Lehrjahres statt, welches ich in einer größeren Filiale absolviere. Meine Freundschaft mit Daniel läuft mittlerweile wunderbar, und ich bin glücklich. Wir unternehmen viel gemeinsam mit anderen Paaren, und allmählich werde ich von allen akzeptiert und als seine neue Freundin anerkannt. Wir fahren Ski, wenngleich ich viel mehr Mühe habe als alle anderen. Wir machen auch Langlauf, und zu Silvester steigen wir mit Fellen unter den Skiern, vollgepackt mit Fressalien, Wein und dergleichen, weit hinauf in die Berge, um in der Jagdhütte seines Vaters zu feiern. Das Leben gefällt mir, und ich fühle mich meistens geborgen an Daniels Seite, obwohl er nach wie vor ein Sunnyboy ist, der öfter freitags alleine mit seinen Kumpels loszieht.

Wenn wir unterwegs sind, bemerke ich die Seitenblicke anderer Mädchen. Doch ich bin überzeugt, wir gehören zusammen, wenngleich ich immer noch sieben Zentimeter über ihn hinausrage, was zu jener Zeit fast ein *No-Go* ist. Meine Mutter hat Daniel akzeptiert, und sie ist glücklich, wenn ich happy bin. Nur Vater bockt noch und spricht nicht mit ihm, wenn er mich im Auto seiner Eltern auf dem Berg abholt. Er soll sich erst einmal ein Jahr bewähren und sich ordentlich um mich kümmern, ist Vaters Ansicht, bevor er sich mit ihm unterhalten möchte. Mich stresst Vaters Verhalten, ich finde es unmöglich.

Doch Daniel nimmt es gelassen. Seine Eltern mögen mich,

hier der Vater mehr als die Mutter. Sie nörgelt oft an uns herum. Mal stehen wir zu spät auf, mal sollen wir zur Kirche mitgehen, mal möchte sie mehr Hilfe im Haushalt. Daniels Vater ist das pure Gegenteil von meinem. Er ist locker, geht dem Streit mit seiner Frau aus dem Weg und verbringt das Wochenende meistens in der Gaststätte beim *Jassen,* dem nationalen Kartenspiel, während sie den Sonntagsbraten zubereiten muss. Natürlich bricht sie bei der geringsten Verspätung seinerseits sofort einen zickigen Streit vom Zaun, der dann darin endet, dass während des Essens keiner spricht, sie anschließend wortlos ihre Stricknadeln klappern lässt und er erneut in die Gaststätte flüchtet. Viele Male habe ich dies miterlebt und mir dabei gedacht: Corinne, auch so willst du nicht enden. Frustriert zu Hause hocken und stricken – nein, danke!

Der Sommer ist da. Daniel hat soeben erfolgreich seine Elektronikerlehre beendet. Und da wir nicht zusammen in Urlaub fahren dürfen, weil ich gerade erst gute sechzehn bin, fliegt er mit einem Arbeitskollegen für eine Woche nach Mallorca. Natürlich bin ich nicht begeistert, aber was soll ich machen?

Eines Tages, als ich wegen der Berufsschule in Glarus bin, fällt dort mein Blick auf ein Plakat, wo eine Busreise nach Rimini, Italien, angeboten wird. Neugierig erkundige ich mich. Als ich sehe, dass ich mir diese von meinem Lehrlingslohn leisten kann, reserviere ich kurz entschlossen einen Platz. Wenn ich schon nicht mit Daniel zusammen in Urlaub fahren darf, dann wenigstens alleine! Allerdings brauche ich dafür die schriftliche Genehmigung meiner Eltern.

Zu Hause erzähle ich Mutter von meinem Plan. Es ist wichtig, sie auf meiner Seite zu haben, denn Vater sagt sowieso nein. Doch auch Mutter ist mit meiner Entscheidung nicht einverstanden, und es kommt zu einem heftigen Streit. Alle meine Argumente fruchten bei ihr nicht. »Corinne, du bist noch nie alleine im Urlaub gewesen«, beschwört sie mich. »Du bist ein hübsches Mädchen, und da können viele Gefahren lauern. Die

Italiener dort sind nicht so zurückhaltend wie hier die Leute, und wenn dann noch so ein weltfremdes sechzehnjähriges Mädchen alleine reist ... so etwas kennen die dort ja gar nicht«, beendet sie das Thema besorgt.

»Ich fahre trotzdem«, erwidere ich wütend und ergänze gleich noch: »Schließlich bin ich ja schon als Zwölfjährige mit meinem kleinen Bruder alleine zu Großvater ins Elsass gereist!«

Am Ende gibt Mutter nach, ruft bei dem Veranstalter an, fragt noch dies und das und verlangt, dass ein Auge auf mich geworfen wird.

Einige Wochen später und fünf Wochen nach meinem siebzehnten Geburtstag fährt morgens um sechs Uhr der Bus ab. Vater hat Frühschicht und bekommt so nichts mit. Mutter will es ihm beibringen und den Streit ausbaden, wenn ich schon lange in Rimini bin. Sie ist wieder einmal die beste Mama.

Rimini ist dann auch wirklich ganz anders als der Teil Italiens, wo ich zwei Jahre zuvor mit meinen Eltern war. Die Stadt ist größer, die Strände sind enorm lang, breit und jetzt im Juli überfüllt mit Menschenmassen. Zusätzlich kostet das Ausleihen von Sonnenschirmen und Liegen ein Vermögen, was ich mir nicht leisten kann. So lasse ich mich bald in der glühenden Sonne vorne am Wasser nieder. Abends findet das Essen in dem einfachen Hotel statt, wo sich aber hauptsächlich ältere Personen eingenistet haben und ich so keinen Anschluss finde.

Nach dem Essen freue ich mich, an der Uferpromenade entlangzuschlendern, wo schon tagsüber italienische Musik aus den Strandlautsprechern ertönte. Doch ich werde wirklich sofort von mehreren Männern angesprochen und kann kaum hundert Meter alleine gehen. Überall höre ich Sprüche wie: »Ciao, bella signorina, komme du aus Deutschland? Ich Deutschland kenne. Aus welche Stadt du komme? Du komme in meine Discothek!«, und bei all den Fragen werde ich schon in Richtung eines Eingangs gedrängt, wo eine steile

Treppe ins Untergeschoss führt und laute Discomusik zu mir heraufdröhnt. Ich schüttle die nach mir greifenden Hände von meinem Oberarm ab und erwidere energisch: »No, grazie!«, und laufe weiter. Doch es nützt nichts, die nächste Disco und ihre aggressiven Werber warten schon. Schlussendlich rette ich mich ins Hotelzimmer zurück.

1977 war es einfach wirklich nicht üblich, dass ein junges, dunkelblondes Fräulein, wie wir noch genannt wurden, hier alleine ihren Urlaub verbrachte, ohne Anschluss zu suchen.

Am dritten Tag lernte ich wenigstens noch ein weiteres alleinreisendes Mädchen kennen, und so konnten wir uns zusammentun. Wir verabredeten uns am Strand zum gemeinsamen Baden oder abends, um durch die Straßen zu flanieren.

Es waren nicht die Ferien, die ich mir erhofft hatte, sondern sie entwickelten sich genau in die Richtung, vor der mich meine Mutter gewarnt hatte. Wieder habe ich den Spruch erfahren müssen: Wer nicht hören will, muss fühlen! Aber ich bin zur festen Überzeugung gekommen, dass man genau solche Erfahrungen selber machen muss, um einsichtig zu werden.

Zurück in der Schweiz, konzentriere ich mich erst mal wieder auf meine Arbeit. In der neuen Filiale läuft der Betrieb organisierter ab als im kleinen Dorfladen. Hier ist es hektisch, und die Warenpflege beschränkt sich wochenlang auf ein bestimmtes Ressort. Entweder Gemüse, Wein oder Backwaren oder nur die Kasse. Ich bin nicht mehr Mädchen für alles wie zuvor. Zudem haben wir hier eine eigene Metzgerei mit fünf Angestellten. Das Arbeitsklima ist rauher und hektischer, aber meistens fröhlich. Ich komme mit allen gut klar und arbeite demzufolge auch in jeder Abteilung gerne. Manchmal holt mich abends mein Freund Daniel mit dem Auto ab, so dass ich nicht immer den Zug nehmen muss.

Je länger ich mit Daniel zusammen bin, desto mehr wandelt sich mein Kleiderstil in eine elegantere Richtung, was mich mit

meinen siebzehn Jahren etwas älter erscheinen lässt und eher
ungewöhnlich wirkt. Da trage ich schon mal ein schönes Schultertuch zu einer klassischen Bluse oder gar einen Midirock,
welcher bis Mitte Wade reicht und in Mode ist. Auch frisurenmäßig verwandele ich mich immer mehr. Erst färbe ich die langen Haare dunkel, fast schwarz, trage eine seitliche Stirnlocke
und natürlich immer mehr Dauerwelle, die sich schließlich einige Zeit später in eine wilde Löwenmähne verwandelt. Kaum
zu glauben, dass ich noch ein Jahr zuvor mit einem Totenkopf
auf dem Rücken mit den Rockern ums Feuer gesessen habe!

Jetzt, drei Monate vor der Abschlussprüfung, freue ich mich
enorm auf das Ende meiner Lehrzeit und auf einen vollen Lohn,
der mir den Auszug von zu Hause erlauben wird. Dass ich keinen Job finden könnte, kommt mir gar nicht in den Sinn. Ich
bin überzeugt, die Welt da draußen vor meiner Nase wartet auf
mich. Alles ging bis jetzt ja auch gut – vom hässlichen Erlebnis
mit dem Metzger nach dem Firmenfest mal abgesehen.

Als ich Daniel von dem Vorfall erzähle, wird er enorm wütend und möchte diesen Mann zur Rede stellen. Ich aber bin
der Ansicht, dass ich damit schon allein klarkomme und meine
letzten paar Wochen noch in einigermaßen normalem Umfeld
zu Ende bringen möchte, um mich auf die Prüfungen vorbereiten zu können. Zudem soll sich meine Mutter nicht noch zusätzlich aufregen müssen. So bleibt es dabei.

Die Prüfungen verlaufen bestens, und bald bin ich mit einem
eidgenössischen Fähigkeitszeugnis mit guten Noten ausgerüstet, um in ein selbständiges Leben zu starten. Es wird mir angeboten, die Leitung einer kleinen Filiale zu übernehmen, was für
mein Alter eine absolute Chance gewesen wäre. Aber ich will
weg aus meiner Umgebung und aus meinem Kanton. Die Welt
ist doch noch so groß, und ich will endlich mehr von ihr kennenlernen!

Rapperswil, mit der Bahn etwa dreißig Minuten von unserem Dorf entfernt, hat es mir angetan. An den Ort habe ich schöne Erinnerungen durch die Ausflüge mit meiner Mama, als ich mit ihr durch die Geschäfte gebummelt bin, in der Hoffnung, ein Schnäppchen zu machen. Dort hatte ich auch viele freie Nachmittage auf der Kunsteisbahn verbracht, nachdem ich meine weißen Prinzessinnen-Schlittschuhe bekommen hatte. Viele Male bin ich alleine dorthin gefahren, weil diese Schlittschuhbahn die Größe eines Eishockeyfeldes hatte. Es war eine schöne Zeit, und deshalb steht für mich fest: da, wo ich mich immer glücklich fühlte, möchte ich mit dem Start ins wirkliche Leben beginnen.

Mutig klemme ich mein Fähigkeitszeugnis und ein Empfehlungsschreiben unter den Arm, fahre mit dem Zug in meinen Traumort und begebe mich in den größten Lebensmittelladen im Ort. Dort verlange ich an der Information den Chef. Die Dame schaut mich neugierig an und fragt: »Haben Sie einen Termin bei Herrn Müller?«

»Nein, noch nicht, aber ich habe ein Empfehlungsschreiben, das ich ihm persönlich übergeben muss«, antworte ich wieder mutig.

Herr Müller wird ausgerufen, und bald schon kommt ein Mann mit Bauch auf mich zu und mustert mich ebenfalls neugierig, als er fragt: »Ja, bitte, um was geht es?«

Während ich ihm meine Hand zur Begrüßung reiche und dabei darauf achte, dass ich ordentlich kräftig zudrücke, mich gleichzeitig mit Fräulein Hofmann vorstelle und sofort noch die Grüße meines ehemaligen Chefs hinterherschiebe, beäugt er das Schreiben aufmerksam.

Als er mich erneut betrachtet, meint er: »Ist ja ungewöhnlich. Ihre Art, sich vorzustellen, zeugt aber davon, dass Sie wirklich wollen, und dem Händedruck nach zu urteilen können Sie ordentlich zupacken. Solche Leute können wir immer brauchen. Sie können schon nächste Woche anfangen, wenn es passt, und mir gleich Ihre Personalien dalassen, damit wir Ihnen den Vertrag zustellen können.«

»Sehr gerne«, gebe ich erfreut zur Antwort, »aber dürfte ich noch wissen, was Sie mir bezahlen, denn ich muss mir eine Wohnung suchen«, frage ich nicht mehr ganz so forsch.

»Sie beginnen, wie alle nach der Lehre, mit 1600 Franken, und später schaut man weiter«, gibt er mir zur Antwort und verabschiedet sich, nachdem ich ihm meinen Namen und meine Adresse notiert habe.

Ich fühle mich großartig. Gleich mein erstes Gespräch war erfolgreich, und ich habe mir einen Job in meinem Traumort geangelt. Natürlich muss ich sparsam mit diesem Gehalt wirtschaften, da Wohnungskosten, Versicherungs- und Krankenkassenprämien und vieles mehr auf mich zukommen werden. Aber ich werde es schon managen, davon bin ich überzeugt.

Endlich eigene vier Wände

Mutter und ich rennen und rennen, denn wir sind schon zu spät dran. Vor uns spurtet ebenfalls ein Mann in dieselbe Richtung.

»Mensch, Corinne, der schnappt uns deine Wohnung noch weg! Komm, wir legen einen Schritt zu, damit wir ihn überholen können«, eifert sich Mutter, während wir mittlerweile keuchend an einem Friedhof vorbeistürmen. Wieder checken wir den Straßennamen und suchen die passende Hausnummer. Endlich sind wir am Ziel, mit einigen Minuten Verspätung. Als wir über die Flurtreppen in den zweiten Stock eilen, springt uns der Herr immer noch hinterher.

»Ja, du hast recht, Mama, der will auch zu dieser Wohnung«, raune ich ihr leise zu. Mittlerweile sind noch zwei weitere Interessenten am vereinbarten Ort auszumachen, und meine Hoffnungen schwinden.

Schließlich erreicht der Mann, ebenfalls außer Atem, die Wohnungstür, und es stellt sich heraus, dass er der Vermieter ist. Plötzlich lachen wir drei los, weil uns die Situation zu komisch erscheint, und gleichzeitig stellt sich durch das gemeinsame Erlebnis eine Art Verbundenheit ein; und dies ist wohl der Ausschlag, dass am Ende ich die Wohnung bekomme. Und für wenig Geld kann ich die bestehende Einrichtung gleich mit übernehmen. Der Mietvertrag wird ausgefüllt, und ich habe ein großes Glück, dass ich keine Kaution hinterlegen muss, denn dieses Geld hätte ich definitiv nicht.

So habe ich innerhalb eines Monats einen neuen Job an einem

neuen Ort und meine erste eigene Wohnung. Sie ist nur klein – anderthalb Zimmer, kleines Bad und noch kleinere Küche –, aber mir kommt sie nach all den Jahren in meinem beengten Kinderzimmer wie eine riesige Villa vor. Ich bin einfach nur glücklich. Obwohl mir der eigentliche Umzug dann doch noch einen Stich versetzt, weil ich meinen jüngeren Bruder, meine kleine Schwester und Mutter verlassen werde und – ganz schlimm – meine Katze Negi. Vater ist mir egal, denn endlich hören die Vorschriften auf, und ich muss den Spruch nicht mehr ertragen: »Solange du die Füße unter meinen Tisch stellst, bestimme ich!«

Schnell sind meine persönlichen Sachen eingepackt: Kleider, die in einer großen Schachtel Platz finden, ein paar Bücher sowie meine große Muschel vom ersten Urlaub am Meer. Daniel wird mich und die Sachen nach Rapperswil fahren, denn er möchte meine erste Wohnung und unser zukünftiges Liebesnest auch endlich sehen. Mutter füllt einen Korb voll Lebensmittel und überreicht mir diesen zum Wohnungseinstand, während meine kleine vierjährige Schwester unglücklich ist, dass ich sie verlasse. Doch ich werde ja immer mal wieder vorbeikommen, bin ich überzeugt, ohne zu wissen, dass es keine drei Jahre mehr dauert, bis alles anders ist.

Daniel ist begeistert von der voll eingerichteten Wohnung. Ich bin die erste und gleichzeitig die jüngste in der Clique, die nun in ihren eigenen vier Wänden wohnt.

Jeder weiß, was es bedeutet, sein erstes eigenes Reich zu haben. Es wird einem schlagartig klar: Jetzt stehst du mit allen Konsequenzen alleine da, obwohl du laut Gesetz noch nicht volljährig bist. Du musst selber kochen, waschen, aufräumen, Zahlungen erledigen und dein ganzes Leben selber organisieren und in die eigene Hand nehmen. *Goodbye, Hotel Mama!*

Zu Beginn, muss ich gestehen, fehlen mir bei aller Freude über mein eigenes kleines Reich manchmal Mutters Rat und noch mehr ihre Kochkünste. Sie schaffte es immer, aus wenig ein schmackhaftes Essen zuzubereiten. Ich muss jetzt erst einmal selbst das Kochen lernen. Das heißt, ich muss Gott sei Dank nicht ganz bei null anfangen, denn im letzten Schuljahr hatte ich das Fach Hauswirtschaft und habe dort auch einiges gelernt. Aber das Essen dort hatte mir nicht immer geschmeckt, da wir Gerichte zubereiten mussten, die mir gänzlich unbekannt waren. So hatte ich einmal einen großen Streit mit der Lehrerin, als sie mich zwang, *Riz Casimir* zu essen, den wir zuvor gekocht hatten. Dieses süß-saure Essen konnte ich nicht ohne Würgen probieren, und die Lehrerin dachte, ich wollte sie ärgern – schließlich war ich da noch mitten in der Rebellionsphase. Es ging so weit, dass ich drei Stunden nach Schulschluss immer noch alleine in der Kochschule hocken musste und der volle Teller vor mir stand. Als sie mir schließlich einen gehäuften Löffel wie einem Kleinkind in den Mund zwingen wollte, explodierte ich und schlug natürlich ihren Arm zur Seite, und der *Riz Casimir* klebte an der Wand. Die ganze Geschichte endete vor dem Schulrat, der mir am Ende recht gab, wobei ich mich aber doch bei der Lehrerin entschuldigen musste. – Na ja, jetzt kann ich kochen, was ich will, sobald ich weiß, wie …

Auf dem Laufsteg

Ja, und die Freiheit ist plötzlich grenzenlos. Nur finde ich es im ersten Moment gar nicht mehr so spannend, lange auszugehen. Mein Freund lebt vierzig Autominuten entfernt bei seinen Eltern, und mir reicht es, wenn wir das Wochenende dort gemeinsam verbringen. Neue Freunde zu finden braucht auch immer seine Zeit. Die Arbeitskolleginnen sind fast alle verheiratet, und somit stehen keine Partys bis weit nach Mitternacht an. Viele Abende verbringe ich zu Hause, zwar ohne Fernseher und ohne Telefon, doch das stört mich nicht, denn ich kenne das noch von früher. So läuft meistens mein kleines Radio, und ich nehme öfter ein Buch zur Hand, wie zurzeit gerade Konsaliks *Eine Urwaldgöttin darf nicht weinen*. Ich mag Geschichten, die von fernen Welten handeln.

Samstags nach der Arbeit fahre ich viel mit dem Zug ins Glarnerland, da alle unsere Freunde hier wohnen. Entweder gehen wir in den Citykeller in Glarus, welcher die einzige Discothek im ganzen Kanton ist und sich tatsächlich in einem verqualmten Keller befindet, oder man trifft sich bei besonderen Anlässen wie Konzerten, die zumeist in Festzelten stattfinden. Bands wie *SALVO*, *Trio Eugster* oder die *Kastelruther Spatzen* spielen Livemusik, was gleich schon als Monatsereignis gilt, und Alt und Jung tanzen bis in die Puppen. Selbst Daniels Eltern sind dann dabei, aber natürlich an ihrem Generationentisch, weit weg von unserem. Meine Eltern sieht man bei solchen Anlässen nicht.

Mit Mitte siebzehn besuche ich eine Mannequinschule. Ich habe sie in Rapperswil entdeckt und mich sofort wieder an Marraine, meine Großtante, erinnert, die mich ja eigentlich in Paris berühmt machen wollte. Maria, wie die in die Jahre gekommene Besitzerin der Schule heißt, ist von meiner Größe begeistert und verspricht mir sogleich eine große Zukunft in der Modewelt. Die Ausbildung findet an zwei Abenden pro Woche statt und dauert auch nur zwei Monate.

»Danach wirst du gutes Geld verdienen und die Kurskosten auch schnell eingespielt haben«, überzeugt mich Maria.

Ich schaue mich im Studio um, welches ganz in Rot gehalten ist, inklusive dem Laufsteg. An den Wänden hängen ein paar Fotos von Berühmtheiten wie Brigitte Bardot, Twiggy, Sophia Loren, Marilyn Monroe und ein paar, die ich nicht erkenne. Nicht schlecht, das verspricht ja eine steile Karriere, denke ich und übergebe Maria einen halben Monatslohn, damit sie mich in andere Himmelssphären katapultieren kann.

Der Kurs beinhaltet Lauftechnik, Körperhaltung, Gymnastik, Hautpflege, Schminken, Coiffure und allgemeine Körperpflege, Mani- und Pediküre. Beim Durchblättern der Unterlagen überlege ich kurz, ob sich wohl die Teilnehmer vorher nie ordentlich gewaschen haben. Erst zum Schluss des Kurses geht es doch noch um das Vorführen von Kleidern, Mänteln, Accessoires wie Taschen und Schirmen. Das ist doch das Wichtigste, überlege ich mir. Denn Waschen und Schminken ist doch kein Problem, aber Laufen auf hohen Absätzen muss ich wirklich lernen. Bis jetzt habe ich mich nicht freiwillig noch größer gemacht. Zu lange war ich der Giraffenhals oder die Bohnenstange; zudem ist Daniel ohne seine Plateauschuhe noch immer sieben Zentimeter kleiner als ich.

Der Kurs ist voll ausgebucht, und wir sind zehn Teilnehmerinnen und Teilnehmer, drei Männer sind tatsächlich ebenfalls darunter. Alles völlig durchschnittliche Menschen, die den Wunsch haben, auf dem Laufsteg Karriere zu machen. Keine

Frau hat Modelmaße, wie sie beim heutigen »Germany's Next Top Model« gefragt sind. Die meisten weiblichen Teilnehmer tragen ihre Frisur der Mode entsprechend mit Dauerwelle und Locken nach außen geföhnt. Und natürlich nichts von dezenter Schminke. In den Siebzigern wurden Grün und Blau dick auf die Augendeckel aufgetragen.

Im Studio Maria hängen verschiedene Kleider von kurz bis lang, und auch einige Stöckelschuhe stehen bereit, damit wir das Posieren auf dem Laufsteg auch in der eleganten Abendrobe üben können. Nach zwei Monaten kann ich immerhin auf sechs Zentimeter hohen Schuhen laufen, was mich selbstbewusster macht und mich veranlasst, gleich ein Paar Stiefel mit dieser Absatzhöhe zu besorgen. Na ja, Daniel findet es nicht ganz so cool, aber ich muss schließlich üben, wie Maria mir sagt, damit ich bei eventuellen Jobangeboten immer auf Absätzen eingelaufen bin.

Und sie kommen, die Anfragen. Da ist das angesagte Sportgeschäft Eberle im Zigerschlitz, wo ich gleich mal in Skischuhen und Skianzügen über den Laufsteg tanzen soll. Ja, wirklich – tanzen, denn es muss ja leger wirken. Ein solches Outfit haben wir aber im Studio Maria nicht geübt. So stolpere ich schon mal mit den steifen, schweren Schnallenskischuhen, während aus den Lautsprechern ABBA-Musik ertönt und die Zuschauer die tollen und teuren Wintersachen bestaunen, die ich mir selbst nie leisten könnte.

Oder die Dorfboutique, für die ich im Gemeindesaal (oder war es ein Speisesaal, so genau weiß ich es nicht mehr), behangen mit Pelzjacken und in elegante Lederhosen gesteckt, über einen improvisierten Laufsteg stolzieren kann, während ein Fotograf jede Pose festhält, fast wie in Paris.

Danach geht es zum Feiern ab in ein Dancing. Ich war noch nie in einem solchen Lokal, da ich das Mindestalter noch nicht ganz erreicht habe. Ich bin unterwegs im Sportwagen eines schon erfahrenen Models mit langen, sehr wasserstoffblonden

Haaren. Schon beim Parken staune ich über die künstliche Palmeninsel vor dem Eingang. Dann erblicke ich das Innere des Dancings, und die funkelnden und blinkenden Lichter erschlagen mich fast. Auf der Bühne steht eine dreiköpfige Band – alles dunkelhäutige schillernde Typen, die gerade den Boney-M-Song *River of Babylon* singen und dazu Bewegungen vollführen, die mich staunen lassen. Sie stecken in engen rot-goldenen, mit Pailletten verzierten Overalls und verbiegen sich in alle Richtungen, während sie uns singend und doch mit einem breiten Grinsen und leichten Kopfnicken begrüßen. Wow, das ist ja völlig anders als im Citykeller in Glarus!

Die Tanzfläche ist noch leer, und deshalb bemerke ich staunend die farbigen Lichtpunkte darauf, die von der sich drehenden silbernen Discokugel an der Decke verursacht werden. Überall stehen künstliche Palmen und davor einzelne kleine Bistrotische mit dazugehörenden Stühlen. Manche sind schon belegt mit älteren Herren und jüngeren Damen. Das ganze Ambiente verströmt etwas Erotisches, und es gefällt mir sehr gut. Die Band geht bereits zum nächsten Lied über, und ich würde am liebsten auf die Tanzfläche hüpfen, halte mich aber zurück und bestelle mir von der Cocktailkarte erst mal einen Drink. Der Barkeeper überreicht mir ein schön geschwungenes, bauchiges Glas mit einem weißlichen, nach Kokosnuss schmeckenden Getränk. Am Glasrand steckt kunstvoll ein Ananasscheiblein neben einer roten Süßkirsche und einem kleinen bunten Sonnenschirmchen. So einen edlen Drink hatte ich doch noch nie und bin froh, dass ich die Gage vom Abend schon in der Tasche habe.

Die Wasserstoffblondine wippt mit den Stöckelschuhen und starrt penetrant auf die schwarzen Musiker. Ich habe bis dahin erst einmal im Leben dunkelhäutige Menschen gesehen – bei meinem Geburtstagsausflug nach Genf –, und deshalb staune auch ich. Plötzlich fragt sie mich: »Und, Corinne, wie findest du es hier?«

»Wow, wirklich toll, ich hab so einen Ort noch nie gesehen. Ich komme mir vor wie in einer anderen Welt«, gebe ich strahlend zur Antwort.

Sie hakt gleich nach: »Und die Musiker, gefallen sie dir auch? Das sind doch heiße Typen – oder?«

»Also, ich muss mich erst noch an die gewöhnen. Ich bin Afrikanern ehrlich gesagt noch nie so nahe gekommen. Und irgendwie flößen sie mir schon Respekt ein«, gebe ich ehrlich zu.

»Nein, die sind super. Es sind Amerikaner, und wir sollten mit denen ein Date ausmachen. Schau mal, wie die zu uns herüberschauen«, ereifert sich die Blondine weiter.

Ist ja klar, wenn sie so offensichtlich gafft und wir fast die einzigen Mädels ohne Anhang sind, überlege ich stumm, aber antworte stattdessen: »Also, ich weiß nicht … und außerdem habe ich einen Freund!«

Die Blondine schweigt, ich springe nun doch auf die Tanzfläche und bewege mich im Rhythmus eines neuen Songs mit jamaikanischem Einfluss. Mir ist es egal, dass niemand tanzt. Eine solche Chance lasse ich nicht vorübergehen, wenn ich schon einmal in so einer eleganten Umgebung bin. Ich drehe und verbiege meinen schlanken, langen Körper zu der Musik und fühle mich großartig. Die Band freut es, dass endlich jemand die Tanzfläche belebt und legt gleich noch einen Zahn zu mit dem Song *Daddy Cool*. Je nach Lichteinfall der Discokugel sehe ich in den dunklen Gesichtern nur noch große, weiße Zahnreihen und die weiße Augenhaut. Nein, ein Date mit ihnen kommt für mich nicht in Frage. Ich muss gestehen, ich hätte dazu keinen Mut, oder ist es gar Angst? Ich weiß es nicht. Ich habe mich ja noch nie mit dunklen Menschen befasst, da in meiner Umgebung schlichtweg keine sind. Weiter als bis nach Italien bin ich noch nicht gekommen, und schon da habe ich feststellen müssen, dass das Temperament ein anderes ist und der Umgang mit uns Mädels nach anderen Regeln abläuft. Aber dunkle Afrikaner oder Amerikaner und dazu noch diese schillernden, selbstbewussten Typen – nein, auf keinen Fall! Die Blondine kann ihr Date alleine machen, ohne mich!, überlege ich beim Weitertanzen. Am Ende verlassen wir Mädels dann allerdings doch zusammen nachts um ein Uhr das Dancing, denn sie muss mich ja noch nach Hause fahren.

Dass ich einmal einen viel auffälligeren Afrikaner, und dazu noch weit entfernt in dessen Heimat, heiraten würde und ihm eine Tochter gebäre, hätte ich zu diesem Zeitpunkt nie für möglich gehalten. Was die Liebe bewirkt, wie sie uns mutig macht und unser Leben plötzlich in andere Bahnen lenken kann – wenn man es zulässt –, ist bemerkenswert und für mich bis heute ein Wunder.

Der größte und auch lukrativste Auftrag, immerhin 300 Franken Gage, kommt vom Seedamm-Center in Pfäffikon. Jenes Einkaufsparadies, das ich fünf Jahre vorher noch staunend zum ersten Mal betreten hatte und wo ich später meine Rocker-Klamotten besorgte. Die Pubertät ist eine Gratwanderung, und man kann schnell auf die falsche Seite kippen. Angesichts meiner Neugier hatte ich Glück, dass ich immer zum richtigen Zeitpunkt abgesprungen bin.

Jetzt flaniere ich in eleganten karierten Anzügen und auf hohen Absätzen auf dem Laufsteg auf und ab, und die Leute schauen mir dabei zu. Wie schnell doch die Zeit vergeht und ich mich auch gewandelt habe!

Wieder einige Jahre später und um viele Erfahrungen reicher habe ich ebenfalls in diesem Center eine Signierstunde mit meinem ersten Buch durchführen können, und niemand wusste von meiner früheren Beziehung zu diesem Einkaufsparadies. Ja, sogar mein Klassenlehrer – der, der mich nicht zum Englischunterricht zugelassen hatte – stand plötzlich am Büchertisch und ließ sich ein Buch signieren. Es gab mir ein gutes Gefühl, denn aus mir war doch etwas geworden, und mein Name war sogar weit über die Kantonsgrenze hinaus bekannt. Allerdings hatte ich nicht als Mannequin Karriere gemacht, wie ich mit siebzehn noch erträumt hatte, sondern auf ganz andere Weise …

Neue Welten öffnen sich

Endlich werde ich achtzehn! Für mich ist dies der wichtigste Geburtstag, da ich ab jetzt die Fahrschule besuchen darf. Ich bin überzeugt, dass der Führerschein der letzte Baustein ist, um endlich ganz unabhängig zu sein. Mit meinem spärlichen Lohn muss ich sparsam umgehen, damit ich mir die Fahrstunden nach und nach leisten kann. Sie finden bei einem Onkel von Daniel statt, der seine Fahrschule in Zürich hat.

Bei meiner ersten Stunde steige ich in der Nähe des Zürcher Hauptbahnhofs in das Fahrschulauto, um uns herum tobt der Feierabendverkehr. Ich schaue den Fahrlehrer an und frage eingeschüchtert: »Wir gehen jetzt aber schon erst etwas außerhalb der Stadt üben, oder? Ich habe ja noch nie hinter einem Steuer gesessen, und zu Hause hatten wir auch kein Auto.«

Er antwortet ruhig: »Corinne, du willst doch lernen zu fahren, und zwar da, wo das Leben stattfindet, oder willst du später nur in der Pampa fahren? Ich bin dafür da, dir das ordentlich beizubringen, und greife ein, wenn es nötig ist. Wenn ich dich ins kalte Wasser werfe, lernst du es am schnellsten.«

Dann erklärt er mir Bremse, Kupplung, Gas, Blinker, Anlasser, Spiegel – und losgehen soll es! Mir steht der Schweiß auf der Stirn, und die Hände sind klebrig. Der Blinker ist gesetzt, aber ausscheren möchte ich noch nicht, da ich im Spiegel immer neue Autos sehe. Nach fünf Minuten sagt der Fahrlehrer lachend: »So, Corinne, du bezahlst mich nicht für das Stillstehen, sondern fürs Fahren. Es werden immer Autos kommen in einer Großstadt, aber du hast den Blinker gesetzt.

Und jetzt fahr langsam los, wir sind ja als Fahrschule gekennzeichnet.«

Stotternd fährt der Wagen an. Erst bin ich zu nahe am Bordstein, dann zu nahe am Mittelstreifen, dann zu dicht aufgefahren und schlussendlich zu schnell. Immer werde ich ruhig korrigiert. Mist, ich werde es nie schaffen in so einer großen, mir unbekannten Stadt, denke ich fast verzweifelt. Doch der Wunsch nach Freiheit ist größer, und außerdem haben es viele vor mich auch geschafft, sage ich mir schließlich.

Als wir an einer riesigen Kreuzung an der roten Ampel stehen und ich danach anfahren soll, würge ich den Motor ab, und dieser will partout nicht mehr anspringen. Nachdem schon einige Wagen hinter mir ungeduldig hupen, weiß ich bald nicht mehr, wo die Kupplung oder wo das Bremspedal ist. Panik steigt in mir auf, und langsam wollen die Tränen hervorkullern, was ich in dieser Situation als sehr peinlich und kindisch empfinde. Mit letzter Verzweiflung schlage ich vor, dass wir unsere Plätze tauschen und der Fahrlehrer den Wagen von der Kreuzung fährt.

Da passiert etwas sehr Prägendes für mich. Er lacht und sagt ganz beruhigend: »Corinne, lass dich nicht so verunsichern von den Idioten hinter uns. Die sehen, dass wir eine Fahrschule sind, und die haben alle dasselbe auch schon selbst erlebt. Wir haben alle Zeit der Welt. Und nun atme noch einmal tief durch, und wir starten erneut mit Kupplung-Drücken, Gang rein und Langsam-Losfahren.«

Seine ruhige Art, seine Sicherheit, die er mir mitten auf der hektischen Kreuzung zu vermitteln vermag, bewegen mich tief. Irgendwie habe ich wohl mit einer ungeduldigen Schelte gerechnet. Stattdessen lacht er amüsiert und beruhigend – das ist einfach wunderbar und neu für mich. Von nun an gehe ich es gelassen an und denke immer an den Spruch: Ich bin in der Fahrschule, und die anderen sind die Idioten, wenn sie ungeduldig hupen. Bis heute übe ich selbst Geduld, wenn ein Fahrschulauto vor mir fährt, was sonst beim Autofahren nicht unbedingt meine Stärke ist.

Mit relativ wenigen Fahrstunden, aber nach einigen privaten Übungsfahrten mit meinem Freund trete ich zur Prüfung an. Der ältere Inspektor ist sehr streng und jagt mich durch alle möglichen und unmöglichen Straßen und Hindernisse. Das Einparken muss ich gleich rückwärts am Berg zwischen zwei Wagen vollführen. Zwar klappt es beim ersten Mal, aber statt eines Lobes höre ich nur: »Fräulein Hofmann, riechen sie den Gestank der Kupplung nicht?«

»Ja, schon, aber es war auch echt schwer, und diesen Parkplatz würde ich mir niemals freiwillig aussuchen«, antworte ich.

»Ich habe Sie nicht nach Ihren Wünschen gefragt«, poltert der Inspektor zurück.

Ich erschrecke und werde gleich nervös, während ich denke: Corinne, halt deine vorlaute Klappe!

Wir fahren weiter durch die Stadt, und ich schaue angespannt, dass ja nichts schiefgeht. Doch plötzlich kurz vor dem Bahnhof Zürich-Enge springt ein Mann hinter einer sich im Umbau befindenden Häuserfassade hervor, direkt auf den Zebrastreifen. Ich erschrecke, bremse heftig ab und komme noch kurz vor dem Streifen mit abgewürgtem Motor zum Stehen.

Der Inspektor ereifert sich: »Sie dumme Kuh, wollen Sie den Mann totfahren?«

»Nein, aber ich konnte ihn doch nicht sehen, und außerdem bin ich schon langsamer gefahren, als vorgeschrieben ist. Was hätte ich denn sonst noch machen müssen?«, frage ich kläglich.

Ich bekomme keine Antwort.

Ich spreche weiter: »Jetzt bin ich sicher durchgefallen, oder? Muss ich zurückfahren?«

Der Inspektor antwortet genervt: »Ich sage Ihnen schon, wann Sie wo fahren sollen!«

Mir laufen Tränen über die Wangen, und die Nase tropft

dazu, aber ein Taschentuch kann ich nicht benutzen, da ich ja beide Hände am Steuer lassen soll. Na ja, dann zieh ich eben hoch – ist ja eh alles vorbei, denke ich nun wieder etwas rebellischer und kurve deshalb ohne besondere Anstrengung da und dort durch Baustellenabsperrungen und über Bodenwellen.

Die Stunde ist um, und ich parke neben meinem Fahrlehrer ein, der mich schon fragend anschaut. Der Inspektor eilt ins Büro, ohne ein Wort zu sagen. Mein Fahrlehrer fragt leicht unsicher: »Und, wie war's?« – Ich antworte wieder sehr am Wasser gebaut: »Shit, ich habe am Zebrastreifen fast einen Mann umgefahren, aber ich konnte wirklich nichts dafür.« Der Fahrlehrer legt mir tröstend seinen Arm um meine Schultern und meint: »Jetzt wart mal ab, was er sagt, denn fahren kannst du, sonst hätte ich dich nicht angemeldet.«

Die Bürotür springt auf und ich höre: »Fräulein Hofmann!«

Ohne große Hoffnung trete ich ein, und da steht der Inspektor mit meinem Führerschein in der Hand und gratuliert mir regungslos zur bestandenen Prüfung. Meine Nerven zerspringen, und dann kullern die Tränen wirklich – aber aus Freude. Wenn der Inspektor etwas emotionaler gewesen wäre, wäre ich ihm wohl um den Hals gefallen – so extrem freue ich mich über dieses Papier. Mein Fahrlehrer strahlt und gratuliert mir ebenfalls, und dann marschieren wir in die erstbeste Bar und kippen zusammen einen ordentlichen Schnaps, damit ich mich beruhige. Vor Freude wachsen mir fast Flügel, denn weitere Fahrstunden würden auch weitere Kosten bedeuten, und dieses Geld habe ich schlichtweg nicht.

Noch während der Heimfahrt im Zug setze ich mir mein nächstes Ziel: Ich möchte ein eigenes Auto haben.

Mutter hat nun auch begonnen, Fahrunterricht zu nehmen. Natürlich ist sie nicht mehr die jüngste Fahrschülerin mit über vierzig, aber es wird schon klappen. Doch je länger sie Unterricht nehmen muss, desto mehr Streit gibt es zu Hause, obwohl sie die Stunden aus eigener Tasche bezahlt. Aber sie ist halt unterwegs, und das mag Vater ganz und gar nicht. Wenn's nach ihm ginge, brauchten sie kein Auto, denn sie können mit der Bahn fahren und haben ja ihre Mopeds. Doch Mutter möchte den Führerschein und lässt die Eifersuchtsstreitigkeiten über sich ergehen.

Ich bekomme davon allerdings weniger mit als früher, denn ich bin nicht mehr oft bei uns zu Hause. Wenngleich mir die angespannte Atmosphäre dort nicht fehlt, merke ich, wie ich langsam die Beziehung zu meiner kleinen Schwester verliere, was mich schmerzt. Zu früh bin ich weggegangen, und unsere Basis ist noch nicht so tief verwurzelt, als dass sie die Zeiten, in denen wir uns nicht sehen, ausgleichen könnte. Außerdem arbeite ich viel, was den Großteil meiner Energie in Anspruch nimmt.

Nach einem halben Jahr bietet sich mir eine riesige Chance, als eine alte Bekannte aus Glarus vor mir steht. Wir verbringen die Mittagspause zusammen, und Rita, wie sie heißt, fragt mich, ob ich nicht lieber in Zürich in einem Versicherungsbüro arbeiten möchte. »Corinne, du kannst doch eine Schreibmaschine bedienen, oder? Und Französisch auch?«, hakt sie nach. »Klar, kann ich«, antworte ich selbstbewusst. – »Ja, dann schlage ich dich bei meinem Chef vor, wir suchen nämlich gerade eine Mitarbeiterin für die Schadenabteilung.« Da mich neue Herausforderungen immer reizen und zudem auf dem Büro mehr Geld zu verdienen ist, nehme ich das Angebot kurz entschlossen an.

Bald darauf arbeite ich in der Großstadt Zürich bei der Neuenburger Versicherung im Büro – genau bei der Versicherung, wo auch meine Mutter, wie ich später erfahren würde, ebenfalls mit neunzehn Jahren angestellt war! Was für ein Zufall – oder sind das Fügungen?

Während meine ehemaligen Sekundarschulkollegen noch im letzten kaufmännischen Lehrjahr und kurz vor den Prüfungen stecken, habe ich bereits einen Büro-Job ergattert. Es ist aber ein harter Weg, zumal da Französisch erwähntermaßen nicht mein Lieblingsfach war und ich das Tippen noch auf einer uralten manuellen Schreibmaschine gelernt habe. Und nun steht vor mir eine elektrische IBM, die mich bei der kleinsten Berührung zum Verzweifeln bringt, da sie gleich losrattert.

Aber es war noch nie mein Ding, angesichts ungewöhnlicher Herausforderungen aufzugeben. Ich habe gelernt, zu kämpfen und mir Sachen zuzutrauen, die vielleicht im Moment eine Stufe zu hoch sind. Aber ich bin nach wie vor der Überzeugung, dass ich nur an den Aufgaben wachsen kann, bei denen ich noch etwas dazulernen muss. Rausfliegen, wenn es nicht klappt, und zurück ins Alte marschieren kann ich immer noch. Aber zuerst das Ungewöhnliche anpacken und ausprobieren, damit ich hinterher schlauer bin und mir keine Vorwürfe machen muss, dass ich eine Chance ungenutzt habe verstreichen lassen! Mit viel Ausdauer bewältige ich in den kommenden Monaten meine Aufgaben.

Bis heute folgte auf alles Alte eine neue und lohnenswertere Herausforderung, verbunden mit höherem Gehalt, aber auch größerer Verantwortung. Zudem bin ich überzeugt, dass der liebe Gott mir gute Schutzengel zur Seite gestellt hat und mir nur Chancen zufliegen lässt, die ich letztendlich bewältigen kann – auch wenn sie mir viel abverlangen oder es scheint, dass das zu erreichende Ziel zu hoch gegriffen ist. Ich stelle mich den jeweiligen Situationen, passe mich an, bin ehrgeizig, mit dem Bewusstsein, dass sie kein zweites Mal kommen werden, und gewinne – meistens.

Neben meiner normalen Arbeit in der Versicherung modele ich immer mal wieder für ein paar hundert Franken. Aber es sind zu wenige Auftritte, als dass ich mir zusätzlich ein Auto hätte leisten können. Ich denke, Studio Maria hat die nächsten Damen zur Ausbildung und wird ihnen die paar Aufträge in den

Modehäusern zuschustern. Es ist wohl doch nicht für mich vorgesehen, groß auf dem Laufsteg rauszukommen. Dass ich Jahre später in einer anderen Branche große Beachtung finde, weiß ich da natürlich noch nicht.

Eines Abends, ich fahre gerade im Zug von der Arbeit nach Hause, entdecke ich ein Inserat in einer führenden Tageszeitung. Da werden Frauen gesucht, die für eine Partner- und Heiratsvermittlung die interessierte Kundschaft betreuen. Die Arbeitszeiten sind frei wählbar, aber es wird vorausgesetzt, dass man abends einsatzbereit sein kann. Das scheint ja genau auf mich zugeschnitten! Tagsüber arbeite ich doch ohnehin in der Versicherung, und danach könnte ich mich doch nützlich machen und noch ein paar zusätzliche Fränkli verdienen, überlege ich begeistert. Denn abends bin ich meistens zu Hause oder treffe mich mit ein paar Freundinnen, die ich mittlerweile durch den Job kennengelernt habe. Doch Geldverdienen und der Traum von einem eigenen Auto stehen an erster Stelle. Wenn ich es mir nicht selbst erwerbe, kann es nicht aufwärtsgehen, denke ich mir, denn geschenkt bekomme ich von niemandem etwas.

Ein paar Tage später kann ich mich bei dem Heiratsinstitut vorstellen. Die Geschäftsstelle ist ziemlich einfach gehalten, und auf den Tischen liegen ein paar hundert ausgefüllte Coupons von heiratswilligen Menschen, die kontaktiert werden müssen. Das System ist einfach. Die Firma schaltet große, vielversprechende Anzeigen in verschiedenen Zeitungen, die Kunden schneiden den dazugehörigen Antwortcoupon aus und senden diesen fertig ausgefüllt und unter Angabe einer Telefonnummer, unter der sie erreichbar sind, zurück. Wir Betreuerinnen müssen uns nun mit den Interessierten verabreden und gemeinsam einen umfangreichen Fragebogen ausfüllen. Dieser muss unterschrieben werden. Nach der Gebührenüberweisung bekommen die Suchenden die passenden Angebote per Post zugestellt und können dann mit den potenziellen Partnern in Kontakt treten. Es gibt ja noch keine E-Mail und dergleichen.

Ausgerüstet mit dreißig ausgefüllten Coupons und einem Ordner mit möglichen Kandidaten und Kandidatinnen in allen Altersstufen sowie den umfangreichen Formularen und Einzahlungsscheinen, mache ich mich an die Arbeit.

Mangels Telefonanschlusses daheim versuche ich die Interessierten während der Mittagspause von der Arbeit aus zu kontaktieren, was nicht bei allen klappt. Den Rest erledige ich später von einer Telefonzelle. Als die ersten Termine stehen, bin ich gespannt, was mich erwartet. Den meisten ist das ganze Unterfangen peinlich, das merke ich sofort. Einige legen auch gleich wieder auf oder sagen, sie hätten gar kein Interesse, obwohl ich ja den Zeitungsausschnitt vor mir liegen habe. Andere wollen mich nicht in der Öffentlichkeit treffen, sondern würden ein anonymes Büro bevorzugen. Aber die Geschäftsstelle des Instituts ist, wie gesagt, nicht repräsentativ, und so muss ich mich wohl oder übel in irgendwelchen Lokalen verabreden, was nicht immer einfach ist, denn ich kenne das Züricher Stadtgebiet noch nicht sonderlich gut.

Die potenziellen Kunden wissen im Vorfeld noch gar nicht, wie teuer der Spaß werden wird. Je jünger, je günstiger, ist die Devise, vor allem für Frauen. Landwirte und Leute mit Handicap müssen mehr bezahlen, da die Vermittlung länger dauert, wie die Geschäftsleitung uns Betreuerinnen informierte. Zudem darf die Vermittlungsgebühr, im Schnitt 5000 Franken, nur im persönlichen Gespräch mitgeteilt werden. Das ist Anfang 1980 erst recht eine stolze Summe, und ich staune nicht schlecht, dass die Menschen bereit sein sollen, so viel Geld für die Partnerfindung auszugeben. Ich selbst verdiene da gerade mal 1900 Franken brutto monatlich!

Auf diesem Weg einen Partner finden zu wollen kommt also für mich definitiv nicht in Frage, zudem ich ja auch schon Daniel habe, wenngleich unsere Beziehung schwieriger geworden ist, seit ich in Zürich arbeite. Er ist eben ein eingefleischter Glarner und will nichts von der Großstadt wissen.

Ich hingegen genieße langsam die neue Welt. Mit einer Arbeitskollegin verbringe ich manchen schönen Sommerabend am See oder in der Züricher Altstadt – im sogenannten Niederdörfli. Da befinden sich ausgeflippte Boutiquen und angesagte Plattenläden. Hier flaniert ein sehr gemischtes Publikum umher. Man sieht alles, vom heruntergekommenen Junkie bis zur vornehmen älteren Dame. Dazwischen Paare oder Gruppen und ein paar Touristen. Ja, und am auffälligsten sind die Prostituierten, die ich hier in der Großstadt zum ersten Mal zu Gesicht bekomme. Sie stehen in den Straßen und Gässchen, wo genau, weiß ich heute nicht mehr, aber sie sind auffällig gekleidet – sozusagen mit sehr wenig Stoff, aber dafür umso höheren Absätzen oder gar schwarzen oder roten Lackstiefeln bis zur Mitte der Schenkel. Sehr stark geschminkt sind sie und, wie mir scheint, zum Teil mit Perücken geschmückt. Sie stehen lasziv an den Hausmauern oder in den Eingängen. Männer sprechen sie an oder schauen verstohlen, so wie ich. Weitere Männer starren penetrant, ihnen scheint schon der reine Anblick der Damen zu genügen.

Es ist eine Welt, die ich so im Glarnerland noch nie gesehen habe, und deshalb auch irgendwie faszinierend. Da sind Clubs, vor denen Fotos von fast nackten Tänzerinnen kleben oder bei der bekannteren Haifisch-Bar gleich auch noch die von Künstlern wie dem Schlangenmenschen, der sich offenbar so zusammenfalten kann, dass er in eine kleine Schachtel passt, oder Verbiegungen durchführt, bei deren Anblick alleine einem schon alle Knochen schmerzen. Dazu kommen noch die diversen Zauberer. Ob die Erfolg haben zwischen all der nackten Haut?, frage ich mich beim Betrachten der ausgestellten Bilder.

Die Partnersuchenden können unterschiedlicher nicht sein. Oft treffe ich auf vereinsamte Witwen oder verklemmte Mauerblümchen, nur sehr selten ist mal eine aufgeschlossene moderne Frau darunter. Manche Damen sagen mir gleich, welche Männer für sie nicht in Frage kommen, so dass aus meinem Ordner auch keine passenden mehr übrig bleiben.

Bei den Männern ist es noch krasser. Es gibt schlaksige Typen mit schwitzigen Händen, ungepflegte Kerle oder solche mit sehr üppigem Bauch. Viele sind älter und haben die Vorstellung, dass sie eine hübsche, junge Frau zugespielt bekommen, gerne auch mit Kind, wie sie im Gespräch noch gnädigst nachschieben.

Die Formulare auszufüllen erfordert selbst bei zügigem Besprechen mindestens eine Stunde. Aber viele wollen mir ja gleich ihre Lebensgeschichte erzählen und sich damit auch entschuldigen, dass sie diesen Weg wählen wollen. Doch wenn ich zum Schluss die Summe einsetze, die zu bezahlen wäre, krebsen die meisten erschrocken zurück und wollen dann doch lieber alleine weiterleben. Ein Landwirt schießt wirklich den Vogel ab. In den Inseraten steht ja explizit, dass man Single sein muss. Als ich das ganze Prozedere mit den Fragebogen durchhabe und nur noch die Unterschrift unter folgende Floskel fehlt: »Mit Ihrer Unterschrift bezeugen Sie, dass Ihre Angaben der Wahrheit entsprechen und Sie nicht verheiratet sind«, druckst der Bauer plötzlich herum. Ich erkläre ihm erneut, dass wir so weit nun alles erledigt haben und ich nur noch seine Unterschrift brauchte. Stattdessen zieht er ein Bündel Geldscheine hervor, 6000 Franken, und meint: »Wissen Sie, ich habe das Geld bereits hier, Sie können es mitnehmen, dann bekomme ich schneller die Angebote.«

Erstaunt schaue ich auf die vielen Geldscheine, die er in dem vollen Restaurant auf den Tisch blättert. »Nein, ich darf kein Geld annehmen, stecken Sie es weg, es ist zu gefährlich hier mitten im Restaurant«, kläre ich ihn erschrocken auf, da es mir selbst etwas peinlich ist. »Sie müssen unterschreiben, und dann werden Sie von der Geschäftsstelle alles weitere erfahren«, versuche ich die Situation wieder hinzubiegen und deute auf das noch nicht unterschriebene Blatt.

Der Bauer erwidert kläglich: »Wissen Sie, ich habe eine Frau zu Hause, aber die ist seit Jahren so krank, dass da gar nichts mehr läuft. Sie bekommt nichts mit. Eine neue Partnerin würde ich quasi als Angestellte auf den Hof nehmen, und da würde meine Frau auch nichts bemerken. Sie können mir auch gerne eine Ausländerin geben, damit habe ich keine Probleme.« Erneut legt er das Geld auf den Tisch.

Jetzt werde ich wirklich sauer, da ich wieder so viel Zeit für nichts investiert habe und der dreiste Typ sich noch quasi bei uns eine Frau fürs Bett und fürs Schuften auf dem Hof bestellen, respektive kaufen möchte.

Enttäuscht fahre ich nach Hause und überlege mir, dass mir dieser Job bis jetzt nichts eingebracht hat – im Gegenteil. Jedes Mal muss ich ja in den Lokalen ein Getränk bestellen, Telefongebühren bezahlen, Straßenbahnfahrkarten lösen etc.

Nach vier Monaten gebe ich schließlich auf und den Ordner zurück, da ich nur einen Abschluss zustande gebracht habe und dabei noch nicht mal ein gutes Gefühl hatte. Nach weiteren zwei Monaten erhalte ich ein Schreiben, dass die Firma in Konkurs gegangen sei und ich eventuelle Ansprüche geltend machen solle.

Wie anders ist es heute! Online-Partneragenturen boomen. Die Mitgliedschaft kostet einen Bruchteil von damals, und ich denke, der Kreis der Suchenden erstreckt sich über alle Kategorien – von selbstbewussten, sportlichen Business-Menschen, die schlichtweg keine Zeit und Lust haben, um nach der Arbeit auf Partnersuche zu gehen, bis zu den alleinerziehenden Müttern, die selten rauskommen, weil sie die Kinder zu Hause haben.

Ja, und dann meine Generation der 50 plus. Wo sollen wir denn noch hin, um Gleichgesinnte zu treffen, die aufgeschlossen, lustig und lebendig sind? Alle Lokale, die vom Ambiente her zu uns passen, werden in kurzer Zeit von den Jungen in Beschlag genommen, und sie verdrängen uns erneut. Es macht einfach keinen wirklichen Spaß, sich als Vierzig-, Fünfzig- oder Sechzigjährige ständig von Mittzwanzigern umzingelt zu sehen. Wir wollen *unsere* Altersgruppe treffen – aber wo? Bleibt uns wirklich nur noch das Netz?

Wie gerne würde ich noch einmal ein Erlebnis wie damals auf der Fähre haben, als ich Lketinga, meinen Samburu-Krieger, zum ersten Mal sah! Einem Mann begegnen, in seine Augen schauen, egal wo, auf einem Schiff eben, einem Berggipfel oder im Supermarkt, dabei einfach dieses Gefühl haben – *er ist es.* Der und kein anderer! Die Welt um mich herum vergessen, den Boden unter den Füßen verlieren und wissen, dass dein Leben nicht mehr das gleiche sein wird wie bis zu dieser Sekunde!

Na ja, also so ganz aus den Fugen muss es mich heute nicht mehr werfen. Aber Emotionen bewegen tief im Innersten und dieses Gefühl von Vertrautheit auslösen – das schon! Ich möchte merken, hier bin ich angekommen und aufgehoben, als würde man sich schon ewig kennen. Ich möchte berühren und den Wunsch nach Berührtwerden versprühen, und zwar nur von diesem einen Menschen. So stelle ich es mir vor! Bin ich für die heutige Zeit zu romantisch?

Zeit der Umbrüche

1980 arbeite ich schon über ein Jahr in Zürich bei der Neuenburger Versicherung, wickle kleinere Schadensfälle selbständig ab oder bediene die Kundschaft am Schalter, was ich, offenbar als Einzige, sehr gerne erledige. Der Kontakt zu den Menschen ist mir einfach wichtig und gefällt mir letztlich auch besser, als bis zum Abend eine Mappe voller Briefe zu tippen und zur Unterschrift vorzulegen. Vom stundenlangen Sitzen fällt mein Blutdruck ab und an in den Keller und lässt mich fast wegdösen, was in einem Großraumbüro wohl nicht so gut ankommen würde. Deshalb kämpfe ich dann heftig dagegen an, indem ich im Treppenhaus die Stufen ein paarmal hoch und runter renne.

Ewig will ich nicht im Büro arbeiten, da ich meine Zukunft nie im kaufmännischen Bereich gesehen habe. Aber für den Moment ist es ein Weiterkommen und für mich ein großer Karrieresprung. Ich musste hart an meiner Disziplin arbeiten, bis ich fehlerfrei längere Briefe auf der elektrischen IBM-Maschine schreiben konnte, da das Korrigieren mit Tipp-Ex dann doch zu sehen ist.

Eines Tages ereilt mich während der Arbeit die Nachricht, dass mein geliebter Großvater verstorben ist, was mich wirklich sehr trifft. In einem schockähnlichen Zustand fahre ich sofort nach Hause zu meiner Mutter, wofür alle im Büro auch Verständnis zeigen. Ich stehe ihr bei, wo ich kann, und zwei Tage später reisen wir zusammen zur Beerdigung, die meinen jüngeren Bruder und mich doch sehr mitnimmt, da wir viele gemeinsame schöne Erinnerungen von unseren Besuchen bei Papapa hatten. Diese Ära der Reisen ins Elsass geht nun unwiederbringlich zu Ende.

Meinen Vater hingegen sehe ich kaum noch. Entweder arbeitet er oder er ist alleine auf mehrtägigen Wanderungen irgendwo in Europa unterwegs, wenn ich Mutter besuchen komme. Mittlerweile hat sie ebenfalls die Fahrprüfung bestanden und arbeitet nach wie vor in einer großen Firma als Chefsekretärin. Doch glücklicher sieht sie nicht aus. Meine kleine Schwester hat es nicht einfach, sie bekommt die ständigen Streitereien zu Hause hautnah mit. Doch ich lebe zu weit weg, um da noch Einfluss nehmen zu können.

Ich bin gut zwanzig Jahre alt, als beruflich wieder einmal eine neue Chance auf mich zukommt. Mir wird das Angebot unterbreitet, dass ich bei derselben Versicherung in einer anderen Agentur in den Außendienst wechseln könnte, sofern ich mir Kundenbesuche zutrauen würde. Ich muss nicht lange überlegen, da das Arbeitsklima in Zürich nicht immer zum Besten bestellt ist. Einige Damen im Großraumbüro machen mir das Leben schwer, da ich keine kaufmännische Ausbildung habe. Für sie bin ich eine Fehlbesetzung, und das lassen sie mich immer mal wieder spüren, indem sie tuscheln oder mich ignorieren.

Nach einigem Hin und Her ist der Wechsel vollzogen, und ich arbeite nun für die Regional-Agentur in Rapperswil, wo ich nach wie vor wohne, und habe einen neuen Chef, der volles Vertrauen in mich setzt. Zuerst steht aber eine ausführliche Schulung in Neuenburg an, was viel Abwechslung verspricht. Alles Neue, Unbekannte fasziniert mich – vor allem, wenn es mich weiterbringt.

Unglaublich, ich fahre, ohne es zu wissen, an den Ort, wo sich einige Jahre vor meiner Geburt meine Eltern kennengelernt hatten und ihre damals noch glückliche Zeit begann! Zu diesem Zeitpunkt jedoch ist von ihrer einstigen Liebe nicht mehr viel übrig und die Ehe steht nach fünfundzwanzig Jahren vor dem Aus.

Die Ausbildung ist anspruchsvoll, ich muss wieder richtig die Schulbank drücken. Doch anders als noch zu Schulzeiten bereitet es mir jetzt Spaß. Wir sind Erwachsene und lernen einen Stoff, der mich interessiert. Zudem möchte ich meinem neuen Chef beweisen, dass er mit mir nicht aufs falsche Pferd gesetzt hat. Ich merke nämlich bald, dass in der Schule nicht jeder Lehrer erfreut ist, dass sich nun ein Fräulein Hofmann unter den offensichtlich für die Männer reservierten Beruf mischen möchte. Ich bin die einzige Frau unter zwanzig Männern und schlage mich denen gegenüber gut, und am Ende schließe ich die Ausbildung sogar mit der höchsten Punktezahl ab, was mich mit Stolz erfüllt. Ich, die in der Schule beim Kopfrechnen zu den Letzten gehörte, da ich einfach die Zahlen nicht im Gedächtnis behalten konnte, und die beim unvorbereiteten Vorlesen regelmäßig Stotteranfälle bekam, habe an diesem Tag als jüngste, einzige und erste Frau diese Versicherungsschulung abgeschlossen, und dann auch noch erfolgreicher als alle männlichen Kollegen. Ich bin voll im Erwachsenenleben angekommen und habe die verhasste Schulzeit samt der verunsicherten Corinne endlich hinter mir gelassen.

Manchmal kann ich es selbst kaum glauben, dass ich so viel Glück im Leben habe. Dafür vergesse ich nie, dem lieben Gott zu danken. Aber vielleicht liegt es auch daran, dass ich zwar ehrgeizig meine Projekte angehe, an mich glaube, aber es dann locker nehme und das Schicksal entscheiden lasse. Ich denke dann einfach: Corinne, wenn die Herausforderung zu dir passt und sie für dich bestimmt ist, wirst du sie meistern. Wenn nicht, wartet noch etwas Passenderes auf dich.

Für die neue Arbeit brauche ich unbedingt ein Auto, denn anders lassen sich die Kundenbesuche nicht bewerkstelligen. Da ich mir aber immer noch keines leisten kann, lease ich kurzerhand eines – es ist ein weißer Golf, und ich bin mächtig stolz, als ich ihn zum ersten Mal bei mir vor der Haustür parke. Mein erstes eigenes Auto! Wie lange habe ich darauf hingearbeitet!

Die Kundenbesuche laufen hervorragend. Durch mein Fachwissen überzeuge ich, und so gelingen die Abschlüsse, auch wenn ich sehr jung und eine Frau bin. Endlich kommt mir meine Größe zugute, denn dadurch wirke ich älter. Zum ersten Mal verdiene ich wirklich ordentlich Geld, und das mit gerade mal knapp einundzwanzig Jahren. Der neue Job bringt mit sich, dass ich meistens auch abends arbeite, denn die Familienbesuche ergeben nur dann Sinn, wenn auch der Hausherr zu Hause ist – nur er ist berechtigt, die Verträge zu unterschreiben.

Während es mit der Arbeit immer besser läuft, geht es mit der Liebe leider abwärts. Daniel hat sich vor einiger Zeit in einem Skilager in ein anderes Mädchen verliebt und weiß doch nicht recht, wie er sich entscheiden soll. Wie er mir versichert, hat er auch für mich noch Gefühle. Natürlich bin ich enttäuscht und traurig, aber wünsche ihm viel Glück für die neue Beziehung. Denn Liebe kann man nicht erzwingen, davon bin ich schon früh überzeugt. Wir trennen uns vorerst. Dann folgt doch noch ein letztes On-Off-Debakel, bis schlussendlich ich definitiv genug habe von dem unwürdigen Hin und Her. Daniel leidet nun doch mehr als ich unter dem definitiven Schlussstrich.

Nach einigen Monaten ist der Herzschmerz über die verlorene Beziehung verheilt, und ich bin zufrieden mit meinem Leben. Wenn nur bei Mutter alles besser laufen würde! Meistens stimmen mich ihre Telefonate traurig oder aggressiv Vater gegenüber. Die Ehe ist in Trümmern und besteht nur noch aus Streit und Anschuldigungen.

Nach fünfundzwanzig Jahren werden meine Eltern geschieden, und ich helfe Mutter und Bienchen beim Aufbau einer neuen Existenz weit weg vom Berg. Es ist für alle nicht einfach. Mutter hat ihr Haus verloren, welches sie mit Vater im Schweiße ihres Angesichts und mit viel Verzicht aufgebaut hatte. Das schmerzt sie sehr.

Nun mag ich Vater noch weniger und schlage mich folglich auch auf Mutters Seite. Ich bin froh, dass sie ihn endlich verlassen hat, und bete täglich für sie um eine bessere Zukunft.

Nur einmal gehe ich zurück auf den Berg, um restliche Sachen für sie zu holen. Auch meine mittlerweile alt gewordene Katze Negi möchte ich nicht bei Vater zurücklassen, denn er macht sich nichts aus Katzen. Vater treffe ich mit verschlossener Miene und bösem Blick zu Hause an. Mit ihm sprechen möchte ich nicht. Irgendwie geraten wir dann doch verbal aneinander. Ein Wort gibt das andere, und wir geraten in einen heftigen Streit, bei dem wohl auch ich einige aggressive Worte von mir gebe. All der Frust, die Angst und das Sich-nicht-verstanden-Fühlen der letzten Jahre brechen aus mir heraus.

Plötzlich holt Vater aus und klatscht mir eine kräftige Ohrfeige in die linke Gesichtshälfte. Ich bin so geschockt, dass Vater es wagt, mich mit meinen einundzwanzig Jahren ins Gesicht zu schlagen, dass mir nur noch ein letzter Satz aus dem Mund rutscht: »Du siehst mich in diesem Leben nie wieder – ich hasse dich!«

In diesem Moment erlischt mein letztes Fünklein Zuneigung für ihn, auch empfinde ich kein Mitleid mehr. Ich will nur noch weg. Ich schnappe mir Negi, um sie bei meiner Mutter unterzubringen, steige in mein Auto und fahre mit roter, brennender Wange und heißen Tränen den Berg hinunter und denke andauernd: Ich will ihn nie mehr sehen, n i e m e h r s e h e n ...

In den folgenden zwei Jahren helfe ich meiner Mutter beim Aufbau einer neuen Existenz. Mit dem Wegzug vom Berg hat sie auch ihre Stelle als Chefsekretärin aufgeben müssen, und es ist für sie als Alleinerziehende in jener Zeit nicht einfach, in einer vollkommen neuen Gegend wieder Wurzeln zu schlagen und einen Job zu finden. Doch sie kämpft sich tapfer durch, da sie auch für meine kleine Schwester eine Verantwortung trägt. Nach vier Jahren harter Arbeit trifft sie auf ihren heutigen Mann Hans-Peter, der ihr wohl vom Himmel geschickt wurde. Er ist die Güte in Person, und das auch noch nach dreißig Ehejahren. Manchmal ist ein Ende mit Schrecken sinnvoller als ein trauriges Erstarren und Ausharren.

Mein eigenes Leben wird unterdessen weiterhin vom Versicherungsverkauf bestimmt, und es läuft recht gut. Natürlich muss ich mich täglich selbst motivieren, damit ich Kundentermine vereinbare und mich nicht abschrecken lasse, wenn auch der fünfte oder achte Anruf noch nicht erfolgreich ist. Da ich aber ehrlich und zuverlässig bin, vertrauen mir die Leute schnell und empfehlen mich in der Familie und bei Freunden weiter.

Weil es noch keine Navigationsgeräte gibt, muss ich schon bei der Terminabsprache den Anfahrtsweg erfragen und mir hilfreiche Punkte notieren. Besonders im Winter ist das wichtig, denn der Schnee verdeckt oft die Straßenschilder so, dass man deren Namen kaum lesen kann.

Und auch an diesem Winterabend bin ich mal wieder unterwegs, zwischen Lachen und Reichenburg, um einen Kundentermin um 18 Uhr wahrzunehmen. Es schneit unaufhörlich, und der Schnee bleibt sogar auf der Autobahn einige Zentimeter hoch liegen. Die Flocken wirbeln auf die Windschutzscheibe zu, und mir wird fast schwindlig dabei. Mit höchster Konzentration fahre ich bei der nächsten Ausfahrt ab, um im Dorf die angegebene Kundenadresse zu suchen. Die Straßenschilder sind dick mit Schnee verhangen, so dass ich die Namen nicht erkennen kann. Der Anhaltspunkt, den ich von der Kundin bekommen habe, ist die Kirche, da ihre Familie in unmittelbarer Nähe wohnt. Doch von dieser gehen nun mehrere Straßen ab, und so ist es für mich nicht auszumachen, welche die richtige ist.

In dem sonst menschenleeren Dorf sehe ich eine Person dick vermummt durch die Straßen stapfen. Sofort halte ich meinen

Golf an und lasse die Scheibe herunter, um nach dem Weg zu fragen. Die Person, ein Mann, antwortet: »Ja, ja, ich weiß, wo die Straße ist, da muss ich auch hin. Darf ich mitfahren?« Ahnungslos lasse ich ihn einsteigen und bemerke erst hinterher, dass mir eine zünftige Alkoholfahne entgegenschlägt. Na ja, es kann ja nicht mehr weit sein, denke ich, und so folge ich seinen Anweisungen, zumal es schon bald 18 Uhr ist und ich immer Wert darauf lege, bei meinen Terminen pünktlich zu erscheinen. Wir fahren mal links, mal rechts, während die Schneeflocken vor den Scheinwerferlichtern hin und her tanzen.

Als wir schon einige hundert Meter eine kleine schmale Straße hochgefahren sind, die mich aber immer weiter von der Kirche wegführt, beschleicht mich ein komisches Gefühl, und ich sage: »Nein, das kann nicht stimmen, denn die Familie muss in der Nähe der Kirche wohnen. Ich werde hier umdrehen und zurückfahren.« Während ich nach einer Wendemöglichkeit Ausschau halte, spüre ich einen spitzen Gegenstand an meiner rechten Rippenseite. Der Mann spricht nun aufgeregt: »Du fährst jetzt weiter hoch und machst keine Zicken, ich habe ein Messer.« Seine Alkoholfahne weht mir entgegen, und mir wird schlecht. Nur die Nerven bewahren, versuche ich mich selbst zu beruhigen.

Die Straße ist recht schmal und von Schneemauern umgeben. Sie bietet keine Möglichkeit zum Wenden, um zurück ins Dorf zu gelangen. Durch das dichte Schneegestöber sehe ich undeutlich weiter oben auf einer Querstraße einen Traktor heranfahren, beladen mit Milchkannen. Er ist nicht mehr allzu weit von unserer Straße entfernt, in die er wohl einbiegen möchte. Wenn ich jetzt mein Gaspedal durchdrücke, erreichen wir die Kreuzung zur selben Zeit und dann kracht der Traktor vielleicht auf seiner Seite in uns hinein. Alles besser, als wieder mit einem Idioten, diesmal vielleicht sogar mit einem besoffenen Verbrecher, im Wald zu landen. Ich gebe Gas, der Golf zieht an, und schon schießen wir das Sträßchen hoch. Der Mann neben mir brüllt: »Bist du verrückt? Siehst du den da vorne nicht?!« Der Traktor hupt bereits. Doch ich rase weiter und sehe kaum noch etwas, durch die immer schneller entgegenfliegenden Schneeflocken. Der Mann schreit erneut: »Du bist eine Irre, halt sofort an!«

Ich tue wie geheißen und bremse abrupt, während ich mich am Steuerrad festklammere, denn wir sind nicht angeschnallt – diese Pflicht besteht damals in der Schweiz noch nicht. Der Typ fliegt nach vorne, knallt mit dem Kopf an die Scheibe oder Konsole, und dabei verliert er sein Klappmesser. Gleichzeitig öffnet er die Tür, während der Wagen schlitternd zum Stehen kommt. Der Traktor wartet wenige Meter vor uns an der Kreuzung. Das Messer liegt auf der Fußmatte, und der Mann rennt vermummt durch den knietiefen Schnee davon. Ich fahre mechanisch am Traktor vorbei, damit ich nachher in derselben Straße drehen kann. Der Bauer schüttelt verärgert den Kopf, ruft mir etwas entgegen und fährt mit seinen Milchkannen weiter Richtung Dorf hinunter. Er kann die Situation natürlich nicht verstehen.

Ich wende und fahre ebenfalls zurück Richtung Autobahn, aber dann kann ich nicht mehr weiter. Kurz vor der Auffahrt zittern meine Beine dermaßen heftig, dass ich das Gas- und Kupplungspedal gar nicht mehr bedienen kann. Erst jetzt kommt der Schock. Ich halte am Straßenrand und versuche mich zu beruhigen. Nach einer Viertelstunde kann ich weiterfahren und komme schließlich erschöpft zu Hause an.

Was soll ich machen? Wenn ich meinem Chef den Vorfall melde, lassen sie mich vielleicht keine Kunden mehr besuchen. Aber ich möchte in diesem Beruf weiterarbeiten, denn er gefällt mir gut, und ich verdiene viel Geld. Wieder einmal schweige ich und rufe am nächsten Tag bei der Familie an, um einen neuen Termin auszumachen, während ich mein Nichtkommen mit dem Schneetreiben entschuldige.

In meiner ganzen Versicherungsinspektorenzeit, wie man es

nannte, sollte dies mein einziges negatives Erlebnis bleiben, dafür gab es umso mehr positive. Einige Male werde ich zu den Abendbrotzeiten gleich zum Essen eingeladen oder zumindest zum Kaffee. Auf den Bauernhöfen ist dies sowieso üblich. Die Beratungsgespräche finden hier entweder morgens zwischen 9 und 10 Uhr oder dann am Nachmittag gegen 16 Uhr statt, bevor der Stall zur Arbeit ruft. Ja, sogar ein, zwei Landwirte sehen in mir eine perfekte Bäuerin und deuten mir ihr Interesse diskret an. Ich lehne dankend ab, nicht ahnend, dass ich später dann doch eine Art Bauer heiraten würde.

Das Leben bei meinem Ex-Mann, dem Samburu, war ja ein bäuerliches Leben, und zwar ein sehr bescheidenes. Zwischen vielen Ziegen, Schafen und Kühen, später noch Hühnern und Kamelen, lebte ich in der Savanne. Zwar weit weg von Mähdreschern und Traktoren, aber dafür war es ein spannendes, hartes, ungewöhnliches Samburu-Bauernleben.

In dieser Gegend mussten die Tiere von den Kindern, Frauen oder Kriegern zu den spärlichen Grashalmen geführt werden. Das sommerliche »Heuen«, wobei das Gras gemäht und in der Sonne getrocknet wird und dabei einen wunderbaren Heuduft verströmt, existierte dort nicht. Schlicht und einfach, weil es kaum genug Nahrung für den Tagesbedarf gab, und deshalb die Tiere über weite Strecken geführt werden mussten. Ich bin nur einmal in der sengenden Hitze den ganzen Tag mitgelaufen und muss gestehen, das war bei 45 Grad und ohne Wasser und Lebensmittel echte Knochenarbeit. Ein Leben als Schweizer Bäuerin erschien mir da im Vergleich doch noch ein wenig einfacher.

Der Tag, als Ngogo von uns ging

Während ich an diesem Buch schreibe, ereilt mich die Nachricht, dass meine geliebte Ex-Schwiegermama in Barsaloi, Kenia, von uns gegangen ist. Es ist ein harter Schlag für mich und meine Tochter Napirai, welche ihre *Ngogo,* wie die Großmutter in der Samburu-Sprache heißt, verliert. Mama, wie ich sie immer nannte, hatte mich im kenianischen Busch wie eine eigene Tochter aufgenommen und war mir während der vier Jahre, die ich mit Lketinga zusammenlebte, sehr ans Herz gewachsen. Da sie für mich bis zum heutigen Tag eine besonders wichtige Rolle einnimmt, möchte ich diesen Verlust hier etwas verarbeiten – zumal sich kurz davor merkwürdige Dinge ereignet haben.

Meine Tochter hatte, zwei Wochen bevor Ngogo die Augen für immer schloss, plötzlich fast täglich von ihrer Großmutter gesprochen und wie ähnlich sie ihr sehe. Sie hat sich mit Freundinnen intensiv Fotos angeschaut und sogar ein Bild ihrer Großmutter auf ihre Kommode gestellt. Genau zu diesem Zeitpunkt hatte Ngogo in ihrem hohen Alter beschlossen, keine Nahrung mehr zu sich zu nehmen – was wir aber nicht wissen konnten, da sich das Ganze Tausende Kilometer entfernt von uns zutrug. Im Nachhinein bin ich überzeugt, dass Ngogos Seele mit ihrer Enkelin zur Verabschiedung noch einmal Verbindung aufgenommen hatte, damit der Verlust nicht ganz unverhofft über Napirai hereinbrach.

Und bei mir hat sich Folgendes zugetragen: Am 24. Februar 2015 morgens hingen meine Gedanken an Afrika, obwohl draußen Schnee lag. Ich schob dies auf das trübe Wetter, von dem ich mich wohl wegträumen wollte, und stellte deshalb um 9.30 Uhr auf Facebook zur Aufheiterung zwei Afrikabilder ein. Sie sind aus Namibia, doch ich hatte sie ausgewählt, nachdem ich intensiv Fotos von meiner Familie in Barsaloi betrachtet hatte. In der folgenden Nacht starb Mama im Kreise ihrer Lieben. Alle waren da, ihre zahlreichen Enkelkinder, ihre Tochter und ihre Söhne: Papa Saguna, der Älteste, Lketinga, Napirais Vater, und James, der Jüngste. Dieser hielt sie in seinen Armen, als sie plötzlich die Augen für immer schloss. James, mit dem ich seit meiner Rückkehr in die Schweiz in regelmäßigem Kontakt stehe, erzählte mir später, sie sei so friedlich von dieser Welt gegangen, damit wir nicht zu sehr trauern müssen. Zudem war sie die Älteste im Dorf und hat ein Alter zwischen neunzig und hundert Jahre erreichen dürfen, was bei einem Stamm, bei dem das Durchschnitts-Sterbealter unter sechzig Jahren liegt, schon enorm hoch ist. Sie war großartig – unsere »Mama«.

Am nächsten Tag versuchte der Pater der Mission mich telefonisch zu erreichen, was ausnahmsweise nicht klappte, da mein Handy ausgeschaltet in einer Handtasche lag. Ich war mit einer Freundin in unserer Kantonshauptstadt Bellinzona unterwegs, um Einkäufe zu erledigen. Kurz vor 18 Uhr betrat ich eine Boutique und stellte erfreut fest, dass sich darin unter anderem zwei handgemalte Samburu-Bilder befanden, was mich veranlasste, mich mit der Ladenbesitzerin über diese Kultur zu unterhalten. Dann entdeckte ich einen Halsschmuck, der mich von der Art her an Mamas Halsschmuck erinnerte: Er bestand aus leuchtend roten Schnüren und war ganz offensichtlich von den bunten Elefantenhaarketten der Samburus inspiriert worden, wenngleich er keine Perlen enthielt. Ich war von der Kette vom ersten Augenblick an fasziniert, dachte voller Wärme an Mama und beschloss sogleich, das Schmuckstück zu kaufen.

Genau in jenen Minuten wollte der Missionspater mir Mamas Tod mitteilen, konnte mich wegen des ausgeschalteten

Mobiltelefons aber nicht erreichen. Mit dem erstandenen Schmuckstück verließ ich glücklich das Geschäft. Doch kurz darauf fühlte ich mich unglaublich erschöpft, und zwar so, dass meine Freundin und ich das geplante Abendessen ausließen, ich nach Hause fuhr und mich sofort in mein Bett legte, ohne auch nur die Einkaufstüten auszupacken. So erfuhr ich erst am kommenden frühen Morgen von Mamas Ableben, was mich sehr bestürzte.

Heute, ein paar Tage danach, weiß ich, dass ihre Seele mich ebenfalls gerufen hat und mir zur Erinnerung dieses Erlebnis im Geschäft bescherte. Wie sonst konnte das alles zur selben Zeit passieren, und zwar so, dass ich beim Kauf des Erinnerungsstückes in Gedanken bei Mama war und nicht gestört wurde? Sonst hätte ich wohl überstürzt den Laden verlassen. Dieser einfache, aber doch sehr besondere Halsschmuck wird mir immer bleiben und mich an Mama erinnern. Stolz werde ich ihn tragen, denn er hilft mir über den Verlust hinweg.

Ich erfuhr von James und dem Missionar, dass bei der traditionellen Beerdigung, die bereits einen Tag später stattgefunden hat, das ganze Dorf Barsaloi anwesend war. In den kommenden Tagen würden alle Familienmitglieder als Zeichen der Trauer ihre Köpfe rasieren und die Haare verbrennen – so will es die Tradition. James als Christ hat Mama in der Nähe des Krals begraben lassen, was meiner Tochter und mir Hoffnung gibt, dass wir einen Platz vorfinden werden, an dem Mamas bzw. Ngogos Aura noch zu spüren sein wird, wenn Napirai und ich das nächste Mal nach Barsaloi fahren.

Am Sonntag darauf wurde in der Kirche in Barsaloi die Messe für Mama gehalten. Da wir so kurzfristig diese dreitägige Anreise nicht organisieren konnten, verfasste ich wenigstens einen Brief, den James in der Kirche in Englisch und Samburu vortragen konnte. Seit sechs Monaten hat die Mission Internet und das Dorf Handyempfang. Die Zivilisation schreitet in Siebenmeilenstiefeln voran. Für diesen Anlass sicherlich hilfreich. So waren wir zwar nicht physisch anwesend, aber dafür in Gedanken ganz fest dabei, als James Folgendes vorlas:

Liebe Familie Leparmorijo,
liebe von uns gegangene Mama Masulani,

wir möchten hiermit unser tiefstes Beileid aussprechen, zum Verlust unserer geliebten Mama Masulani und Ngogo.

Mama Masulani war für mich einer der wichtigsten Menschen auf dieser Welt, nicht nur zum Zeitpunkt, als ich in Barsaloi gelebt habe, sondern bis heute. Ich werde sie in meinem Herzen nie vergessen. Sie hat mir vom ersten Tag an das Gefühl gegeben, ich sei willkommen, auch wenn ich aus einer ihr fremden Welt angereist war. Sie war immer besorgt um mich und später auch um ihr Enkelkind Napirai.
Sie war in vielen Momenten ein starker Felsen für uns.
Viele Male durfte ich mit ihr herzhaft lachen, obwohl ich die Samburu-Sprache nur dürftig beherrschte. Doch Mama Masulani und ich haben uns mit dem Herzen verstanden. Ihr sonniges Lachen wird mich mein ganzes Leben lang noch begleiten.

Napirai ist stolz, dass sie Ngogo sehr ähnlich sieht, und so werde ich jedes Mal, wenn ich meine Tochter anschaue, auch an sie erinnert werden.

Mama ist ein großes Vorbild für mich. Sie hat vieles ertragen in ihrem langen Leben, aber stets mit Stärke und gepaart mit Güte. Ich erinnere mich an den Tag zurück, als ich damals vor meiner Heirat mit Lketinga in ihrer Manyatta wohnen durfte. Der große Regen kam, und ein heftiger Wind tobte über Barsaloi. Mama Masulani stand im Eingang der Man-

yatta und hielt diese an den Ästen fest, damit sie nicht vom Wind weggeweht wurde, und mit ihrem Körper versuchte sie den Regen am Eindringen in die Hütte zu hindern. Sie stand im Gewitter und im Sturm wie ein großer, starker Baum und hat uns Kinder beschützt. Sie war einfach unglaublich mutig. Nicht nur Napirai und ich verehren sie, sondern auch viele Menschen auf der ganzen Welt haben durch meine Bücher von der großartigen Mama erfahren dürfen und lieben sie. Sie wird durch die Bücher nicht vergessen werden und auch Jahre nach ihrem Tod für ganz viele Menschen ein großartiges Vorbild bleiben.
Eine Samburu-Mama und -Ngogo, für mich als Weiße und für Napirai als Samburu-Kind. Ngogos Blut fließt auch in Napirai, und eines Tages werden ihre Kinder ebenfalls an Mama Masulani erinnern.

Wir sind zwar tieftraurig, dass Mama von uns gegangen ist, aber ich bin stolz und glücklich, dass sie im Kreise ihrer Kinder und Großkinder nach einem langen Leben friedlich einschlafen durfte. Gerne wären wir bei der heutigen Trauerfeier dabei gewesen, aber Barsaloi ist einfach zu weit weg für einen schnellen Besuch.

In diesem Sinne sind wir in Gedanken bei euch bei diesem Gottesdienst für Mama Masulani und übermitteln von meiner ganzen Familie noch einmal herzliches Beileid.

Corinne und Napirai

Ich bin am selben Sonntag bei mir in die kleine Dorfkapelle gegangen, wo zeitgleich ebenfalls eine Messe stattfand. Ich hatte das Bedürfnis, zur selben Zeit auch in einer Kirche zu sein. Dass der Gottesdienst dann bei uns auch noch von einem afrikanischen Priester abgehalten wurde, empfand ich in diesem

Moment als sehr schön, und dies machte es mir einfach, meine Gedanken nach Kenia zu senden.

Nach etwa der Hälfte der Messe bekam ich einen Hitzeausbruch, wie ich ihn noch nie erlebt hatte. Mir trat plötzlich der Schweiß auf die Stirn und lief unter den Augen und neben den Ohren herunter, und zwar in Strömen. Es handelte sich definitiv nicht um eine gewöhnliche Hitzewallung, denn die kenne ich zur Genüge. Ich tupfte mir den Schweiß vom Gesicht und konnte mir in dem Moment das Ganze nicht erklären. Nach etwa zehn Minuten war alles vorbei, und danach ging es mir relativ gut. Die innere Trauer und Schwere war von mir gegangen.

Erst zu Hause überlegte ich mir Folgendes: Vielleicht ist Mamas Seele kurz bei mir gewesen, weil sie fühlte, dass ich so intensiv für sie betete. Oder in Barsaloi trug James gerade zu dieser Zeit unseren Brief in der Kirche vor. Ich weiß es nicht. Ich spürte einfach plötzlich diese unglaubliche Leichtigkeit, verbunden mit dem Wissen, dass es Mama gutgeht – da, wo sie ist. Sie wird immer in unseren Herzen bleiben.

Neue Wege

Nachdem ich schon zwei Jahre erfolgreich Versicherungen verkaufe und bereits etwas Geld sparen konnte, zweifle ich doch, ob es wirklich mein Leben ist, nur Produkte an den Mann zu bringen, die aus Zahlen und Bestimmungen bestehen. Ich verdiene zwar sehr viel Geld und bin frei und unabhängig, doch Geld allein reicht mir nicht zum Glücklichsein. Da ich die meiste Zeit des Tages, und dies mein Leben lang, mit meiner Arbeit beschäftigt bin, sollte sie mich erfüllen und im besten Falle meinen Vorstellungen von einem Traumberuf nahekommen. Der allerdings besteht schon längst nicht mehr aus einer Modelkarriere.

Vielmehr wird mir immer klarer, dass ich gerne schöne Sachen präsentieren und verkaufen würde. Der Kontakt zu den Kunden würde mir Spaß machen, darin bin ich gut. Und so wächst in mir die Idee, eines Tages ein eigenes Geschäft zu eröffnen. In welcher Branche, ist mir noch nicht klar, zudem fast alle Geschäftsideen ein großes Startkapital erfordern. Ich aber spare gerade erst einmal für ein Alfa Spider Cabriolet. Das ist mein nächstes Ziel. Sobald ich das erreicht habe, will ich mich konkreter um die Geschäftsidee kümmern.

Während ich beruflich und finanziell im Augenblick eigentlich ganz gut dastehe, läuft es in Sachen Beziehungen dafür nicht so toll. Die Männer, die ich kennenlerne, sind entweder verheiratet und »wollen sich bald scheiden lassen« – aber diese Storys kennt man und ist froh, wenn man nicht mit reingezogen wird.

Oder sie entwickeln sich schon beim zweiten Treffen als sehr misstrauisch oder besitzergreifend. Meine Sensoren sind da natürlich geschärft, da ich mir geschworen habe, dass mir ein so eifersüchtiger Mann, wie mein Vater es ist, nie und nimmer in die Nähe kommen wird. Eifersucht – nein, danke! Dann lieber alleine leben.

Wie anders es dann doch alles gekommen ist! Bis ans andere Ende der Welt bin ich gereist. Ich habe meine Liebe des Lebens getroffen und schlussendlich feststellen müssen, dass ich genau das, was ich nie wollte, geheiratet hatte.

Von Vater persönlich habe ich nie mehr etwas gehört, außer dass er eine neue Partnerin gefunden hat, was mir mein älterer Bruder erzählte. Die neue Frau zog bereits anderthalb Jahre nach dem Weggang meiner Mutter in das Haus, was diese noch wütender machte. Wir Kinder haben uns alle mehr oder weniger von ihm zurückgezogen. Lange Zeit habe ich das Gefühl, mich lässt diese Situation kalt. Ich gehe meinen Weg und plane meine Zukunft.

Ein Zeitungsartikel verändert meine berufliche Situation erneut. Ich lese von einer florierenden Secondhand-Brautkleider-Boutique in Deutschland und bin von der Idee so fasziniert, dass ich meinen gutbezahlten Job bei der Versicherung schon nach zwei Jahren wieder aufgebe, um mich mit noch nicht mal ganzen dreiundzwanzig Jahren selbständig zu machen. Den Plan, einen roten Alfa Spider zu kaufen, stelle ich zunächst zurück, jetzt ist doch erst mal das Geschäft dran. Ich suche nach einem geeigneten Standort und ziehe für die Umsetzung der Idee schließlich weit weg von Rapperswil nach Biel, wo ich niemanden kenne, aber dafür auch keine Konkurrenz wie etwa in Zürich zu befürchten habe. Außerdem bin ich ungebunden und offen für Neues. Durch die Schulung in Neuenburg konnte ich diese Gegend etwas kennenlernen und fand die Leute hier ganz sympathisch. Natürlich ist Französisch nicht so mein Ding, aber in Biel spricht man beides, eben auch Deutsch.

Ich baue mir ein gutgehendes, exklusives Secondhand-Geschäft, inklusive Brautkleiderabteilung auf. Nach anderthalb Jahren kann ich gut davon leben, denn es hat sich herumgesprochen, dass bei mir die Brautkleider bezahlbar sind und ich eine gute Beratung liefere. Zwar steht mir weniger Geld zur Verfügung als vorher im Angestelltenverhältnis, aber ich bin meine eigene Chefin – herrlich! Nach drei Jahren kann ich dann doch noch mein Traumauto kaufen – den roten Alfa Spider. Ich muss gestehen, dass die Vorfreude die größte Freude war.

Meine Boutique betrieb ich fast fünf Jahre. Schon kurz nach der Eröffnung lernte ich meinen neuen Partner Marco kennen, mit dem ich 1986 nach Kenia reiste, ohne zu wissen, dass diese Reise mein ganzes weiteres Leben beeinflussen wird. Dort begegnete ich dem traditionellen und wunderschönen Samburu-Krieger Lketinga, der später der Vater unserer gemeinsamen Tochter Napirai wurde.

Er wurde meine große Liebe, für die ich selbstverständlich alles in der Schweiz aufgebe, um in einer bescheidenen, mit Kuhdung gebauten Manyatta ein traditionelles Leben zu führen. Der Rest ist Geschichte und beschrieben in meinem mittlerweile verfilmten und millionenfach verkauften ersten Buch *Die weiße Massai*.

Der Vater der weißen Massai

Meinen Vater habe ich vor dem Verkauf der Brautkleider-Boutique und dem Wegzug nach Kenia 1987 nur noch einmal gesehen. Er tauchte plötzlich mit seiner neuen Partnerin in meinem Secondhand-Shop auf, und ich muss gestehen, ich habe mich nicht darüber gefreut. Ich weiß nicht mehr: Lag es daran, dass er unangemeldet erschienen ist oder dass er einfach seine neue Frau mitgebracht hatte, die ich da zum ersten Mal zu Gesicht bekam? Ich hatte zu diesem Zeitpunkt mit Vater abgeschlossen und ihn schon seit mindestens zwei Jahren nicht mehr gesehen. Diese unverhoffte Situation überrollte mich.

Ich hatte auch keine Ahnung, dass er überhaupt wusste, wo und wovon ich lebte. Natürlich habe ich den beiden damals höflichkeitshalber Kaffee angeboten. Aber die Stimmung blieb frostig, zumal er noch den Satz fallenließ: »Ja, Corinne, sag mal, wo kommt das ganze Geld her, dass du dir so ein Geschäft leisten kannst?« In meinen Ohren klang es schon wieder so, als dass ich zu nichts fähig wäre, dabei hatte ich mir jeden Franken selbst verdient. Heute weiß ich: Es ist wohl seine Art, Komplimente zu machen. Das zu begreifen hat aber noch Jahre gedauert und mich viele Tränen gekostet. Nicht unbedingt in Afrika, aber danach.

Nach der Flucht aus Kenia mit meiner kleinen Tochter Ende 1990 war ich zu beschäftigt mit dem Wiederaufbau in der weißen Welt (beschrieben in *Zurück aus Afrika*), um über meinen

Vater nachzudenken, den ich nun schon viele Jahre nicht mehr gesehen hatte. In Kenia selbst war es mir nicht so bewusst geworden, dass ich einen Teil meiner Wurzeln verloren hatte. In Afrika ist es vielerorts üblich, dass sich die Väter aus der Verantwortung ziehen und die Mütter ihre Kinder alleine großziehen müssen.

Natürlich war ich verlegen, wenn man mich in Barsaloi nach meinem Vater fragte, was mich veranlasste zu antworten, dass er nicht mehr existierte. Sie interpretierten es als verstorben, und da man in dieser Kultur nicht mehr über Tote spricht, hatte ich Ruhe vor diesem Kapitel. Das hört sich brutal an, aber so habe ich es innerlich empfunden. Wie sonst hätte ich einem Volk auch erklären können, dass ich mich mit Vater so zerstritten hatte, dass von beiden Seiten offensichtlich nie mehr eine Annäherung möglich war? Sie hätten es nicht verstanden. Denn in diesem archaisch lebenden Stamm ist der Vater das Oberhaupt der Familie. Es spielt keine Rolle, was er macht. Man hat ihn zu ehren, ob er da ist oder nicht. Er bestimmt die Regeln, und danach richtet sich die Familie. Wie könnte ich da verständlich erklären, dass ich das eben gerade nicht gemacht hatte und unsere Kultur etwas anders funktioniert? Dass wir Frauen Rechte haben. Wir werden gottlob auch nicht verheiratet und beschnitten, sondern können unsere Partner frei wählen. So war meine Notlüge das Einfachste für uns alle. Zudem bekam ich in Kenia auch nur Briefe von meiner Mutter sowie ab und an von meinen Geschwistern. Von Vater kam nichts. Ich wusste nicht einmal, ob jemand von meinen Geschwistern ihn informiert hatte, dass ich nach Kenia ausgewandert war, eine Tochter bekommen hatte und bisweilen um mein Leben kämpfte.

Mich holte diese »Vatertragödie« erst wieder ein, als mir in Kenia plötzlich klarwurde, dass ich einen Mann geheiratet hatte, der meinem Vater charakterlich ähnelte. Er sah zwar komplett anders aus, lebte auf einem anderen Kontinent, in einem Stamm fernab der Zivilisation – und doch erlebte ich am Ende dieselben Eifersuchtsdramen (und noch etliche mehr) wie meine Mutter. Ich liebte meinen Mann damals über alles und hätte es nicht für möglich gehalten, dass mir jemals Ähnliches passieren könnte wie ihr. Schlussendlich trieb mich genau die Erkenntnis, dass sich ein eifersüchtiger Mann nicht ändern wird, verbunden mit den nie endenden Dramen und den vielen durchgemachten Krankheiten zurück in die Schweiz.

Dass ich den Bruch mit meinem Vater letztlich doch nicht so einfach weggesteckt habe, bemerke ich erst jetzt, je mehr Zeit vergeht, desto stärker. Vater hat an meinem Leben nach einundzwanzig nicht mehr teilgenommen. Er hat nicht miterlebt, wie ich mein Geschäft in Biel erfolgreich führte. Er hat nicht miterlebt, wie ich ausgewandert bin, noch hat er miterlebt, wie ich mein Leben hier in der Schweiz nach meiner Rückkehr mit meiner kleinen Tochter auf die Reihe kriegen musste. Noch hat er seine Enkelin je gesehen. Auch an meinem Erfolg als »Die weiße Massai« hat er nicht teilgenommen – zumindest nicht zu Beginn und zumindest nicht für mich ersichtlich.

Mit dem Niederschreiben meiner außergewöhnlichen Erfahrungen in Kenia fing für mich ein neues Leben an. Ich vergleiche es mit der berühmten »Tellerwäscherkarriere«. Von der Lebensmittelverkäuferin zur Lebensgeschichtenverkäuferin. Ja, ich darf sagen, ich habe das Höchste erreicht, was ich mit meiner Ausbildung und meiner Lebensschule erlangen konnte. Ich reise durch die Welt und halte Vorträge und gebe Interviews in vielen Ländern. Doch Vater nimmt daran nicht teil. Mir wird bewusst, dass diese Situation doch tiefe Spuren hinterlassen hat.

Fragt meine Tochter: »Mama, habe ich eigentlich keinen Opa?«, fällt es mir immer wieder schwer, eine Antwort zu finden, die alles erklären würde. Oder Journalisten fragen: »Was hat Ihr Vater denn zu Ihrer damaligen Heirat in Afrika gesagt?«

Ja, was soll er schon gesagt haben?, denke ich, er wusste es ja gar nicht. Stattdessen antworte ich ausweichend, dass eh keiner einen Einfluss auf meine Entscheidung nehmen konnte, was ja auch stimmte.

Mittlerweile habe ich meinen Vater schon fünfzehn Jahre nicht mehr gesehen und nicht mehr gehört, wenn man den Kurzbesuch damals in meiner Brautboutique nicht mitrechnet, sogar schon achtzehn Jahre. Eine sehr lange Zeit, und es ist traurig, dass ich wieder im selben Land lebe und es nicht möglich scheint, sich irgendwie zu versöhnen. Der Bruch ist schon so lange her, dass ich auch gar nicht mehr weiß, ob eine Versöhnung überhaupt noch Sinn ergibt. Zudem will ich Mutter durch eine Wiederannäherung an Vater nicht belasten – ein Gedanke, der eigentlich völlig unsinnig ist, aber doch in meinem Kopf besteht. Dass ich leide, fällt mir erst richtig auf, wenn ich mir abends im Fernsehen Filme anschaue. Erst seit der Rückkehr aus Kenia besitze ich einen eigenen Fernseher.

Wenn Szenen vorkommen, wo die Mädchen auf ihren Papa loshüpfen, er sie hochhebt, sie vor Vergnügen quietschen und der Papa liebevoll sagt: »Du bist meine kleine Prinzessin, ich werde dich immer beschützen!« – ja, dann schalte ich den Fernseher aus, weil ich mich über so einen Kitsch aufrege. Manchmal weine ich. Ich weiß aber nicht: Laufen die Tränen wegen meiner persönlichen Vater-Geschichte oder wegen meiner kleinen Tochter, die nun ohne ihren Papa und ohne ihren Großvater aufwachsen muss?

In Interviews kommt bei anderen erfolgreichen Menschen die Frage: »Sagen Sie mal, woher nehmen Sie die Kraft, um das alles zu bewältigen?« Und die Standardantwort lautet immer: »Von meiner großartigen Familie. Sie steht voll hinter mir und erdet mich, damit ich nicht abhebe. Sie gibt mir die Kraft, alles zu meistern. Ich bin so glücklich mit meiner Familie, und sie sind so stolz auf mich etc. etc.«

Ich kann das lange Zeit kaum glauben. Es kann doch nicht

sein, dass anscheinend alle eine perfekte Familie haben, nur ich nicht. Wenn ich mich im Bekanntenkreis umhöre oder die vielen Mails und Briefe lese, die ich mittlerweile von meinen Lesern bekommen habe, sehe ich doch, dass sehr viele Menschen ähnliche Schicksale mit einem ihrer Elternteile haben, wenn nicht gar mit beiden. Somit ist die Familie bei vielen auch nicht die heile Welt. Offenbar aber gilt das Gegenteil für alle Schönheitsköniginnen, die jährlich gewählt werden, oder die Schlagersängerinnen oder sonstige Musikstars. Dass bei denen das Familienleben so intakt ist, mag ich ihnen wirklich von Herzen gönnen, doch richtig glauben kann ich es manchmal nicht. Erst einige Jahre später verändert sich mein Blickwinkel, und ich komme der Lösung näher.

An einem Sonntag im Jahr 2000 klingelt das Telefon. Napirai, die mittlerweile elf ist, nimmt den Hörer ab, und nach kurzer Zeit herrscht Stille. Ich frage: »Napirai, wer ist es?« Sie antwortet: »Ich weiß es nicht, da ist ein Mann, und er sagt etwas von ›Großvater‹. Ich kenne den nicht«, und dabei reicht sie mir den Hörer.

»Hallo?«, frage ich unsicher.

»Hallo, Corinne, hier ist dein Vater. Wie geht es dir? Ich wollte mal fragen, ob wir uns sehen könnten? Ich will mal wissen, was da bei dir eigentlich los ist. Und ich habe eine Enkelin und würde sie auch mal gerne sehen, nicht nur im Fernsehen.« So viele Fragen, ohne auch nur eine Antwort abzuwarten – typisch Vater!

Und auch wenn in diesem Augenblick schon wieder der Ärger in mir aufsteigt, hämmert es gleichzeitig in meinem Kopf: Corinne, nutz diese Chance! Nimm seine gereichte Hand und schau, wie es weitergeht und was mit dir passiert! Abbrechen kannst du immer noch, aber eine zweite Chance hat dein eigen Fleisch und Blut verdient. In den vergangenen achtzehn Jahren hat sich vieles verändert, haben *wir* uns verändert, so hoffe ich zumindest. Wir vereinbaren einen Treffpunkt auf neutralem Boden. Nachdem ich den Hörer aufgelegt habe, keimt tief in meinem Innersten ein kleines, neugieriges Freuden-Pflänzchen.

Und schließlich kommt der Tag unseres Treffens. Als ich Vater sehe, weiß ich zunächst nicht, wie ich ihn ansprechen soll, denn Papi, wie ich ihn als Kind nannte, kommt mir einfach nicht über die Lippen, und so bleibt es bei einem »Hallo« und einem steifen Händedruck. Klein und schmal kommt er mir plötzlich vor, denn in all den fehlenden Jahren ist er mittlerweile siebzig Jahre alt geworden. Er lebt schon bald siebzehn Jahre mit seiner zweiten Frau zusammen.

Ich muss mich erst wieder an ihn gewöhnen, denn wir sind füreinander fast Fremde geworden. Das Einzige, was ich sofort feststellen kann, ist unsere enorme Ähnlichkeit im Gesicht. Es folgt ein zaghaftes Herantasten, während wir uns beschnuppern und uns über das Heute unterhalten.

Natürlich ist nach diesem ersten Treffen noch nicht gleich die große Verbundenheit hergestellt. Doch so langsam folgen weitere Verabredungen, und dabei lernt auch meine Tochter ihren Großvater kennen. Er versucht, so gut er eben kann, das Eis zu brechen. Die beiden sind Fremde füreinander und haben es bis heute nicht richtig geschafft, eine wirklich tiefere Beziehung aufzubauen. Napirai wurde früher von meiner Mutter und ihrem Mann Hans-Peter mitbetreut, und somit ist der Bezug dorthin einfach größer.

In den kommenden Monaten und Jahren lerne ich auch Vaters zweite Frau Eli kennen, die mich sehr beeindruckt. Sie hat wohl viel dazu beigetragen, dass Vater ruhiger, ausgeglichener und zugänglicher geworden ist. Sie ist um einiges jünger als er, genau genommen: zwanzig Jahre, und wird von so manchen Leuten für seine Tochter, also mich, gehalten, was ihn aber nicht stört, sondern zum Lachen bringt. Überhaupt kann er heute viel über sich selbst lachen, was mir gefällt.

Als ich zum ersten Mal wieder auf den Berg zurückkehre, wo Vater noch immer wohnt, erkenne ich das Haus kaum wieder. Es ist vergrößert worden und die Einrichtung geändert – sehr geschmackvoll. Unser ehemaliges Kinderzimmer erscheint mir noch kleiner als früher und der Fensterschlitz noch schmaler. Kaum zu glauben, dass ich es damals geschafft habe, mich durchzuquetschen und abzuhauen.

Vater ist ein akribischer Sammler und Eisenbähnler. Das erinnert mich an meine früheren Sammlertätigkeiten, und ich sehe darin schon wieder Ähnlichkeiten. Wenn ich jetzt beim Kaffeetrinken aus dem Wohnzimmerfenster schaue, kommt mir das Dorf im Tal plötzlich viel näher vor und der ehemalige Schulweg viel kürzer. Als ich dies erwähne, antwortet Vater lachend: »Na, du bist ja auch größer geworden und deine Beine länger!«

»Ja, vielleicht, oder es liegt daran, dass ich immer öfter in die Berge gehe und wirklich anspruchsvolle Touren unternehme«, gebe ich als Antwort zurück. Was Vater lächelnd kommentiert mit: »Das hast du von mir geerbt.«

Wirklich näher kommen wir uns 2002, als er sich spontan bereit erklärt, mir beim Umzug ins Tessin zu helfen. Wieder einmal verändert mein Bauchgefühl, verbunden mit einem Inserat in einer Tageszeitung, mein Leben. Nach einem vierwöchigen Italienischkurs beschließe ich, ins südländische Tessin umzusiedeln. Mein Bucherfolg erlaubt mir dies, ohne dass ich zuvor dort einen Job hätte suchen müssen. Vater bietet sich an, mir beim Packen zu helfen. Diese Geste freut mich ungemein. Während er mit mir am Boden sitzt und die Teller, Tassen, Gläser und vieles mehr in Zeitungspapier wickelt, spüre ich zum ersten Mal wieder eine wirkliche Vater-Tochter-Regung in mir, und das Pflänzchen wächst langsam zur Pflanze. Sicher ist er sich nicht bewusst, wie wichtig mir diese zwei Tage sind. Doch zum ersten Mal hat er Zeit für mich, für seine Tochter. Ich bin bewegt, und zwar nicht nur wegen des neuen

Lebenskapitels, das sich im Tessin auftut, sondern auch wegen der Möglichkeit, die sich mir und Vater bietet – nach so vielen verlorenen Jahren.

In meinem neuen Wohnort in Lugano gedeihen viele neue Passionen. Die erste und wichtigste bis heute ist das alpine Bergwandern. Diese Leidenschaft ist mittlerweile schon so ausgeprägt, dass ich wöchentlich versuche, ein bis zwei Touren zu unternehmen. Oft begleitet mich eine Freundin, und es macht Spaß, mit jemandem durch die Berge zu wandern, der ähnlich empfindet und auch das Naturerlebnis vor das Tempo stellt. Zudem kann man zu zweit auch schon mal waghalsigere Routen im blau-weißen Bereich planen, die ich wegen des Risikos alleine dann doch nicht angehe, vor allem nicht über mehrere Tage.

Doch am tiefsten eintauchen und fast schon meditierend durch die Natur steigen kann ich, wenn ich alleine unterwegs bin. Da ist keine Ablenkung, nur mein eigener Atem, den ich spüre. Jedes Blümchen nehme ich wahr und die Pfiffe der Murmeltiere. Und natürlich beobachte ich dieselben, wenn sie Männchen machen und mich genauestens mustern. Da sind die Laute der Greifvögel weit über mir, wenn im Frühling die Jungen ihre ersten Kreise ziehen. Oder die Gämsen, die mich beim Aufstieg auf einen Bergkamm beobachten. Nicht zuletzt sind da die Steinböcke, die im Sommer noch in den letzten Schneeresten liegen, um sich zu kühlen. Sie sind für mich die Könige der Bergwelt und entzücken mich am meisten. Sie strahlen eine Erhabenheit und Ruhe aus, wenn sie vom Gipfel aus gleichgültig auf mich herunterschauen und sich weitersonnen, während sich einige mit ihren langen Hörnern am Rücken kratzen. Damit vermitteln sie mir, dass sie die Herren auf dem Gipfel sind und ich nur geduldet bin. Solche Momente sind großartig, und sie bewegen mich immer wieder tief im Innersten.

Wenn ich dann mein Tagesziel erreicht habe und von einer

kleinen, abgelegenen Hütte auf rund 2000 Metern empfangen werde, ist meine Freude unbeschreiblich. Erst heize ich den Holzofen ein, damit die Feuchtigkeit aus dem kleinen Hüttchen entweicht, und dann koche ich mir Spaghetti oder Ähnliches. Geschützt von der Bergkette im Rücken, den Blick aber nach vorne ins Tal gerichtet und die letzten Sonnenstrahlen vor der Hütte genießend die Wanderung in dieser Stille noch einmal Revue passieren lassen – ja, das ist für mich Leben pur und schenkt mir eine tiefe Zufriedenheit. Zwar huschen nachts in diesen einfachen, selten besuchten Hütten Mäuse umher, aber wenn der Rucksack in der Höhe hängt, sind auch das Brot und der Käse für den nächsten Tag gesichert.

Bei Sonnenaufgang trete ich aus der Hütte; und nicht selten kann ich Gämsen oder je nach Region sogar Steinböcke beim morgendlichen Äsen entdecken. Die ersten Sonnenstrahlen beginnen bereits zu wärmen, während ich meinen Pulverkaffee schlürfe und mich mein Wanderdrang schon bald zum Aufbruch bewegt. Das Schönste des zweiten Tages ist, dass man sich schon auf dieser Höhe befindet und einfach weiterlaufen kann. Später, wenn die Sonne den Tag schon erwärmt hat, erreiche ich fast immer einen kleinen Bergsee oder einen Bach, in welchem ich die Morgentoilette nachholen kann. Nackt in einen kühlen Bergsee springen und sich danach auf die warmen, starken Felsen legen und sich davon wieder aufwärmen lassen – was gibt es Schöneres?

Nach solchen Tagen kehre ich gestärkt und erfüllt nach Hause zurück. Die Natur hat so viel zu bieten und kostenlos abzugeben. Man muss sich nur mit ihr verbinden, dann ist man an die Lebensquelle angeschlossen. Nicht jeder muss gleich alleine durch die Berge wandern. Schon ein Waldspaziergang auf dem weichen bemoosten Erdboden in der klaren würzigen Luft, umgeben von mächtigen, Kraft spendenden Baumstämmen, kann Frieden und Ruhe schenken. Das vielstimmige Vogelgezwitscher und das Hämmern des Spechtes sind wunderbare

Seelenmusik. Wenn man noch Eichhörnchen von Ast zu Ast springen sieht, während unten am Boden die quirligen, arbeitsamen und nimmermüden Ameisen beim Hügelbau zu beobachten sind, scheint unsere Welt für kurze Zeit in Ordnung zu sein und scheinen die ständigen, traurigen Kriegswirren, von denen man täglich in der Zeitung liest, weit weg. Natürlich dürfen wir die Augen davor nicht verschließen, aber ab und an müssen wir auch an uns denken und unsere eigenen Batterien aufladen, damit wir die Anforderungen an das Leben und die immer größere Hektik meistern können. Wir müssen, wann immer es möglich ist, aus dem alltäglichen Hamsterrad ausbrechen und Erholung und Erfüllung tanken. Ich weiß aus eigener Erfahrung, dass man sich manchmal überwinden muss, alleine loszuziehen – gerade, wenn man schon ziemlich erschöpft ist. Aber ich kann auch mit vollster Überzeugung garantieren, dass jeder glücklicher, stärker und zufriedener heimkehren wird.

Ich persönlich bedanke mich so manchmal beim lieben Gott, dass er mir die Kraft gibt, mich immer wieder aufzurappeln, gerade dann, wenn ich denke, es wäre einfacher, auf dem Sofa sitzen zu bleiben, obwohl ich ja die Natur liebe. Aber auch ich muss mich ab und an selbst motivieren und habe es anschließend nie bereut.

Diese Gabe, die Natur zu fühlen, zu riechen und zu schmecken, habe ich sicher zu einem Großteil meinem Leben auf dem Berg zu verdanken, und später habe ich sie in Afrika verfeinert, und nicht zuletzt ist sie auch das Erbe meines Vaters.

Er kommt nun öfter auf Besuch. Und seit ich im Tessin lebe, bleibt er auch gleich zwei, drei Tage. So entstehen während unserer Wanderungen viele Gespräche, in denen wir unter anderem versuchen, einander das stattgefundene Leben in den verlorenen achtzehn Jahren näherzubringen. Ich berichte von meinen Tourneen durch Deutschland und die Schweiz und den vielen schönen Momenten, die ich erlebt habe. Aber auch von dem Ereignis, das mich fast um meinen Verstand gebracht hat.

Während wir unter einer schönen Eiche Rast einlegen und er sich sein wohlverdientes Bier öffnet, beginne ich zu erzählen:

»Den größten Schrecken habe ich mal in einer Kirche erlebt«, beginne ich. »Nicht wegen des Publikums, sondern wegen des Veranstalters. Ich war in einer Großstadt in Deutschland unterwegs und sollte in einer Privatkirche lesen. Es war schon die vierte Lesung in derselben Woche, und dementsprechend freute ich mich, dass ich danach nach Hause fahren kann. Der Veranstalter holte mich beim Bahnhof ab und führte mich sogleich zur Kirche, damit ich mir eine Vorstellung von den Räumlichkeiten machen konnte. Ich muss gestehen, der ältere Herr machte schon am Bahnhof einen merkwürdigen Eindruck auf mich. Er sah mit seiner graugelben faltigen Gesichtshaut und dem weißgelblichen schütteren Haar irgendwie ungesund aus. Er war relativ groß und stämmig, und doch lief er eher gebeugt und energielos Richtung Kirche, die in einem kleinen Park stand. In seiner Hand hielt er einen Eisenring, woran etwa dreißig Schlüssel hingen, in jeder Form und Größe, aber viele ältere mit Bart.«

Mein Vater unterbricht mich und sagt: »Solche Schlüssel sammle ich auch schon seit Jahren, ich habe über hundert Stück davon. Hast du sie nicht gesehen, bei mir an der Wand?«

»Doch, doch, aber hör jetzt zu, was passiert ist, denn ich habe da zum ersten Mal in meinem ganzen Leben um Hilfe schreien müssen«, antworte ich, erneut ungeduldig.

Vater schaut mich mit großen Augen an und fragt: »Ja, was ist denn passiert?«

Ohne direkt zu antworten, erzähle ich weiter: »Er schloss die schwere Kirchenpforte auf, und wir traten ein. Danach schloss er sie hinter uns wieder ab, was mir schon komisch vorkam und weswegen ich auch gleich nachfragte, warum er die Türe verriegle und den Schlüsselbund gleich abzog. Er antwortete, er müsse abschließen, denn sonst würden Leute eintreten und wollten die restaurierte Kirche besichtigen, und dann könne er für die anstehende Lesung die Vorbereitungen nicht rechtzeitig treffen. Während er den riesigen Schlüsselbund auf eine Kirchenbank legte, traten wir vor den wunderschönen Altar, und er begann euphorisch über diese Kirche zu erzählen. Ich betrachtete dabei andächtig den prunkvollen Altar, mit vergoldeten Schutzengeln und der Marienstatue mit dem Jesuskindlein im Arm, als ich plötzlich von seiner Seite her keine klaren Worte mehr vernahm, sondern komische Laute. Im ersten Moment wusste ich gar nicht, was los war, denn wir standen ja nebeneinander vor diesem Altar, als ich dieses Stöhnen und laute Atmen hörte.

Ich schaute in das fahle Gesicht neben mir und sah plötzlich in aufgerissene Augen und in einen aufgesperrten Mund. Gleichzeitig fasste sich der Veranstalter mit einer Hand an die Brust und fiel wie ein Kartoffelsack zu Boden. Dabei knallte er seitlich mit dem Kopf auf die Steinstufen vor dem Altar, und sofort sickerte Blut aus einer Wunde am Hinterkopf und aus dem Mund. Ich erschrak dermaßen, dass mir ein Schrei entfuhr. Ich sprach den regungslosen Mann an, doch der bewegte sich nicht mehr.«

Mein Vater hört angespannt zu und meint: »Ja, hatte er einen Herzstillstand?«

»Herzattacke war auch das Erste, was ich dachte, und ich wusste gleichzeitig, da bleiben wohl nur noch drei Minuten, um ihn überhaupt retten zu können. Der gewichtige Mann lag aber so unglücklich gekrümmt auf den Stufen, und dabei sickerten aus seinem Mund Blut und Speichel, dass ich nichts unternehmen konnte. Stattdessen rannte ich mit dem großen Schlüsselbund zur abgesperrten Pforte und versuchte, den passenden Schlüssel zu finden. Es klappte nicht, und eine wertvolle Minute war da bereits verstrichen. Panik breitete sich in mir aus. Ich holte mein Telefon aus meiner Handtasche und versuchte, einen Notruf bei der mir bekannten Nummer 112 abzusetzen. Da aber mein Telefon in der Schweiz gemeldet ist, funktionierte es nicht, auch nicht mit deutscher Vorwahl. Welche Notrufnummern für Deutschland galten, wusste ich nicht. In meiner Verzweiflung rief ich meinen damaligen Verlag in München an und erzählte aufgeregt, in was für einer fürchterlichen Situation ich mich befände und dass sie mir umgehend Hilfe organisieren müssten. In der Zwischenzeit schob ich meine Handtasche unter den blutenden Kopf des Mannes, damit die Flüssigkeiten aus dem Mund fließen konnten. Nach kurzer Zeit kam der Rückruf aus München mit der niederschmetternden Nachricht, dass sie mir nicht helfen konnten, da ich vor Ort selbst den Notruf starten müsse. ›Es ging ja nicht!‹, schrie ich mit meinen blanken Nerven in den Hörer und legte schluchzend auf.«

»Unglaublich, das gibt es ja nicht!«, ereifert sich Vater während des Zuhörens.

»Ja, ich konnte es auch nicht verstehen, zumal mein damaliger Verlag ja die genaue Adresse der Kirche hatte. Ich schaute auf den regungslosen Mann, und während mir Tränen über die Wangen kullerten, floss sein Blut bereits über die zweite Steintreppe und bildete eine kleine Pfütze. Jetzt ist er tot, dachte ich und wurde mit einem Mal relativ ruhig, da die Zeit abgelaufen war. Die gotische Kirche mit dem mir tot erscheinenden Mann auf den Steinstufen kam mir in dem Moment sehr grotesk vor. Erneut packte ich den Schlüsselbund und schaute mir die Bartschlüssel genauer an und probierte sie nacheinander aus. Endlich ließ sich einer drehen, und plötzlich ging das schwere Tor auf, und ich sah endlich die Bäume und das Sonnenlicht.

Ich rannte panikartig durch den Park und schrie, so laut ich konnte, um Hilfe. Plötzlich stand ein Mann vor mir und fragte mich, was passiert sei. Ich erklärte kurz die Situation und zeigte auf die offene Kirchentür. Noch während der Mann den Rettungsdienst anrief, trat er in die Kirche ein. Ich stand draußen und war über meine eigene Stimme erschrocken, die zum ersten Mal in meinem Leben um Hilfe geschrien hatte. Gleichzeitig überlegte ich, dass die Lesung nicht stattfinden würde und ich stattdessen nun viele Fragen würde beantworten müssen. Ich sah bereits die Schlagzeile: *Toter Veranstalter bei der Lesung der weißen Massai!*

Die Rettungssanitäter kam hingegen sehr schnell, und während ich hinter ihnen ebenfalls zurück in die Kirche trat, dachte ich, ich sei in einem Krimi. Der von mir tot geglaubte Mann saß halbwegs blutverschmiert auf der Treppe und sah fürchterlich zerschlagen aus, aber er lebte! Ich erschrak dermaßen ob dieses Anblicks, dass ich für einen kurzen Moment an meinem Verstand zweifelte. Aber natürlich war ich auch extrem erleichtert. Kurz danach klärten mich die Rettungssanitäter auf, dass der Mann Epileptiker war und einen schweren Anfall gehabt hatte. Zur Behandlung der Wunden wurde er ins Spital gebracht«, beende ich hier meine Erzählung.

Vater hakt nach: »Und daraufhin ist deine Veranstaltung natürlich abgesagt worden, nehme ich an?«

»Eben nicht«, gebe ich zur Antwort. »Während ich halb verstört durch die Stadt lief und nur noch nach Hause wollte, rief mich die Frau des Veranstalters an und bat mich inständig, diese Lesung doch durchzuführen, da sich die Leute so auf meinen Besuch gefreut hätten und sie unmöglich in dieser kurzen Zeit alle über eine Absage informieren könne. Nach einigem Hin und Her sagte ich dann halt zu mit der Bitte, ob man wenigstens das Blut von den Stufen wischen könne.

Und so stand ich ein paar Stunden später wieder in gepflegter und gewohnter Manier vor dem Altar und musste krampfhaft diese Situation aus dem Gedächtnis streichen, damit die Zuhörer von der ganzen Geschichte nichts mitbekamen. Denn sie haben für einen Afrikaabend mit einer starken und strahlenden Corinne bezahlt. Das gehört eben auch zum professionellen Business, obwohl mich dieses Ereignis nachts noch einige Male aus dem Schlaf riss«, schließe ich nun definitiv dieses Kapitel.

»Na, da habe ich ja dann noch einigermaßen harmlose Erfahrungen mit deiner Geschichte gemacht«, hakt nun Vater ein und muss schmunzeln. Gespannt höre ich zu.

»Einmal saß ich im Zug von Basel nach Zürich. Dieser war ziemlich voll besetzt, und so fand ich endlich einen Platz gegenüber einer jungen Frau Mitte zwanzig. Sie nickte nur kurz, als ich fragte, ob der Platz noch frei sei, und schenkte ihre Aufmerksamkeit sofort wieder dem Buch, das sie las. Ich konnte den Titel nicht genau erkennen, aber von den Farben her dachte ich, dass es sich um *Die Weiße Massai* handeln könnte.

Als die junge Frau bemerkte, dass ich angestrengt auf den Buchrücken starrte, hielt sie ihn hoch und fragte mich neugierig: ›Kennen Sie dieses Buch?‹

Ich antwortete: ›Ja natürlich, es ist die Geschichte meiner Tochter, also autobiographisch, kein Roman.‹

Die junge Frau musterte mich kurz, und nach ein paar Minuten stand sie auf, packte das Buch und ihren Mantel zusammen, wechselte, ohne ein Wort zu sagen, das Zugabteil und ließ mich alleine zurück. Sie dachte wohl, ich sei ein Spinner«, lacht Vater.

Auch ich muss herzhaft lachen bei dieser Vorstellung. Mein Vater ist mit den Jahren eher klein und schmal geworden. Ich hingegen bin kräftig und groß. Da erwartet man als Vater eben eher einen Typ, wie mein Großvater es war.

Noch während ich lache, fährt Vater fort: »Und das war nicht das einzige Mal. Ich kann dir noch mehr Geschichtchen erzählen: Vor gut zehn Jahren zum Beispiel war ich auf Rhodos unterwegs. Du weißt ja, nur zu Fuß, mit Rucksack, aber in möglichst wilder Natur.«

Genau wie ich, denke ich mir. Je wilder und einsamer, desto schöner. Das habe ich wirklich von Vater geerbt.

»Nun ja, ich hatte meine Unterkunft in Rhodos auf der gleichnamigen Insel und bin an einem Tag mehrere Stunden am Meer entlanggewandert. Als ich am späten Nachmittag Lindos erreicht hatte, machte ich mich auf zur Landstraße, um nach einem Bus Ausschau zu halten, der zurück in die Hauptstadt fuhr. Als ich an der Bushaltestelle stand, kam ein Auto mit Wiener Kennzeichen vorbei. Kurz entschlossen hielt ich den Daumen hoch und wollte Autostopp machen, da man mich in meinem Alter und mit dem Rucksack daneben meistens bereitwillig mitnimmt. Ein junges Paar hielt an, sie waren so Ende dreißig und fragten mich, wohin ich wollte. Als sie hörten, dass ich nach Rhodos zurück wollte, nahmen sie mich mit. Ich setzte mich auf die Rückbank, und da lag wieder dein Buch. Zuerst sagte ich nichts.

Erst als sie während der Fahrt fragten, woher ich komme, und ich die Schweiz erwähnte, meinte die Frau: ›Ach, die Schweiz! Ich lese gerade das Buch von einer Schweizerin, es liegt neben Ihnen auf der Rückbank und ist voll spannend. Ihr Schweizer seid wohl Abenteurer. Kennen Sie das Buch?‹«

Vater fährt fort: »Ja, und als ich wieder meinen Spruch brachte, dass ich dein Vater bin und dass es sich um die wahre Geschichte meiner Tochter handelte, kam es, wie's kommen musste. Die Frau schwieg erst und schaute zu dem noch schweigsameren Fahrer rüber. Dann dauerte es vielleicht noch fünf Minuten, bevor sie mich im nächsten Dorf baten auszusteigen, da sie offensichtlich doch nicht weiterfahren wollten. Natürlich war es nur eine Ausrede, um mich loszuwerden. Also, du siehst, das Outen als dein Vater bringt mir kein Glück«, schmunzelt er weiter.

Ich muss wirklich lauthals lachen, auch weil Vater diese Geschichten so locker erzählen kann.

»Jetzt wird sich das sicher ändern«, beruhige ich ihn. »Wir haben uns versöhnt, und darauf bin ich stolz. Vielleicht lag es ja daran, dass wir da noch gar keinen regelmäßigen Kontakt hatten, sondern unsere Annäherung gerade erst am Anfang stand«, sinniere ich und fahre fort: »Weißt du, Papi, wenn jemand so bekannt geworden ist wie ich mittlerweile mit meinen vier Büchern, erwarten die Leser keinen trampenden Vater auf Rhodos. Sie können sich auch nicht vorstellen, dass sie plötzlich vor dem Vater der weißen Massai sitzen, der im Zugabteil zweite Klasse fährt und in Wanderschuhen und -hosen steckt, mit leicht zerzauster Frisur. Zudem muss ich ehrlich sagen, habe ich ja auch selten bis nie von dir gesprochen«, versuche ich das Ganze zu analysieren.

Vater meint daraufhin: »Corinne, ist ja kein Problem. Ich will dir nur sagen, dass ich immer besser gefahren bin, wenn ich den Mund gehalten und nicht reagiert habe, wenn ich jemandem mit deinen Büchern begegne«, lacht er bereits erneut und hängt gleich noch eine lustige Geschichte an: »Da kommt mir gerade noch eine Episode in den Sinn, als ich in Lüneburg meinen Freund Klaus besucht habe, mit dem ich ja schon ein paar Reisen unternommen hatte. Es war im August 2005, als der ganze Rummel kurz vor dem Film losging und du gerade dein Buch *Wiedersehen in Barsaloi* auf dem Markt hattest. Ich war mit Klaus durch die Lüneburger Heide gewandert, und er hatte mir den wunderbaren, lilafarbenen Totengrund gezeigt. Da solltest du mal hin im August – es ist traumhaft schön. Ja, und tags darauf zeigte er mir in der Stadt die Sehenswürdigkeiten, wie das imposante Rathaus und das Salzmuseum. Schließlich musste er noch in der großen Buchhandlung ein bestelltes Buch abholen. Als wir den Laden betraten, waren auf einem runden Tisch deine Bücher ausgestellt und in deren Mitte das neueste pyramidenförmig aufgestapelt. Wir blieben stehen und schauten es uns an.

Da kam die ihm bekannte Verkäuferin und sagte zu Klaus: ›Das ist der neue Bestseller von dieser Schweizerin, Corinne Hofmann.‹ Worauf Klaus stolz antwortete: ›Ja, ja, ich weiß, hier neben mir steht gerade ihr Vater‹, und dabei zeigte er auf mich. Die Verkäuferin schaute erst mich verdutzt an und dann Klaus und antwortete spitz: ›Wenn das der Vater von Corinne Hofmann ist, bin ich die Kaiserin von China‹, dabei drehte sie sich kopfschüttelnd um und widmete sich anderer Kundschaft. Bei einem späteren Besuch in derselben Buchhandlung wurde

Klaus mit den Worten empfangen: ›Haben Sie heute wieder so eine originelle Story auf Lager?‹«

Herzhaft lachend begeben wir uns auf den Rückweg, um anschließend in einer Pizzeria die leeren Mägen zu füllen und die lustigen Anekdoten zu begießen. Ich wusste ja bis dahin nichts von Vaters kleinen »Tragödien«.

Der Umzug ins Tessin hat sich in jeder Hinsicht gelohnt. Es scheint eine fruchtbare Gegend zu sein, denn hier sind meine letzten drei Bücher entstanden und nun sogar mein jetziges fünftes. Ja, eine richtige Schreibsucht ist über mich gekommen, verbunden mit vielen Reisen durch deutsche, Schweizer und österreichische Städte. Ich habe meine Leserschaft hautnah erleben dürfen und bin immer wieder erstaunt, wie viel ich bei den Zuhörern auslöse. Wie fest sie mit meiner Lebensgeschichte verbunden sind – und vor allem, und das ist das Wichtigste, wie viel Mut und Freude ich verbreiten kann.

Ich erinnere mich gerne an die Vortragsreisen durch Ostdeutschland, wo wir ganze afrikanische Abende organisiert haben. Mit exotischen Büfett-Köstlichkeiten, die mein Publikum erst erwarteten, begleitet von einer Musikband – selbstverständlich bestehend aus Afrikanern. Die heizten den Anwesenden ganz schön ein, bevor ich anschließend mit meinem Multimediavortrag auf die Bühne trat. Ein Abend voller Emotionen.

Vor den Veranstaltungen waren wir meist aufgeregt, da wir nie wussten, ob die Band wirklich auftreten würde. Unsere Sorge kam nicht von ungefähr, denn so manches Mal düsten wir in Leipzig los, Richtung Riesa, Cottbus oder sonst wohin, und sahen dann plötzlich, zwei Stunden vor der Veranstaltung, ein vollbepacktes Auto auf dem Pannenstreifen stehen; und drei Afrikaner hingen über der offenen Kühlerhaube und fummelten offensichtlich am Motor herum, während einige Trommeln und Gitarren auf dem Asphalt danebenlagen. Solche Anblicke versetzten mich und mein Management in hellste Aufregung und ließen uns so manche Stunde zittern.

Letztlich schafften sie es aber immer noch rechtzeitig, auf der Bühne zu stehen. Cool, leger und ohne Aufregung – Afrikaner eben.

Ich liebe meinen Beruf und bin mir auch bewusst, dass es ein Geschenk ist, so von den Leserinnen und Lesern gemocht zu werden. Und genau dieses Wissen motiviert mich immer wieder zu schreiben, egal, was Kritiker sagen. Denn die gibt es sowieso immer, egal ob ich mittelmäßig, gut oder sehr gut bin. Für einige reicht es nie, aber die will ich auch nicht befriedigen. Ich bleibe in erster Linie mir treu und freue mich über jeden Leser, der etwas aus meinen Büchern mitnehmen kann. Mehr Anspruch habe ich nicht.

Alte und neue Wurzeln

Zwischen all meinen Lesereisen kaufte ich mir ein älteres Haus oberhalb von Lugano, das offensichtlich auf mich wartete. Viele Male hatte ich das Inserat in der Zeitung gelesen, bis ich eines Tages reagierte und einen Besichtigungstermin vereinbarte. Das Haus hatte mein Geburtsjahr – 1960 –, was mir fast als Fügung erschien. Dann lag es unweit der Stadt, aber trotzdem seitlich umgeben von hohen, grünen, schützenden Bäumen. Genau deshalb hatten es alle anderen Interessierten nicht haben wollen. Die Bäume hätten für einen Seeblick weichen müssen, was ich hingegen überhaupt nicht verstanden hätte. Genau dieser kleine Dschungel gibt dem ganzen Anwesen seine Geborgenheit – so empfinde zumindest ich es. Ich freue mich, wenn ich nachts den Uhu höre oder bei Vollmond ein Käuzchen schreit. Im Winter kommen die Rehe oder Hirsche bis an den Zaun und schauen mich scheu aus großen, braunen Augen an, bevor sie sich ins Dickicht flüchten. Fledermäuse bewohnen ebenfalls den alten Baumbestand, und ab und zu durchwandert nachts eine Wildsau mit ihren Frischlingen das angrenzende Waldstück.

Ja, dieses Haus gehört zu mir. Es hat auf mich gewartet. Obwohl beim Kauf seine Räume mit Blumenmuster-Tapeten der siebziger Jahre beklebt waren und die Kacheln der Badezimmer unmöglich bunte Farben trugen, wusste ich schnell: Corinne, das wird endlich dein Zuhause, wo du wieder Wurzeln schlagen kannst. Dieser kleine, wilde Wald verströmt ein Heimatgefühl. Wenn ich aus dem Fenster schaue, sehe ich auf die gegenüberliegende Bergkette, und so manches Mal steigen Kindheitserinnerungen auf an die Abende, als wir uns ins Sofa kuschelten und aufgeregt das Gewitter mit den langgezogenen Blitzen auf der gegenüberliegenden Bergseite verfolgten. Ja, irgendwie bin ich überzeugt, man kommt doch wieder zu seinen Wurzeln zurück oder wird auf jeden Fall durch sie sehr geprägt.

Ich bin froh, dass ich im Jahr 2008 den Mut hatte, dieses Haus zu kaufen. Bis dahin war es mir nie ein Anliegen gewesen, Besitz zu haben. Ich empfand die Vorstellung sogar als Verpflichtung und Einengung. Ich wollte immer frei sein für alles, was mir das Leben bringt. Wo ich mich auch auf dieser Welt befand, fühlte ich mich unweigerlich ein wenig zu Hause. Und dann so eine schwerwiegende Entscheidung zu treffen, das verlangte von mir wirklich einen großen Schritt, zumal es auch um viel Geld ging. Hier in der Schweiz kauft man die Häuser mit einem Großteil von Hypotheken und zahlt sie auch nie ganz zurück. Also muss man sich erst daran gewöhnen, mit einem Schlag ein paar hunderttausend Franken Schulden zu haben und dann noch einen großen Umbau in Angriff zu nehmen – als Frau alleine, und dann noch in der italienischen Schweiz, wo ich sprachlich nicht zu Hause bin. Doch genau als ich diese Entscheidung traf, übernahm ich Verantwortung für ein sesshafteres Leben. Es ist immer einfacher, unterwegs zu sein und sich keine Gedanken zu machen, was morgen kommt – für mich zumindest. Doch heute, nachdem ich das Haus Stück für Stück in mein Wunschhaus verwandelt habe, merke ich, wie sich meine Wurzeln tiefer und tiefer verankern. Mein Nomadenleben ist vorbei. Ich bin mehr als zehn Mal umgezogen und habe eigentlich ohne Probleme immer wieder meine »Zelte« abgebrochen, was auch bedeutete, die bekannte Umgebung sowie meine Mitmenschen und Freunde zurückzulassen. Schwierig war es wirklich nur, Ende 1990 aus Kenia zu flüchten, da ich dort so etwas wie ein neues Heimatgefühl empfunden hatte. Ja, ich weiß heute sogar, dass ich eine Suchende war. Suchend nach meinen Wurzeln, die ich definitiv nun in Lugano gefunden habe.

Ich fühle mich so verbunden mit meinem Grund und Boden, mit diesem Flecken Tessin, wo ich meine »Manyatta« gebaut habe, dass ich, je länger, je mehr, gar keine riesigen Ferienwünsche mehr habe. Mein Garten und die vielen hundert Berggipfel um mich herum, die noch zu besteigen sind, reichen mir vorläufig; mehr brauche ich zurzeit nicht. Vergangen ist das Fernweh, das mich vor Jahren, unter größter Anstrengung, auf den Gipfel des 5895 Meter hohen Kilimandscharo trieb oder durch die Halbwüste Namibias, wo ich 720 Kilometer Fußmarsch, mit Tragkamelen durch das wilde, wunderschöne Himbaland gewandert bin und Erfahrungen machen konnte, die physisch wie psychisch viel von mir abverlangten (beschrieben in *Afrika, meine Passion*). Doch dass ich unbewusst auf der Suche nach einer Heimat war, wird mir erst richtig klar, als mir Vater von seiner Jugend berichtet, die wohl auch in meinem Blut Spuren von Heimatlosigkeit hinterließ …

Nachdem ich mir endlich die Zeit genommen habe, *hin*zuhören, statt nur *zu*zuhören, wenn Vater von früher, vom Krieg und von Omi und Opa erzählen will, verstehe ich heute einiges besser. So sitzen wir eines Tages erneut in meinem mittlerweile schönen, umgebauten Haus, und wir kommen irgendwie auf die Vergangenheit zu sprechen. Als Vater daraufhin beginnt, mir unsere verwickelte Familiengeschichte zu erzählen, die in verschiedenen Staaten Europas spielt, hebt es mich fast aus den Socken, und ich muss irritiert nachfragen: »Ja, wie jetzt? Fließt durch meine Adern nun auch noch österreichisches und tschechisches Blut, oder bin ich nur Deutsche? Ich verstehe gar nichts mehr …« In diesem Moment ärgere ich mich, dass ich früher nicht besser hingehört habe und auch in der Schule das Thema Krieg mich nicht wirklich heiß interessierte.

»Nein«, erklärt mir Vater, »du bist Deutsche. Aber ich bin in der damaligen Tschechoslowakei, die 1918 gegründet wurde, geboren worden, genauer in der Stadt Preßnitz. Vor der Staatsgründung gehörte unsere kleine Bergstadt im Erzgebirge zur österreichisch-ungarischen Monarchie, der sogenannten Donaumonarchie. Also war mein Vater, dein Opa, den du ja noch kennengelernt hast, Österreicher, und auch mein Großvater, dein Urgroßvater, diente unter dieser Monarchie.

Ich kam im Juli 1930 in Preßnitz zur Welt, wo mein Vater ein kleines Malergeschäft betrieb. Er war ausgebildeter Maler, wurde aber im Ersten Weltkrieg eingezogen. Während des Krieges kam er in russische Gefangenschaft und musste fast drei Jahre in Sibirien im Bleiabbau arbeiten. Er wurde dadurch todkrank, schaffte es aber trotzdem, während der Russischen Revolution 1917 mit einigen Kameraden zu fliehen. In einem dreizehnmonatigen Fußmarsch kämpfte er sich von Sibirien zurück nach Hause. Lange Strecken lief er am Fluss Jenissei entlang und kam an entlegenen Dörfern vorbei, deren Bewohner nicht mal wussten, dass Krieg herrschte. Das ganze Jahr 1918 war er auf der Flucht, bis er als zweiundzwanzigjähriger kranker Mann schließlich wieder in Preßnitz ankam – doch seine Heimatstadt gehörte plötzlich zur Tschechoslowakei.

Mit seiner Bleilunge wurde meinem Vater kein langes Leben mehr prophezeit. Doch er gab nicht auf und besuchte im Wald einen Köhler, der ihm empfahl, im Frühling aus den jungen Fichtensprossen Sirup zu kochen und diesen täglich einzunehmen. Die Bleilunge verkapselte sich mit dem harzigen Sirup, und er überlebte noch Jahrzehnte, allerdings mit chronischen Magenschmerzen.

1938 kam Hitler und führte die Tschechoslowakei dem Deutschen Reich zu. Also bin ich im Jahre 1930 als Tscheche geboren, aber später als Sudetendeutscher nach Deutschland abgeschoben worden«, beendet Vater seine Erklärung zu meiner verwunderten österreichisch-tschechischen Frage.

Ich bin tief beeindruckt von dem Gehörten und möchte

mehr wissen, vor allem über meinen Opa den ich leider nicht häufig sehen konnte.

So erzählt Vater weiter: »Dein Opa, also mein Vater, wurde bei Kriegsbeginn 1940 erneut eingezogen und musste sein Malergeschäft schließen. Von da an habe ich als zehnjähriger Junge meinen Vater nur noch selten gesehen. Bis Kriegsende vielleicht dreimal. Mutter bekam den Soldatensold und musste gegen geringes Geld Tarnnetze für die Stahlhelme knüpfen. Eine harte Zeit begann, aber es wurde noch viel härter.

Ich hatte bereits mit einer Bäckerlehre begonnen, als Vater 1946 aus einem tschechischen Lager nach Hause zurückkehrte. Seine Heimatstadt Preßnitz war nicht wiederzuerkennen, denn viele Einwohner waren schon ausgeschafft, also ausgewiesen worden.«

Verwundert frage ich nach: »Ausgeschafft, ja wohin? Wart ihr auch betroffen?«

»Ja, natürlich. Mein Vater war erst ein paar Wochen zuvor zurückgekommen, und schon musste er wieder alles stehen- und liegenlassen. Am 21. Juni 1946, morgens um fünf Uhr, klopften zwei tschechische Soldaten an die Haustür und rissen uns aus dem Schlaf. Sie lasen unsere Namen von einer Liste herunter und gaben uns eine halbe Stunde Zeit, pro erwachsene Person dreißig Kilo zu packen, Kinder durften fünfzehn Kilo mitnehmen. Alle Wertgegenstände und Immobilien wurden in Beschlag genommen und die Besitzer enteignet – so auch wir. Wir verloren in einer halben Stunde unser Hab und Gut und die Heimat. War früher Preßnitz noch mit über 5000 Einwohnern ein kleines Städtchen, war es 1947 fast entvölkert, nur noch 788 Menschen lebten hier.«

Während ich gebannt an seinen Lippen hänge, fährt mein Vater fort: »Wir versammelten uns mit vielen anderen Dorfbewohnern und wurden auf Lastwagen zum zehn Kilometer entfernten Bahnhof Weipert gebracht, wo wir einige Wochen in einem Ausweisungslager verbringen mussten. Die Zustände unter der tschechischen Leitung waren grausam. Der Kommandant war ständig betrunken, und es kam täglich zu Auseinandersetzungen und Todesfällen. Zu essen gab es am Tag zwei dünne Scheiben Brot und eine noch dünnere Suppe. Nach einigen Wochen bekam ich wegen des Vitaminmangels Skorbut, der hohes Fieber, Durchfall, Zahnprobleme und vieles mehr auslöste. Mein Vater hatte zwar in seinem 30-kg-Gepäck noch Weizenkörner dabei, die er auf einer Kaffeemühle mahlte und uns so täglich zwei Löffel in die dünne Suppe schippte. Nur so haben wir einigermaßen überleben können, während täglich andere neben uns starben. Als die Verhältnisse unter dem für uns zuständigen Kommandanten immer unmenschlicher wurden, kamen wir unter russische Lagerleitung, wo es dann auch etwas humaner zuging. Eine Ärztin besuchte uns, und ich bekam eine Penicillin-Spritze in den Hintern, die mir wohl das Leben rettete.

Dann ging es plötzlich los. Wir wurden in Zugwaggons gepfercht, jeweils zu dreißig Personen. Wir hatten Glück, denn unsere Familie konnte zusammenbleiben. Ich, sechzehnjährig, meine beiden Schwestern und die Eltern. Mein älterer Bruder war leider nicht dabei, denn er wurde mit siebzehn Jahren 1944 eingezogen und kam zum Kriegsende in Hamburg in englische Gefangenschaft. Mitte 1946 wurde er als Minderjähriger ausgetauscht. Er kam in die Ostzone, und ein Onkel, der Bruder unserer Mutter, konnte zwecks Familienzusammenführung in die Westzone zu seinem Sohn übersiedeln.

Für uns begann der Abtransport aus der Tschechoslowakei Richtung Deutschland. Niemand wollte uns aus dem Sudetenland, und wir bekamen den Namen »Rucksackdeutsche«. Drei Tage fuhren wir durch die sowjetische Besatzungszone und kamen dabei durch Erfurt und Chemnitz, bis wir schließlich in Burg bei Magdeburg bleiben konnten.

Wir standen den ganzen Tag in der Sonne herum, bis unser Vater zu den Russen ging, denn er sprach durch seine lange Gefangenschaft fließend Russisch. Er verlangte von ihnen, dass wir endlich einen Platz zum Bleiben zugeteilt bekamen. Als er endlich mit dem zuständigen Offizier zurückkam, ging alles ganz schnell. Wir wurden dem Weiler Parchau zugeteilt und fanden auf einem Bauernhof Unterschlupf. Wir lebten bei einer Witwe auf dem Dachboden, und unsere Eltern haben auf dem Hof und dem Feld mitgearbeitet im Tausch gegen Lebensmittel. Holz zum Feuern sammelten wir im Wald, und so überlebten wir den ersten Winter, 1946/47.

Wir hatten ja nichts mehr. Unser schönes Haus am Goldhügel 338 in Preßnitz war beschlagnahmt worden. Na ja, heute hätten wir von dem allerdings auch nichts mehr, denn 1974 wurde eine Talsperre errichtet und der Fluss gestaut, und seit 1976 hat der See die Stadt verschluckt«, beendet Vater erschöpft seine Erzählungen.

Ich bin richtig erschüttert über seinen Bericht. Natürlich hatte er früher immer vom Krieg erzählt, aber hören wollten wir Kinder es nicht. In meiner Pubertätsphase hatte ich andere Probleme und stritt mich viel mit Vater, und später war unser Kontakt viele Jahre abgebrochen. Heute kann ich kaum glauben, dass auch dies ein Teil meiner Geschichte ist. Auch wenn ich Omi und Opa nicht viel gesehen habe, ging von Opa immer eine gewisse Traurigkeit aus, denn er war sehr schweigsam. Omi, die auch schon mal bei mir im Bett übernachten musste, wenn sie auf Besuch kamen, schnarchte so laut, dass ich als junges Mädchen keinen Schlaf finden konnte. Das sind meine Erinnerungen. Sie konnten ja wegen der Mauer nur selten zu Besuch kommen, und dies wiederum nach vielem Papierkram via Wien. Somit ist mein Kontakt zu meinen deutschen Großeltern leider sehr spärlich geblieben.

Um die Stimmung wieder etwas zu heben, frage ich noch, wie Vater es denn geschafft hatte, aus dem russischen Besatzungsgebiet in die Schweiz zu gelangen.

Vater beginnt erneut: »Ich konnte meine Lehre als Bäcker-Konditor in Burg zu Ende bringen und hatte dort auch gleich Anschluss an die Bäckersfamilie, da wir ja sehr frühmorgens in der Backstube zu arbeiten begannen. Nach der Ausbildung, das war 1948, lernte ich bald einen dieser sogenannten Schlepper kennen, der die Leute über die Grenze in den Westen brachte. Ich ergriff die Chance, verließ mit achtzehn Jahren meine Eltern und floh bei Helmstedt über die Grenze. Ich schlug mich durch bis nach Wanne-Eickel ins Ruhrgebiet, wo bereits meine ältere Schwester mit einem Westdeutschen lebte. Bei ihr konnte ich vorläufig Unterschlupf finden. Erst arbeitete ich in meinem Beruf weiter. Aber bald wollte ich mehr erreichen und ging deshalb in den Bergbau, um eben mehr Geld zu verdienen, damit ich mir meine Hobbys leisten konnte, wie Fechten, Skifahren und Alpinwandern, aber diese Geschichte kennst du ja. Danach bin ich im Jahre 1955 in die Schweiz gekommen und habe kurz darauf deine Mutter kennengelernt.«

»Was für eine unglaubliche Lebensgeschichte liegt da hinter dir, Papa! Und mir wird dadurch so einiges bewusster«, antworte ich ehrlich ergriffen, während ein mir bekannter Satz durch meine Gedanken huscht: »Hartes Brot ist nicht hart, *kein* Brot zu haben ist hart.« Plötzlich bekommt diese Aussage eine andere Bedeutung, und ich kann Vater verstehen. Vieles von seiner früheren Härte, seiner Unfähigkeit, Lob und Liebe zu verteilen, wird mir nun schlagartig verständlicher und verliert nach dieser Geschichte auch an Bedeutung. Ich bin einfach nur froh, dass wir uns wiedergefunden haben und ich endlich reif genug bin, hinzuhören und mich für seine Vergangenheit zu interessieren. Diese ist letztlich der Schlüssel, um viele seiner Verhaltensweise und Reaktionen zu verstehen – entschuldigen muss ich deswegen aber nicht alles.

Immer wieder Neustart

Nach all den Fragen und Gesprächen über meine Herkunft wird mir beim Niederschreiben dieses Buches vieles bewusster. Meine Eltern hatten nach der Rückkehr von ihrer Reise zum Bosporus einen schweren Start, und zudem haben beide den Krieg miterlebt. Auch Mutter hatte in ihrer frühesten Jugend ihre Nationalität mehrmals gewechselt, da das Elsass zunächst französisch war, dann einmal deutsch und schlussendlich wieder französisch wurde. Auch sie hatte keine einfache Jugend und musste viel Leid ertragen. So frage ich mich schon: Wieso sind genau sie beide in einer dritten Nation, nämlich der Schweiz, aufeinandergetroffen und wurden schließlich meine Eltern? Ihre Nationen waren im Krieg verfeindet, und beide hatten sehr schwierige Zeiten durchlebt. Ihre Liebe wurde durch gemeinsame Abenteuer mitgetragen, und sie erkämpften sich beharrlich für gemeinsame fünfundzwanzig Jahre ihren Platz auf dem Berg. Das muss man nach so einer Vorgeschichte erst einmal hinbekommen! Heute gehen sie zwar schon lange getrennte Wege, doch beide haben noch mal ihr Glück in einer neuen Ehe gefunden, mit großartigen Partnern.

Und dieser von ihnen als neue Heimat erkorene Berg war es, der wohl doch mehr Einfluss auf mein Leben genommen hat als alles andere. Der mich vorbereitete auf Anstrengung, Entbehrung, Enge und Verzicht. Der mich stark machte und mitformte zu dem, was ich geworden bin. Ohne dies alles hätte ich vielleicht auch nicht den Mut gehabt, immer meinem Herzen und meinem Bauchgefühl zu folgen. Viele unglaublich aufregende, abenteuerliche, aber auch traurige Momente hätte ich nicht wahrgenommen, erlebt oder überlebt. Davon bin ich heute überzeugt.

Auch ich habe mir meinen Weg hart erkämpfen müssen. Heute sehe ich die Worte »Giraffenhals« und »Bohnenstange«, wie sie mich in der Schule manchmal hänselten, positiv. Meine Eltern setzten mich als kleines Pflänzchen auf die Erde, und ich gedieh von Jahr zu Jahr. Wind und Wetter konnten mir nichts anhaben, sondern stärkten meine Wurzeln. Aus dem kleinen (Bohnen-)Pflänzchen, das sich höher und höher wand, wurde eine kräftige Pflanze, die Früchte trägt. Somit waren sie doch gute Gärtner.

Und heute sehe ich auch viele Parallelen in unseren Leben. Auch bei mir startete die Liebe mit dem größten Abenteuer meines Lebens, in einem anderen Land, ja, sogar auf einem anderen Kontinent. Vor über einem Vierteljahrhundert bin ich meinem Herzen gefolgt – naiv und gegen jede Vernunft, wie ich des Öfteren zu hören bekomme. Doch stimmt das wirklich?

Ich habe damals die Möglichkeit wahrgenommen, meine tief empfundene Liebe zu leben. Denn ich wusste, wenn ich es nicht versuchte, egal, was ich dafür aufgeben musste, würde ich mein ganzes Leben nicht mehr glücklich werden. Es wäre immer diese Illusion des verpassten großen Glücks geblieben, die wie ein Schatten über jeder neuen Beziehung gehangen hätte. So aber habe ich dem Gefühl nachgegeben und trotz Höhen und Tiefen Kräftedimensionen erleben können, die von unschätzbarem Wert für mein heutiges Leben sind. Alles, was ich damals aufgegeben habe, war ein gewisser Luxus und Sicherheit und natürlich die Nähe zu meiner Familie und meinen Freunden. Doch die Familie ist mir dadurch nicht abhandengekommen, sie ist sogar näher zusammengerückt, und neue Freunde sind dazugekommen. Finanziellen Erfolg und Unabhängigkeit habe ich mir, durch mein neu entdecktes Talent zu schreiben, hart erarbeitet und somit ist mehr zurückgeflossen, als ich durch die damalige Geschäftsaufgabe aufgegeben habe, ohne dies vorher gewusst zu haben. Ich habe einfach mit dem Herzen gehandelt und nicht mit der »Vernunft«. Denn tiefe Liebe lässt sich nicht wirklich vernunftmäßig steuern. Lenken kann man nur, was mit dem Kopf betrachtet wird. Und genau da stehen sich viele Menschen selbst im Weg, indem sie das angeborene Bauch- oder Herzgefühl ignorieren und lieber die Situationen mit der Vernunft betrachten und nicht zuletzt auch noch aus der Sicht der Nachbarn und der Verwandtschaft. Viele haben Angst, etwas zu verändern, obwohl ihre Lebenssituation ungemütlich, wenn nicht gar unglücklich ist – sei es in der Arbeit oder im Liebesleben. Wenn jemand an einer unglücklichen Beziehung festhält, ist dies für mich besonders unverständlich, zumal es fast immer nur finanzielle Überlegungen sind, die zum Bleiben bewegen. Lieber verharrt man in einer ungeliebten Situation, dafür muss man (oder eben frau) das Leben nicht verändern und auf Annehmlichkeiten oder gar Luxus verzichten. Denn meistens heißt eine Trennung, auch bescheidener zu werden – zumindest für den Anfang. Dass aber mit dem eventuellen Verzicht auf (unnötigen) Luxus dafür mehr Freiheit, Unabhängigkeit, Kreativität und Eigenliebe entstehen können, darüber denken viele nicht nach. Lieber bleiben sie in der komplizierten Beziehung, denn mittlerweile hat man sich arrangiert und weiß ja schließlich, was man hat. Allenfalls lenkt man sich mit kurzfristigen Träumereien ab, statt sich in Neues zu stürzen und Eigenverantwortung zu übernehmen. Es braucht großen Willen und viel Kraft, aber davon steckt in jeder Person mehr drin, als man selbst vermutet.

Viele plagt die Angst vor dem Alleinsein, dabei kommen gerade dann, wenn man auf sich gestellt ist, Stärken zum Vorschein, die vorher verschüttet waren oder nie ausprobiert werden konnten. Sei es, weil der Partner diese bewusst nicht unterstützt oder, im schlimmsten Fall, unterdrückend abgelehnt oder andere Ansprüche an einen hat.

Auch bei der Arbeit hält man unwürdige Situationen aus, bis man alles Selbstvertrauen verloren hat, statt sich an einen Neustart zu wagen, was ja auch bedeuten würde, sich wieder an neue Mitmenschen gewöhnen zu müssen. Zumindest ein Versuch lohnt sich doch, denn dann kann man sagen, man hat es zumindest probiert.

Jeder Wechsel ist auch eine Chance für alle, auch wenn es im Moment nicht jeder Beteiligte so empfindet und sieht. Viele Menschen, vor allem Frauen, blicken Jahre später zurück und verstehen nicht, warum sie nicht vorher die Notbremse gezogen haben und noch Jahre unglücklich verschenkten.

Bei mir ist das Eheende nach vier Jahren gekommen – gefühlt waren es zehn. Die Entscheidung, zurück in die Schweiz zu flüchten, war nicht einfach, denn ich besaß wirklich nichts mehr, außer meinen Kleidern am Leib und meiner kleinen achtzehnmonatigen Tochter. Hätte ich Angst vor möglichen hämischen Kommentaren seitens meines Umfeldes gehabt, wäre ich geblieben und würde heute mit Sicherheit nicht mehr leben, sei es wegen der vielen Krankheiten wie etwa Malaria oder aufgrund von Erschöpfung oder Depression. Nein, so wie ich mich alleine für diese Liebe entschieden hatte, so entschied ich mich mit letzter Kraft auch fürs neue Leben. Was hieß, erneut alles zurücklassen, wie den gutgehenden Souvenirshop in Diani Beach, wo Lketinga und ich zuletzt unser Glück versuchten, das Auto, mein ganzes Geld, meinen Stolz und einen Teil meines Gewissens. Dafür gewann ich meinen Frieden, meine Lebensfreude und meine Gesundheit und die meiner Tochter allmählich zurück. Alles andere konnte ich mir wieder erarbeiten. Ich bereue bis heute nicht, meine einzigartigen Erfahrungen gemacht zu haben, indem ich mich für die Liebe entschied. Ich würde es immer wieder tun. Doch ich habe auch rechtzeitig die Erkenntnis gewonnen, dass meine Ehe durch die ständige Unterdrückung und Eifersucht am Ende war. Die Trennung war eine Überlebensentscheidung.

Auch mein Ex-Mann ist heute glücklich mit seiner dritten Frau und seinen weiteren fünf Kinder.

Heute schätze ich meine Unabhängigkeit sehr, obwohl unabhängig zu sein auch bedeutet, dass ich manchen Abend alleine auf dem Sofa sitze. Aber ist das so schlimm? Ich kann niemanden dafür verantwortlich machen, dass ich glücklich oder unglücklich bin. Ich muss mit mir selber im Reinen sein. Muss mich engagieren und mich mit Freunden und Freundinnen arrangieren. Manchmal gelingt es mir besser, manchmal weniger. Aber Langeweile kenne ich nicht. Ja, und ab und an frage ich mich, ob ich noch bereit bin für eine tiefe Bindung, die unweigerlich Einschränkungen und Anpassungsfähigkeit von mir verlangen.

Eines ist mir allerdings klar bewusst: Nur wegen der Zweisamkeit oder der körperlichen Nähe würde ich mich auch heute nicht verbiegen lassen. Das, was ich an Selbstreflexion, Lebensfreude und Zuversicht mitbringe, sollte auch für einen allfälligen zukünftigen Partner selbstverständlich sein. Nur wenn man das Glas halb voll sieht, fühlt sich jeder frei und unabhängig und trotzdem zum anderen verbindlich hingezogen.

Bin ich zu egoistisch mit meiner Einstellung? Ich glaube nicht, da ich auf einige Erfahrungen zurückgreifen kann und auch Einblick in viele Beziehungen habe, die ich so nicht leben könnte. Aber Gott sei Dank existieren auch Beziehungen, die mir und vielen anderen Hoffnung geben, dass es doch klappen kann, wenn es für einen bestimmt ist, und das kann in jeder Sekunde, irgendwo auf dieser Welt sein.

Die wirkliche Liebe hat eigene Gesetze. Sie gibt ohne Erwartungshaltung und lässt sich materiell nicht aufrechnen. Sie ist aufrichtig, ehrlich und erfüllend und verleiht dir Siebenmeilenstiefel, ohne an deinen Kräften zu zehren.

Wie wird es weitergehen? Hat sich mit diesem Buch der Kreis geschlossen? Ich fühle mich frei und leicht. Mir sind Zusammenhänge klargeworden, die ich vorher noch nicht einmal bemerkt hatte. Es ist empfehlenswert, sich mit seiner Vergangenheit auseinanderzusetzen – gerade dann, wenn man den Eindruck hat, dass etwas im eigenen Leben in Unordnung ist.

Dieses Jahr feiere ich meinen 55. Geburtstag und freue mich schon jetzt auf ein gelungenes Fest. Jeder Geburtstag bedeutet für mich einen Neustart in ein aufregendes, neues Jahr mit unbekannten Abenteuern. Ich werde bewusst die Augen und Ohren offen halten, damit ich das mir aufgebaute Leben mit voller Dankbarkeit genießen kann. Wie mir scheint, habe ich schon viele Leben gelebt. Im jetzigen wird man mich hoffentlich noch auf vielen Berggipfeln antreffen, und natürlich freue ich mich auf die persönlichen Begegnungen mit meinen Leserinnen und Lesern, da ich noch so einige Geheimnisse zu berichten weiß.

Ja, und nicht zuletzt werde ich meine Farbpinsel schwingen und mich meiner neuen Leidenschaft hingeben, dem Malen. Seit 2013 habe ich diese Passion entdeckt, und damit lebt meine Verbundenheit mit Afrika weiter. Meine Bilder spiegeln diesen wunderbaren Kontinent wider, indem ich die vielfältigsten afrikanischen Figuren, Masken und Objekte in warme und kräftige Farbtöne tauche. Da ist das Ockergelb der Wüste, das Orangerot der Savanne, das strahlende Blau des Himmels, das Rot des Blutes, das Grün der Akazien, das Hellgelb der funkelnden Sterne und die tausend Farbtöne der geschmückten Massai-Krieger und deren Mädchen. Und mein nächster Traum steht schon – eines Tages eine Vernissage zu einer eigenen, wunderbaren Ausstellung mit meinen Bildern zu feiern, begleitet von afrikanischen Musikern und exotischen Häppchen.

Was für ein Leben wird wohl hinter meiner Tochter liegen, wenn sie mein Alter erreicht hat oder gar das ihrer Großeltern?

Sie trägt enormes Abenteuerblut aus verschiedensten Nationen in sich. Wird auch sie einmal Parallelen finden zum Leben ihrer Eltern?

Sicherlich hat sie die Güte und Fürsorge ihrer afrikanischen *Ngogo* mitbekommen. Die Beharrlichkeit und den Ordnungssinn ihrer hiesigen Großmutter. Von mir die Großzügigkeit und die Anpassungsfähigkeit. Von ihrem Vater – die Schönheit und den Stolz. Und natürlich noch viele individuelle Eigenschaften, die sie wiederum einzigartig macht. Beide sind wir neugierig, was das Drehbuch des Lebens weiter für uns noch vorgesehen hat.

Danksagung

An dieser Stelle möchte ich mich ganz herzlich bei meiner Familie für ihre Unterstützung zu diesem Buch bedanken.

Mein größter Dank gilt meiner Mutter, die sich bereit erklärte, noch einmal mit mir in die für sie schwierige Zeit zurückzuschauen.

Meinem Vater, der mir erlaubte, über unsere frühere und heutige Beziehung zu berichten, und mich mit seinem guten Gedächtnis unterstützte.

Den neuen Lebenspartnern meiner Eltern, die mich keine Einwände spüren ließen, als ich mit meinen Eltern noch einmal tief in deren Vergangenheit eingetaucht bin.

Meinen Geschwistern, vor allem meinem jüngeren Bruder Eric, der noch so manches Erlebnis bis ins kleinste Detail wusste.

Bei meinem guten Freund Francesco Muzzicato, der mich motivierte, in die Vergangenheit zu blicken und dieses Buch anzugehen, und mich dabei in vielen hilfreichen Gesprächen unterstützte.

Bei meiner Freundin Lotti Küpfer, die viele Male ein offenes Ohr hatte, sich Leseproben anhörte und mir wertvolle Tipps gab.

Und nicht zuletzt meinem neuen Verlag Droemer Knaur und seinen Mitarbeitern, die mir ihr Vertrauen aussprachen und dieses Buch mit Sorgfalt und großem Engagement auf den Weg gebracht haben.

Aus Gründen des Persönlichkeitsschutzes wurden dort, wo notwendig, Personen- und Ortsnamen geändert oder nicht erwähnt. So heißt der »Römerberg« in Wirklichkeit anders, und auch einige der vorkommenden Personen tragen andere Namen.